南雍学术经典

主编 张一兵 周 宪

罗家伦史学与教育论著选

韩文宁 张爱妹 编

南京大学出版社

南雍学术经典

总　序

洪银兴

　　学术的传承与发展是一个长期的历史积累过程。在对中国现代学术的"世纪回眸"中，我们在重估和评价百年学术成果的同时，更应该从前辈学人勤勉的学术实践和科学的研究方法中汲取丰富的学术营养。就中国现代人文科学而言，无论是"旧学"还是"新知"，都留下前辈学人筚路蓝缕的足迹，他们的独辟蹊径汇成了我们的康庄大道。

　　众所周知，南京大学是当代中国为数不多的百年高校之一。她有两个历史源头，一个是肇始于1902年（光绪二十八年）创立的三江师范学堂。历史上各朝唯一的国家高等学府如太学、国子监等皆可称为"辟雍"，而明代曾于北京和南京各设一所国子监，号称"北雍"和"南雍"。因此，作为清政府创办于南京的新式学堂，三江师范在当时也就承膺了"南雍"的美誉。1914年以后，历经两江师范学堂、南京高等师范学校、国立东南大学、第四中山大学、江苏大学、国立中央大学等时期，1949年更名为国立南京大学，次年定名为南京大学。另一个是1888年（光绪十四年）成立的基督教会汇文书院，后来发展为金陵大学。在20世纪50年代初的全国院系调整中与南京大学合并，构成了现在的南京大学。这样的经历不仅显示出她的悠久，还显示出她的坎坷——不断地更名，不断地重组、合并、调整。其实这正是中华民族近现代颠沛历史的缩影。而南京大学历经沧桑，卓然屹立，形成了鲜明的学术传统，涌现出众多的名师大家，给我们留下丰硕的学术遗产，其中必有一种不可磨灭的精神力量，这大概就是南京大学的校训："诚朴雄伟，励学敦行。"其中"诚"字最为根本，也是南京大学历史上最早的校训。"诚"是真实而不虚妄的真理，也是追求真理、诚信不欺的美德。

南京大学深厚的人文社会科学传统是南京大学精神的典型体现。20世纪上半叶，伴随着民族文化的重建过程，中国现代人文社会科学发展史上充满了中学、西学、新学、旧学、科学、玄学的争论，"思想自由原则，兼容并包主义"是当时中国大学总体性的人文精神，而历史上的南京大学又提出过具有自我取向的"昌明国故，融化新知"、"人文与科学平衡"等学术主张和办学宗旨，可见南京大学采取的是一种"中庸"的态度，走的是温故知新、继承创新的学术路径。她的两个历史源头已经显示出这样的学术趋向：一是建立在中国教育传统上的"新学"，但提倡国学、艺术与科学三者兼通融合；一是具有西学东渐背景的教会大学，却对中国文化重视有加，成立了中国现代学术史上较早的中国文化研究所。这样的源头活水，不断地吸纳志同道合的名师大家，汇成源远流长、独立不迁的学术传统。

今天，中华民族进入伟大复兴的时代，南京大学迈向建设世界高水平大学的进程，我们饮水思源，愈加感到受益于这些名师大家们赋予我们的学术财富和精神力量，愈加渴望对他们蕴育的传统加以系统的研究总结，返本开新，发扬光大。

"南雍学术经典"丛书是南京大学历史上学术大师们的人文社会科学名著精选。它吸收中国传统学术史中"学案"的编纂形式，邀请大师们的学术传人或研究专家，精选荟粹大师们的学术代表作，对其生平、学术加以述评并制作学术年表，再按不同的学科陆续分辑出版。这样一项研究性的出版工程，不仅勾勒出南京大学人文社会科学的学术脉络，而且在新的视角下展示了南京大学人文社会科学的学术精华，其中不乏首次被整理、公布的珍贵资料。同时，为了进一步展示20世纪南京大学的学术面貌和学术贡献，我们以后还将陆续推出其他学术大家的经典著述。我们相信，这套书系的出版不仅是南京大学学术传统研究的丰硕成果，而且也为中国现代学术史研究提供了一份极富价值的学术文献。

2008 年 3 月 28 日

目 录

罗家伦像

罗家伦留学巴黎时留影

罗家伦于天母寓所留影

罗家伦与张维桢结婚照

罗家伦全家合影

罗家伦与家人合影

罗家伦全家合影于台北潮洲街寓所

五四运动时的纪念章

罗家伦参加五四运动北京学生游行

罗家伦与北大同学赴美留学前合影

罗家伦由美赴欧时摄于船上

罗家伦任职国民革命军
总司令部时与同事合影

旅美北大同学欢迎蔡元培校长合影

罗家伦任清华大学校长时与梅贻琦等合影

罗家伦任中央大学校长时主持东南
九大学运动会与郝更生合影

罗家伦在西北考察时合影

罗家伦率西北建设考察团抵宁夏出席省主席马鸿逵主持
党政军各界联合欢迎会后合影

罗家伦任驻印度大使时与印度总督合影

罗家伦在凤山陆军基地与曾经参加滇缅作战的大象合影

罗家伦就任国民党中央党史史料编纂委员会主任委员后前往
台中本会视察与同仁合影

罗家伦主持首次国民党中央党史史料编纂委员会委员会议

罗家伦与中国国民党中央改造委员会全体委员暨各组会负责人合影

罗家伦宣誓就任"国史馆"馆长

罗家伦伉俪与"国史馆"同仁合影

罗家伦接待李济、田培林参阅党史史料

罗家伦与王世杰、杭立武于台中"故宫博物馆"仓库前合影

罗家伦出席"中央研究院"第五届评议会第一次会议

罗家伦先生传述

韩文宁　张爱妹

　　五四运动的学生领袖和命名人,31 岁的清华大学校长,中央大学的十年掌权者。这就是罗家伦非凡的履历,是他一生中最浓墨重彩的几笔。对一个人而言,这足以光彩照人!

　　罗家伦(1897—1969),字志希,原籍浙江绍兴柯桥镇江头人,生于江西。罗父传珍乃饱学之士,曾署江西进贤等县知县。他思想开明,关注民本,任知县时曾自掏腰包,从万载县购麻种五万斤给辖区农民种植当作副业以增收入,颇具口碑。据悉 20 年后罗传珍寓居南昌时,仍有进贤县老农给他寄赠麻布,以示感恩。罗母周霞裳亦具文采。

　　幼年的罗家伦深受父母的影响,2 岁时罗母就教他识字、背诗。稍长,父亲则传授古今诗作,每天还亲自选录二三则有趣且富教育意义的典故,晚上先记在小册上,隔日早上讲解,完毕再交予他复习,如此持续数年。在充满渴求却又年少无知的最初经历中,这样的启蒙家教无疑对罗家伦的成长有着至关重要的影响。9 岁那年,罗母去世,人间三大不幸之一的少年丧母,令罗家伦初尝痛苦,倍感伤心,这从他 36 岁所写《孩子的哭声》和 47 岁所写《孤儿泪》的字里行间,可以深切感受到其内心的苦楚,孝思痛悼之情,溢于言表。父母是孩子的第一任导师,罗家伦的童年从他们那儿得到的不仅是文史的熏陶,还有浓烈的亲情浸润,后来他形成向往革命的思想,以及发展以民族为本位的教育主张,其真切意念应源于幼时的家庭感受。

　　罗家伦 4 岁入私塾,直到 15 岁才入南昌美国传教士高福绥所办的英文夜校学习。后来他回忆起这段家塾教育时显得既无奈又痛苦,话语中充满着一种憎恨:像我 5 岁的时候念那"天命之谓性,率性之谓道,修道之谓教"这样形而上学的经文,不但是读死书,更是读天书呢! 13 岁读《周礼》、《仪礼》、《尔雅》,只可以说残酷的摧残脑筋! 我小的时候没有得精神病,只可以说是洪福齐天。对私塾真切的感悟,深深地印刻在罗家伦的心头,不能再让后人重蹈覆辙。所以他后来极力主张文学革命,以白话文传达现代人的思想与情感。

在南昌英文夜校读书时,罗家伦有机会看到上海出版的新书报,并经常留意报上刊登的招生广告。1914 年,他从省城前往上海,考入复旦公学就读。公学创办人为著名教育家马相伯和国民党元老于右任等,1913年校董改组后又推举孙中山为校董会主席。该校颇重言论自由,政治空气浓郁,学生对参政议政敏感而热烈。中学时代,罗家伦最崇拜君宪派的梁启超,可当时的革命党人并不认同梁氏的主张,所以在校内,革命党与君宪派经常一言不合即斗嘴,甚至拳脚相加。罗家伦不喜私斗,每遇此必退避三舍,同学们都以为他是一个胆小的文弱书生。其实,燕雀安知鸿鹄之志? 罗家伦在任校刊《复旦》编辑时曾撰文与学友共勉:"若欲以二十世纪国家的主人翁自恃,必须有春日载阳、万象昭苏之慨;切莫暮气沉沉,气息奄奄。一定要努力成为新学生,切莫沦为陈死人。"这种宏图卓识和非凡气势,非一般青年所具。

人往高处走。1917 年,罗家伦又迈出了他人生的重要一步,他跨越千里,从上海来到北京,报考了北京大学。

据说他考试的作文,参加批阅的胡适给了满分,并在招生会议上提议,希望学校能录取这位有才华的考生。蔡元培校长表示同意。可当委员们翻阅他的成绩单时,发现数学只得零分,其他各科也不出众。或许是他吉人天相,有幸得到蔡、胡两位贵人相助,他们力主不废偏才,学校最终破格录取。古人云:千里马好得而伯乐难求。即便罗家伦有异才,若不是慧眼识珠的蔡元培和胡适,他也只能怀才不遇,空有一身本领,其命运或许就是另外一种结局。罗家伦能有一个美好的未来,得益于蔡、胡两位伯乐。

罗家伦在北大主修外国文学,求学期间,"生逢其时"的他积极投身于新文化运动,一时成为风云人物。在陈独秀、胡适的支持下,1919年1月,他与同道傅斯年、徐彦之成立新潮社,共同创办了《新潮》月刊。他们写了许多关于批判旧道德、旧秩序、旧传统和热烈呼唤新思潮的文章,在社会上反响颇巨,很受时人追捧,成了十足的"弄潮儿"。《新潮》的编辑部就在李大钊北大图书馆的一间办公室里,办刊的经费,得到了蔡校长的鼎力支持,每月划拨2000元。在倡导新文化运动中,《新潮》是光彩夺目,成为继《新青年》之后第二种最有影响的刊物。

《新潮》的"离经叛道",被保守派视为"异端邪说",遭到猛烈的攻击。他们通过北洋政府教育总长傅增湘向蔡元培施压,要他辞退两个教员——《新青年》的编辑陈独秀和胡适,开除两个学生——《新潮》的编辑罗家伦与傅斯年。但蔡元培顶住压力,强调大学非政治化,旗帜鲜明为他们辩护,表现出了极大的勇气。同年,罗家伦当选为北京学界代表,到上海参加全国学联成立大会,支持新文化运动。

是年4月,中国在巴黎和会上的失败,令国人震惊。消息传到北大,群情激愤,罗家伦和一些同学便谋划对策,商定于5月7日这一天联合市民游行抗议。可就在5月3日,蔡校长得知北洋政府已同意对山东问题作出妥协,他立即召集罗家伦、段锡朋、傅斯年和康白情等人通报情况。当夜,大家决议改在5月4日这一天去天安门集合游行,罗家伦与江绍原、张廷济一道被各校代表推举为总代表。他的任务包括连夜购买写标语的白布,联络各校学生,起草宣言,向各国驻华使馆交备忘录等。

"五四"那天下午,北京13所学校3000多名学生举行大游行,罗家伦一直走在队伍的前列,并作为代表之一,到美、英、法、意等国使馆递送说帖和意见书,希望各国给以"同情之援助"。而就在当日上午10点,罗家伦从外面返回北大时,一位同学说:"今天的运动,不可没有宣言。"北京八校公推北大起草,北大同学又举他执笔。时间紧迫,不容推辞,罗家伦就站在一个长桌旁挥笔写下了气势磅礴的《北京学界全体宣言》。宣言虽只有180字,却字句铿锵,极富号召力和感染力。主张"开国民大会,外争主权,内除国贼",断然表明:"中国的土地,可以征服,而不可以断送。""中国的人民,可以杀戮,而不可以低头。""国亡了,同胞起来呀!"这几句现在读来,还令人心潮澎湃。

罗家伦曾言,此文虽由他执笔,但所凝聚的却是大家的愿望和热情,其精神是代表了全北京乃至全国青年的意见,是大家共同的诉求。不惟如此,宣言中的几句政治口号,更是数十年来全国人民共同一致的要求,喊出了华夏儿女的心声,它标志着这是一场反帝反封建的爱国政治运动。

5月26日,罗家伦以"毅"为笔名,在《每周评论》第23期"山东问题"栏内,发表了一篇短文,题为《五四运动的精神》,第一次提出了"五四运动"这一重要概念。它的意义不在于名词的推敲,而在于将"五四"这一事件定格为一场酝酿已久的民族自决运动。自此,五四运动深深地镌刻在国人心中,成为中国现代史上浓墨重彩的一笔。

作为五四运动的健将,罗家伦直到暮年对于五四的称道始终未衰。他曾在《五四真精神》一文中强调:任何人,无论你赞成五四也好,反对五四也罢,五四在中国近代史上自有其划时代的地位。

1920年秋,罗家伦毕业,他与康白情、段锡朋、汪敬熙、周炳琳五位同学有幸被蔡校长选中,得到上海实业家穆藕初设立的奖学金支助,出国留学。这在当时令人侧目,一家报纸甚至将其与晚清朝廷派出考察宪政的"五大臣出洋"相媲美。

罗家伦去的是美国普林斯顿大学研究院,不久,因仰慕名师杜威,又转到哥伦比亚大学受业其门下,攻读历史与哲学。1923年,穆氏企业破产,罗家伦的奖学金被迫中止。这年秋,在结束了三年的留美生活后前往德国。

当时很多中国留学生赴德深造,其中不少都是响当当的人物,如蔡元培、朱家骅、赵元任、俞大维、陈寅恪、徐志摩、金岳霖等。他们经常聚会,交往甚密,这使罗家伦的人脉更加厚重,对他后来回国从事教育大有裨益。

为生活所迫,罗家伦一度以翻译文稿作为补贴,颇为困窘。幸得蔡元培先生引荐,商务印书馆监理张元济先生慨然允诺,出资接济,他才得以完成在英、法最后一年的研修。对此,罗家伦一直心存感激,念念不忘,回国后多次要将这笔钱归还但均遭辞拒。终于有一次他以祝寿之名,张元济才勉强接受了 1000 元,了结了罗家伦的心愿。

1926 年,游学欧美多年的罗家伦回国,受聘于中央大学前身的东南大学历史系任教,开设"西洋近百年史"和"中国近百年史"。随后参加北伐,加入国民党,任国民革命军总司令部参议、编辑委员会委员、中央党务学校教务副主任等职。应该说,这是罗家伦人生的一个历史转型,完成了他由学者到官员的角色转换,踏上了"书生报国"之路。

罗家伦很早就入仕,是知识分子参政比较典型的一位。虽然他一直没在政界担任过要职,长期以来仅仅是与教育和文化相伴,或"帮忙"或"帮闲",但在他进入这一领域后,却是脚踏实地的努力从事,并为之服务终身。

有人认为,罗家伦回国后突然向右转,这与他在五四时期的"光辉形象"不符。其实不然,他游学海外六年,去了四个国家,就读于五所一流学府,在时光匆匆流逝中没有获得任何学位,令人不免存疑困惑。解读这一点,似乎就暗藏伏笔和某种预示:他不是一个循规蹈矩的文人,并不安于学术,尽管他曾一度将自己的学业定位于研究中国近代史。事实上,罗家伦并不以学有所长为今后的安身立命之道,他生存的终极应不在此。对他而言,留学仅仅是一种手段,扩大视野,丰富自己的人生阅历,为未来的发展积淀知识。在远赴欧美期间,他内心依然涌动着政治的潮水,似乎仍不能忘情于对中国政局的关切,并积极参与海外留学生团体的政治活动。他禀赋天性的思想特质,并不因他重归研修学术而褪色,五四时期的激情,也不因他身处海外异国而淡漠,这就注定了他将是一个服务于政治的文化人。

1928 年"五三"济南惨案发生,国民党战地政务委员会外交处长蔡公时等在负责与日交涉时惨遭杀戮。受蒋介石委派,时任战地政务委员会委员和教育处长的罗家伦与熊式辉一道,涉险调查,严责日军,其胆识颇受国民党高层赏识。

　　同年,南京国民政府统一中国,时任大学院院长的蔡元培让罗家伦迅速北上,出任清华大学校长一职。

　　罗家伦执掌清华大学时,年方31岁。虽已过而立之年,但以这样的年龄出任赫赫有名的大学校长一职,显然还很稚嫩。换言之,在这样一个文人汇聚、大师云集的学术圈内,资历不深的罗家伦可以说是人微言轻,难以服众。加之罗家伦属北大一系,虽有传奇般的留学经历,相继在美国普林斯顿、哥伦比亚大学及德国柏林、法国巴黎和英国伦敦大学等世界一流学府研习,却未能头顶"桂冠",可谓"空手而归",这多少影响到他的学术底气。诸多不利因素,对于罗家伦来说是一种极大的挑战。当时他心中是否有所忐忑,我们不得而知,但可以肯定,压力应该不小。

　　不过,罗家伦也自有他的优势,虽说是一个学人,却特立独行,"不走寻常路"。想当年就读于上海复旦公学时就结识了黄兴、戴季陶等国民党人,这对他的前途指向多少有些影响;后来又成了蔡元培的得意门生,是"背靠大树好乘凉"。这层渊源关系使他在五四时期才华得以展露后似乎得到某种"升华",自觉不自觉地强化了他的从政意念和信心。1926年他留学归来曾短暂在东南大学任教,当时的同事方东美就明显感到,在他身上"对政治有某种抱负"。不久北伐军起,罗即投笔从戎,任总司令部秘书,当时蒋介石有关时局的文告及文章,不少是由他执笔。其后又在处理"济南惨案"中颇得好评,一时为新政权寄予厚望,这为他后来入仕又增添了重要砝码。

　　北伐军进入北平接管一切事务后,清华校长一职无疑是一个"非常人选",据说各方推荐的多达30余位,清华国学研究院"四大导师"之一的赵元任教授亦在其列,可最终还是深得权力高层青睐而又蒙恩师蔡元培力荐的罗家伦胜出。这除了他崭露头角的能力之外,关系亦相当重要,难怪有清华学生认为罗家伦"是假政治势力来长校",这并非空穴来风。尽管后来罗家伦对清华的构建发展是居功至伟,历史贡献不应忽视,但在当时还是不能令人信服,难免不遭非议。对他的到来,师生们反应不一,褒贬兼有。

尽管如此,清华师生对这位新校长还是表现出足够的高姿态。代理校务的清华大学教务长梅贻琦及全体学生迭电南京,催促新校长到校视事。鉴于由清华校友组成的"清华同学会"部分人提出"清华人治清华"的言论,该校学生会特别发表宣言以示其立场:"不但对罗先生毫无反对之意,且对罗先生之来长清华,深抱革除积弊及建设学术化的清华之希望。"学生会代表傅任敢等还专程南下晤罗,提出了学生对清华建设与发展的意见,包括"基金独立"、"完全收归大学院管辖"、"铲除积弊"、"免除学费"等一系列问题,寄希望罗"以全副精力办理清华"。罗直言"来办清华,本系牺牲个人之政治地位,自当以全副精神办理清华"。同时表示,要多聘好教授来校,还要在"本学期恢复军操,同学应受严格军事训练"。

1928 年 9 月 18 日,罗家伦在清华园宣誓就职,他发表了《学术独立与新清华》的演说,显示出以学术为本、将学校带入新发展阶段的终极意愿。

罗家伦是在清华改制的关键时刻执掌校政的,他的首要任务就是促成大学的体制转变。作为一所留美预备学校,清华素有"殖民教育"和"买办学校"之名。为改变过分依赖外国的状况,该校从 1916 年起就开始酝酿,直到 1925 年才成立大学部。即便如此,盖因体制因素,要正式改为大学谈何容易。

罗家伦上任伊始,便以前所未有的改革力度重新聘任教师。当时,清华大学教授水平参差不齐,50 名教授中,他只续聘了 18 人,另行增聘的近 30 名教师中,毕业于清华的仅占三分之一,其余来自南方的金陵大学和东南大学。他们向以理化和生物学科著称,由此奠定了清华实验科学的雄厚根基。同时,一些有北大背景的文科教授也相继应聘,罗家伦的同学杨振声、冯友兰、周炳琳等还担任了教务长、学院院长等要职。如此大动作,一方面显示了他的魄力,另一方面也招致"清华要与北大合并"的中伤。但罗家伦不为所动,身正不怕影子斜,他声言:"我只抱发扬学术的目的,不知有所谓学校派别。"

他为清华求良师的典型事例,莫过于亲赴天津说服任教于南开大学的蒋廷黻来清华一事。为了以现代理念打造清华历史系，罗家伦决意聘请留美博士蒋廷黻为历史系主任，为此他不惜得罪资历最老的朱希祖先生。蒋廷黻本无意离开南开，是罗家伦以"三顾茅庐"的诚意打动了他，次年便离津赴京。蒋廷黻主持系政以来，网罗名师，锐意改革，使教学与科研都有长足的进步，这是后话。罗家伦这种执拗与强行突破的作风，令世人印象深刻而感慨万千。这个时期进入清华的还有周培源、朱自清、华罗庚、吴有训、张子高、翁文灏、萨本栋、杨武之、张奚若、邓以蛰等教授。多年后他回忆到，当年聘请教授的原则之一，就是不把任何一个教授席位做人情，也决不以自己的好恶来定夺，做到任人唯贤，人尽其才。

罗家伦选拔人才，同样注重特长而不屑于"跛足"考生，钱钟书就因此而被破格录取。还有吴晗，他报考历史系时数学仅得零分，但中文和英文则是两个满分，罗大笔一挥，吴晗也跨入清华之门。当年，罗家伦受惠于不具一格的惜才之举，如今他亦"萧归曹随"，惠及后人，可以说前后相续，一脉相传。

旧时的清华学校，归外交部管辖，故校内许多职员多为政府官僚，来头比一般教员要大，他们掌控了学校的实权，在工资和生活待遇上往往高于教师，当年校内有"职教员"之称，可见一斑。罗家伦任职后，发现这类职员人数太多，且薪金高者每月竟达四百元，多于教授的收入。更有甚者，作为清华最高机关的评议会及各委员会中，各部职员占据主要，而教授则退其次要，这完全是本末倒置，用滥竽充数之语形容决不为过，令他十分不快。罗家伦大刀阔斧地裁撤冗员，同时积极改善教授待遇，上浮教师薪金。他在给教职员颁发聘书和委任状时，强调聘书比委任状更重要，其用意就是要提高教师的地位。

罗家伦深感，"清华要想吸收一部分人才，势非亦改善教授待遇不可"。他到校两个月后便召开了第一次教授会，同时选举评议员，组成新一届评议会，从体制上推进教授治校的转换。一扬一抑，一抬一贬，情况就大相径庭，原先的"职教员"，渐渐地改称"教职员"了。时任清华教授的冯友兰曾说，当时有个比喻：教授是神仙，学生是老虎，职员是狗。这话听起来虽很尖刻,但足以说明教授的地位已是举足轻重。

1929年,罗家伦又修订出台了《国立清华大学组织规程》,为清华大学奠定了教授治校的民主管理制度。教授治校当时曾引起较大争议,为此,北京大学校长蒋梦麟还提出"校长治校,教授治学"的主张。作为一校之长,罗家伦倾力倾情,为新清华付出了巨大的心血。

清华原本是教会学校,资金雄厚,社会上视其为"贵族学校"。罗家伦决意在清华推行"军事化",到校不到半年即对学生厉行军训,旨在提倡"平民化"。惜乎因遭到学生抵制,最终落得一个"恶名",他后来悻悻离去,与此不无干系,被视为是一个远因。

清华学生因家境背景,是张狂不忌,锋芒毕露,他们在罗家伦来校前夕晤谈时曾希望他"办学以学生为中心,尊重同学意见"。罗直言不讳:"办学当然以学生为前提,同学正当意见极愿采纳,惟当避巴结学生之嫌。"所以他对学生提出的"全体免除学费"的要求未能接受,主张"学费照收,收后保存,专用于津贴贫寒的优秀学生"。不过后来他还是作出了一定让步,将每年40元的学费减为20元。即便如此,学生们并不领情,进而要求将学费减至每年10元,甚至提出"请求毕业后不问成绩优劣,免除入学试验,径入研究院肄业"的蛮横要求,致使当时维持局面的校务会议"穷于应付"。

面对咄咄逼人的学生群体,罗家伦一厢情愿的军训计划,注定要付诸东流。当军训刚开始两周,罗就给学校董事会写报告称:"大学实行军事训练,为全国教育会议通过的议案,也是政府教育的方针,同时又是清华学生的要求和家伦个人的主张。目的在养成学生守纪律,重秩序,整齐严肃,能令受命,坚忍笃实,急公好义的生活与品性。每周除操场演练、野外演习外,并授以军事学科。日常生活,亦略仿军营,分全校为四个队,每队设队长一人,上置大队长一人。队长与学生共同生活,早晚点名,按时作息。男生敬礼、起居、休假为伍等,均须有一定规则。平时一律穿着制服,女生亦另有规定制服样式。家伦个人与教务长在校亦常着制服以为表率。"

"新官上任三把火",罗家伦是挟"国民革命"之余威,带着一路北伐的仆仆风尘入主清华园的。"战地政治"的思维惯性,让他欲罢不能,自然而然地带入到"转型期"的清华园中,以期增强学生的活力。或许在私下也是想给学生一个下马威,以此驯服一下这些狂傲的天之骄子。问题在于,学校不同军旅,学生有别士兵,这是两种不同的生存模式与生活方式,绝顶聪明的罗家伦竟然一时犯糊。他这样做多少有"移花接木"之嫌,或许这一比喻并不恰当,但可以肯定地说,绝对是嫁接错了地方。所以,他充满锐气的三板斧中,这一斧是"成事不足",难以奏效。

校长、教务长等身着军装,足蹬马靴,指挥着一队队慵懒而不甚情愿的学生,稍息、立正、开步走!文绉绉的师生模仿着赳赳武者的威猛。这绝不是一幅讽刺漫画,而是罗家伦在清华组织军训的实录。

清华园的军训始于清晨6时开始的早操,最初学生们尚觉新鲜有趣,可随着冬季来临,夜长日短,不少学生赖床不得,只能强打精神,数次下来,不胜其苦,也就难以坚持。校方宣布,早操无故缺勤记小过一次,三次小过为一次大过,三次大过便要开除。这等严厉处罚,令学生们大为不满。原本他们就心有怒气怨言,如今正好借沟出水,群起而攻之。刑不罚众,罗校长也奈何不得,军训在勉强硬撑了两个月后只得草草收场,他在学生中的声名也匆匆如三九天冰冷。罗家伦有的放矢的初衷,换来的却是始料不及的可叹结局。

与在军训问题上"败走麦城"相反,罗家伦在基金归属保管和"专辖废董"抗争中,则以坚持不懈的努力而大获成功,可谓"失之东隅,收之桑榆"。

清华学堂是用庚子赔款而建。当年美国退还这笔款项时,成立了清华基金保管委员会。该会虽有美国公使参加,却由中国外交部控制,于是这几百万美金就成了少数人投机倒把、中饱私囊的肥肉。

为了改变这种状况,罗家伦于1929年4月提交了学校新的发展规划和相关预算,目的是为了更好地使用这笔钱,结果遭到清华董事会的否决。罗决定破釜沉舟,不惜与董事会公开决裂,他断然以辞职抗争,其辞呈中抱怨:"清华为教育、外交两部所共管,已有两姑之间难于为妇之苦,今更加以董事会,则一国三公,更有吾谁适从之叹矣。"很明显,清华的这种特殊管理体制已构成制约学校发展的瓶颈,必须从根本上加以破除。在这一点上,校长、教师和学生同声应气,师生代表从侧翼助阵,而中心攻坚则非罗校长莫属。他已下定决心:"要以我的辞职,换取清华基金的安全与独立,和清华隶属关系的正规化。"他于辞职当日,在上海各大报章发表长篇谈话,向社会披露会计师事务所对清华基金的查账结果,将舞弊、贪污和流失的黑幕公之于众,引起朝野震惊。与此同时,清华大学教授会又推举冯友兰为代表去南京交涉。行政院急令教育、外交两部会商此事。会前,罗家伦向美国驻华公使通报清华基金的实情,进而提议该基金由中美人士合组的中华教育文化基金董事会代管,主权属清华,教育部负责支配。这既摆脱了基金长期由外交部官僚把持的局面,也避免了基金由校长主管所带来的专权,美国公使欣然应允,这一方案终成定论,为两部所接受。至于促成清华专辖教育部,罗家伦意识到,在行政院会议上,外交、教育两部部长为避免伤了和气,极有可能采取妥协之策,结果肯定是掷地无声。无奈,他只能剑走偏锋,走"上层路线",直接找到国务委员戴季陶和陈果夫达成共识,由他们联名提案;同时,他又越级上访,事先征得蒋介石、谭延闿和孙科三位决策者的首肯。结果,议案就顺顺当当地一举通过,两部共管清华董事会的时代一去不复返。罗家伦的努力,终于收到成效,他与清华师生共同争取到了他们所需要的东西,一个新清华乍现。

对于自己所采取的这种"非常手段",后来罗家伦曾有一番自白:"老于人情世故的人,开始就决不这样做。但是我不知道什么顾忌,人家对我的仇恨我不管,我为的是清华的前途,学术的前途。"不难看出,这是一个勇于任事的男子汉的肺腑之言。难怪教育部长蒋梦麟在挽留罗氏请辞的训令中称"似此实心任事之员,实属不易多见"。即便是后来执意反对罗家伦的清华学生也不得不承认,罗氏"想要办一个完善的清华的诚心,我们不能说他没有"。在促成清华大学"体制的回归"上,罗家伦无疑立下了汗马功劳。

清华的体制得到了理顺,但这并不意味着它已成功"转型",要成为一流学府,更重要还在于修炼"内功",而这正是罗家伦任职后所孜孜以求的目标。据清华学生1930年的记述:"我们看到罗氏回校后到现在一年之内,建筑方面有生物馆、图书馆、气象台和学生宿舍的落成。教授方面,好的也聘了好多位,在数量上较以前是多了。课程方面比以前多了很多,经费方面总数虽较以前还少,但图书仪器的费用增加了很多。"

有了钱怎么花? 罗家伦认为:"大学里知识的发源地,就在图书馆和实验室里。"所以他上任伊始就明确指出:"一切近代的研究工作,需要设备。清华现在的弱点是房子太华丽,设备太稀少。"为此,他不仅盖了生物馆、气象台和新图书馆,还规定至少要拿出每年预算的百分之二十来购置图书仪器。罗家伦一再强调图书馆和实验室要讲究、舒适,这样才能吸引学生。清华大学的一批基础设施,就奠定于罗家伦之手。曹禺直到晚年还对清华图书馆怀念不已,因为他的惊世《雷雨》,就是在这里从天而降,"倾盆全国"。后人把图书馆、体育馆和大礼堂视为水木清华的"三宝",可见是很有些道理的。

罗家伦在清华园还做了一些鲜为人知的事。据冯友兰说,当时清华不收女生,如果要把这个问题提交上面,不是久拖不决,就是没有下文。罗家伦干脆"我的地盘我做主",他在招生简章上加了四个字"男女兼收",于是,使清华园迎来了第一批女学生。

外文系的吴宓教授在五四新文化运动中,曾就新旧文学与罗家伦有过笔墨交锋。文人相轻,多会记仇,如今罗氏来当校长,吴宓惟恐对己不利,便托赵元任前去打探。罗家伦听后大笑说:"我们当年争的是文言和白话,现在他教的是英国文学,这风马牛不相及。如果他真能教中国古典文学,我也可以请他来教,我绝不是这样褊狭的人。"罗家伦不但继续聘用他,还对他的待遇格外关照。吴宓有每日记事的偏好,查阅他出版的日记中有这样的记载:"悉罗校长力图改良校务,并增善教授待遇,……西洋文学系尤为满意。宓之月薪,已内定增为＄340。"从最初心存疑虑,中经观察交往,特别是当加薪以后,吴对罗的看法开始转变。不难看出,罗家伦秉公执事的行事风格和为人之道。

　　清华大学的"转型",收效甚大,不足十年,就培养出许多优秀人才,形成一个群星璀璨的时代,一时与北大齐名,双峰并峙。而这一成就,罗家伦当有首功。

　　1930年8月,当罗家伦带着一腔热血,准备雄心勃勃地在清华大干一番时,中原大战爆发,军阀阎锡山的势力控制了华北,清华这样的名校,自然不能让蒋介石南京国民政府任命的人物所执掌。于是便插手此事,提出"清华人管清华"的口号,在校园里掀起一场"驱罗运动"。囿于种种原因,罗家伦显然没有得到有力的支持,形单影只,只好怏怏然被迫辞职走人,他的办学进程因政治风云的突变戛然而止。

　　尽管不到两年时间,但罗家伦对清华大学所作的成绩有目共睹。当年国学研究院四大导师之一的陈寅恪先生曾说:"志希在清华,把清华正式地成为一座国立大学,功德是很高的。"现在许多人一提到清华大学的功臣,只言梅贻琦先生,这当然没错;殊不知,罗家伦的奋斗成果与经验,实为梅氏的成就,铺下了一条康庄大道,奠定了一份厚重家业,可谓劳苦功高。离开清华后,罗家伦曾短暂受聘为武汉大学教授、南京中央政治学校教育长。

　　1932年8月26日,国民政府任命罗家伦为国立中央大学校长。作为首都大学,国立中央大学"冠全国中心之学府,树首都声教之规模",在全国各类高校中的地位和影响,当可想见。管理这样一所学校,实属不易。

　　罗家伦并不十分情愿接下这一棘手的职务。是时,中大正处在一个动荡之期,前后四易校名、六易校长,面临解散危机。1930年10月,校长张乃燕因为经费等原因辞职,是年底,中山大学校长朱家骅调任。1931年"九·一八"事变后,因中大学生要求出兵抗日而怒殴外交部长王正廷,冲击首都卫戍司令部,围攻中央党部,捣砸诋毁学生运动的《中央日报》社,朱家骅引咎辞职。1932年1月8日国民政府任命桂崇基为中大校长,又为学生所拒,不足一月便走人。无奈,改任曾为东南大学行政委员会副主任(副校长)的任鸿隽为中大校长,但他力辞,遂由法学院院长刘光华代理。6月,刘光华又坚辞不代,以致校政出现真空。此时中大全体教师因索欠薪,宣布"总请假"。6月底,行政院委派教育部政务次长段锡朋为中大代理校长,学生反对这位"政客"出任校长,忿忿中将其殴伤。当局震怒,下令解散中央大学,由教育部派员接收,教员予以解聘,学生听候甄别。7月上旬,行政院议聘蔡元培、李四光、钱天鹤、顾孟余、竺可桢、张道藩、周鲠生、谭伯羽、俞大维和罗家伦10人为中大整理委员会委员,整理期间由李四光代行校长之职。

　　罗家伦深知其中种种困难,对教育行政工作也已有厌弃之感,当得知行政院会议决定派他出任校长时,力辞不就。他的北大老师、时任教育部长的朱家骅则亲自登门,一再晓以国家及民族学术文化前途之大义,他终被说服。"受任于动乱之际,奉命于危难之间",罗家伦开始了他执掌中央大学的非凡履历和艰难历程。

　　10月11日,上任伊始的罗家伦在全校大会上作了题为《中央大学之使命》的就职演说,陈述其出任校长的远大抱负和治校方略。他提出建立"有机体的民族文化",这种文化既是民族精神的结晶,也是民族团结图存的基础,决心把中大办成一所兼容并蓄的大学,就像19世纪初的柏林大学一样,肩负起建立民族文化的责任。而要做到这一点,就必先养成一种良好的学风,于是他进一步提出了"诚朴雄伟"的新学风,勉励中大人对于"学问事业应当一本诚心去做,人与人之间以诚相见,树立崇实而用笨功的朴厚学术气象,以大雄无畏相尚,挽转纤细文弱的颓风,以造成一种伟大崇高的意境。如此这般,中大便可以为复兴民族的参谋本部自任"。又提出了"安定、充实、发展"的治校方略"三步曲"。在一片掌声中,罗家伦开始了他十年治校的艰难之旅。中大于多次易长风潮之后,是否能稳步发展,就全系于罗家伦一身。

　　罗家伦惜才和爱师如命,他认为大学校长之首要是聘人,有好的老师,才有好的学生,好的大学,故一上任便着手延聘师资。他一方面极力挽留原有优秀教师,另一方面及时添聘专门学者。他为引进人才是苦心苦旨,法学泰斗戴修瓒曾感叹道:"谁能熬得过罗家伦校长求贤若渴和诚挚无比啊!"不少优秀学人深为他的诚心所动,纷纷南下,成为中大一员。

以 1933 年为例,中大理学院就新聘了十余位洋博士担任教授,如留美的数学博士孙光远、曾远荣,化学博士庄长恭,生物学博士孙宗彭;留日的植物生理学博士罗宗洛;留法的物理学博士施士元,地理学博士王益崖等,以及原清华大学教授胡坤陞和两广地质调查所所长朱庭祜。在此前后还有一批国内知名的学者教授为罗家伦所罗致:如经济学家马寅初,历史学家朱希祖、贺昌群,艺术大师张大千、傅抱石,外国语言文学家郭斌禾,农学家梁希、金善宝,天文学家张钰哲,医学家戚寿南,生物学家童第周,数学家周鸿经,物理学家张宗燧,化学家袁翰青,航空工程学家罗荣安,电气电子学家陈章,建筑学家杨廷宝,土木工程学家刘树勋,水利学家严恺,力学家黄文熙等,一时大师咸集,精英聚首。自郭秉文校长主持东南大学(中大前身)校政之后,中央大学再一次复兴。

任人唯贤,这是罗家伦的聘任标准,他曾言:"聘人是我最留心最慎重的一件事。抚躬自问,不曾把教学地位做过一个人情,纵然因此得罪人也是不管的。"此举竟招致一些人的反对和诋毁。一次,面对蒋介石"罗志希很好,为什么有许多人批评他,攻击他"的提问时,教育部长王世杰直言相告:"政府中和党内许多人向他推荐教职员,倘若资格不合,不管是什么人,他都不接受。"寥寥数语,昭然明鉴。罗家伦重视师资建设的同时,还十分关心教师的切身利益。当时公教人员常有断薪之事,为了免除教职员的后顾之忧,在经费吃紧、时有短缺的情况下,他总是定期发薪,绝不拖欠,有时甚至不惜挪用其他款项。"民是官的天",在学校,教职员就是校长的天。我们不为没有成就学术名家的罗家伦而感惋惜,因为作为教育家的罗家伦,或许更出色。

作为一个文科出身的大学校长,罗家伦将理工科放在优先配置的考量之中。他虽然写过《科学与玄学》一书,但对真正的自然科学还是了解不深。所以,但凡有新型的学术会议,他总是参加,而且是第一个到,最后一个退席。当时他的老友方东美曾笑他不务正业,校长该办的公事有多忙,哪有这许多时间来参加这些外行的会议。他则回答说,无论自己对这些学问是如何外行,他都要仔细认真的聆听,他的目的就是为中大求得名师。正因为罗家伦如此用心地访求人才,他聘请北洋大学出身、后来留美成绩极为优异的卢恩绪为工学院院长,使中大在工科方面办得有声有色,这无疑与罗家伦用心良苦地访求人才有极大的关系。

同时,罗校长提倡科研,鼓励办刊,先后出版了《文艺丛刊》、《教育丛刊》、《农学丛刊》和《社会科学丛刊》等一系列有影响的杂志,一时间科研气氛隆盛,声誉鹊起。他还积极改善办学条件方面,重修了生物馆、东南院和南高院,扩建了学生宿舍。校图书馆得到大力扩充,图书杂志数量大幅增加,自 1932 年 9 月至 1937 年 5 月,中大共购置图书计中文书 63381 册,西文书 34828 册;中文杂志 286 种,西文杂志 233 种。这一切,都有力地推动了中大教育事业的发展。

几度春秋,几多耕耘,罗家伦励精图治,经他之手得以重建的中央大学焕然一新,呈现出勃勃生机,成为当时学科最为广泛、规模最大的综合性大学。但罗家伦眼光高瞻,目标远大,作为首善之区的中央大学,应有更大的作为。然而,当时的中大不过只有上千学生,四牌楼校区仅有 300 余亩之地,空间狭小,难有更大发展。且地处市中,车马喧嚣,不宜研讨学问。加之师生食宿,杂处市井,身心不安。有鉴于此,中大应开另辟新天地,大力发展办学规模,以适应国家对人才之需。如今,中国不少大学为了扩大办学规模,改善办学条件,纷纷在郊县建起新校区,追溯其源,罗家伦称得上是鼻祖。

罗家伦的青年时代曾游学欧美,留恋于美轮美奂的世界著名学府,就此唤起了他的中国大学梦。他心中治理中央大学的模式,就是以德国柏林大学作为参照,新校址的建设,正是实现其理想的重要一步。

不惟如此,除了大学理念的因素外,罗家伦还有着更深层的现实关怀。他接手这所最高学府之际,恰逢"九·一八"事变后不久,举国处在民族危难的忧患之中。国难当头,作为首都大学,当对国家和民族尽到特殊的责任和使命,让传统延续,让文化不绝,让精神长存,这样才更有意义。

罗家伦决意要在市郊另觅校址,建造一所能容纳 5000 至 10000 学生的首都大学,他的这一大胆设想为蒋介石所属意。国民党四中全会通过了关于中大新校址的提案，建筑费定为240万元，并训令行政院自1934年度按月拨付迁校建筑费8万元。

几番征询，最后选定南郊石子岗一带为新校址，这里山峦起伏，环境清幽，错落有致。秦淮河有支流经此，不仅为校园增色，还利工程和农业教学。此外，紫金山在北，牛首山为南，东有方山，登高还可见滔滔长江，于地质实习亦十分便利。自然条件极佳的新址，让罗家伦充满美好的向往，他特邀德国专家来南京察看，图谋规划。1935年11月，内政部颁发公告，征得石子岗八千余亩土地为中大新校址，并由教育部聘请叶楚伧等九人为建筑设备委员会委员。罗家伦悬赏五千大洋，在全国进行设计招标，最终由兴业建筑公司中标承揽。

1936年11月新校址土方工程启动，次年1月开始钻探。5月工学院和农学院主要建筑投标兴建，预计再一年秋便可落成并先行入住。全部校舍将按计划分三批建成。殊料，新址刚刚动工不久，卢沟桥事变爆发，日军大举入侵，进而直逼南京，中大不得不举校长途跋涉，悲壮西迁，开始了长达八年的艰难办学历程。罗家伦殚精竭虑却壮志未酬，迁校发展的宏图远景，被日军的炮火炸得粉碎，历史跟罗家伦开了一个苦涩的玩笑。后来，他在重庆写下了饱含深情和充满期待的《忆南京》诗一首："我又想到雨花台南，冈名石子，桥唤铁心。南望牛首，东望方山，北望紫金。山头放眼啊，大江雄浑，秦淮澄清。这二水三山的中间，正是理想的学术都城！……"然而，在国难深重之时，罗氏心中那"玫瑰色的大学梦"随狼烟而逝，永远成为他心中的一场梦。如今，石子岗一带已为殡仪馆，人们何曾想到，此处还深埋着一个大学城的辉煌梦想。

抗战刚开始，南京遭日军飞机空袭，中央大学被炸。罗家伦眼见形势日益吃紧，深感必须早做应对之策，即考虑准备迁校。可许多人未能认识到局势的艰危，指责罗的迁校之举是涣散军心，是逃兵之举。对于新校址之选，亦是人言言殊。有的主张迁到南京郊外，有的主张迁入上海租界，还有的主张迁往武昌珞珈山。罗家伦认定中日战争必将旷日持久，从长计议，还是将学校迁往内地重庆为宜。既有水路直达，可避免行程之扰；

又因四川地形多山,易于防空躲避。罗家伦顶住压力,断然决定将学校迁往重庆,并立即作出谋划。

尽管沪宁一线战事日益吃紧,但因校方准备充分,有条不紊地将大量图书仪器全部安全装箱,还有航空工程系用于教学的3架飞机,医学院供解剖之用的24具人体,一起借助卢作孚民生公司的长江航运溯江西上;而师生员工们也有组织地转移,分批入川,预先勘定的山城新校址亦在紧锣密鼓地建构简易校舍。在不长的时间内,中央大学就易地先期复课,于烽火连天之中弦歌不辍。抗战八年中,教学从未间断,损失最小、秩序最稳定,这在当时全国高校中,几乎绝无仅有。

这个堪称战时大学迁移的奇迹之所以成为可能,是缘于罗家伦校长在"卢沟桥事变"后的审时度势,以及高效干练的组织实施,还有协力同心的师生员工的应时而动,使之顺利完成迁校计划,为中国保存了一所完整的大学。

在中大迁移中,有一件事颇能印证正是为罗校长的履职尽责所感动,学校职员们亦表现出了一种坚韧的爱校之心。南京沦陷前不久,罗家伦最后一次巡视了学校本部和农学院所在的丁家桥,看到畜牧场中有许多良种的鸡、鸭、猪、牛、羊等,当时已没船、没车,没办法带走了,他不得不召集员工宣布:放弃禽畜,员工转移。这些禽畜都是学校花钱从外国购买的良种,场长舍不得放弃,连夜发动员工用船把它们运到长江北岸,取道河南、湖北数省,辗转千里,历时一年艰辛,终于将这些牲畜一只不少的带到了重庆沙坪坝中大校区。

面对这一突来的奇迹,罗家伦简直不敢相信自己的眼睛,他不禁泪湿衣襟,竟像孩子般的与远道回归的牲畜相拥亲吻。有人说这体现了罗家伦浪漫的气质,实则不然,这应是他承受巨大压力之后的一种心理释放和对下属恪尽职守的感激之情。闻知此事,南开大学校长张伯苓感慨道:两个大学有两个鸡犬不留——南开大学鸡犬不留,是被日本人的飞机投弹全炸死了;而中央大学鸡犬不留,却全部都搬到重庆了。截然不同的结局,浸润了罗家伦校长的一片心血。

中大除在沙坪坝的本部外,还有一个柏溪分校,位于嘉陵江北岸,两地相距 10 多公里,一年级新生全部在此就读。它本是一个小渡口,原无地名,但环境恬静幽雅,选做分校后,是罗家伦为它取了这样很有意境的名字。

新生到了柏溪,除上课、自修和课外活动外,最感兴趣的就是听罗校长讲话。他二周左右要去柏溪一趟,每次都利用晚自修的时间,召集同学在饭厅作一二个小时的演讲,内容包括时事评述、校务概况、做人做事做学问的道理等。罗家伦学识渊博,言辞华美,消息灵通,口若悬河,幽默风趣,同学们听得是津津有味。

罗家伦不仅是一位著名的教育家,还是一位出色的诗人。他文采风流,写下了许多音韵铿锵、热情奔放的诗歌,传诵一时,有的还被音乐家谱成歌曲。例如中大人最为熟悉的校歌便是罗校长填词:"国学堂堂,多士跄跄;励学敦行,期副举世所属望。诚朴雄伟见学风,雍容肃穆在修养。器识为先,真理是尚。完成民族复兴大业,增加人类知识总量。进取,发扬,担负这责任在双肩上。"

罗家伦还作过一首《玉门出塞歌》:"左公柳拂玉门晓,塞上春光好。天山溶雪灌田畴,大漠飞沙旋落照。沙中水草堆,好似仙人岛。过瓜田碧玉丛丛,望马群白浪滔滔。……"因词句优美、气势磅礴、寓意深远而被谱成歌曲,流行一时,还被选进高中二年级的国文课本。

罗家伦的这种诗人气质,使其行事风格多富激情;而他中国传统士人的秉直,则与圆滑和世故格格不入,这使他很难在复杂的官场上扬鞭奋蹄,自由驰骋!尽管他执掌中大口碑上佳,但还是没能逃脱是非之扰。

在那个充满政治纷争的年代,"中大校长"一职绝非美差,身处漩涡之中的罗家伦承受很大压力。1941 年夏,精疲力竭的他终于长舒了一口气,辞去校长一职。

罗家伦在清华卓有建树,未赢得太多认可;在中大功成名就,则获得较高声誉。尽管如此,他最终还是难逃宿命论。评价虽然不一,但结局并无二致,同样都是悻悻走人,充满了内心落寞和带有几分悲情色彩!

校史中是这样记述的，罗做了近十年的校长，已感身心疲惫，加之战时办学经费难以落实，无力再维系，于是请辞。而罗家伦的知交方东美教授所言则更进一步，他为了严格聘任中央大学的教师，不降格以求，往往无视一些党政上层人士的情面，推却和婉拒了不少内部介绍，以致得罪了一些人。处在和平时期尚能相安无事，而到了战时则便不免要寻找借口为难罗氏，其中主要是在经费方面施压，罗氏无奈之下只得挂冠而去。有人进而具体说明，是由于罗迁校动用了原本拟建新校址的经费而政府方面不予核销，促使罗去职。在校学生的回忆中则爆出罗的去职另有隐情，与 CC 派势力向学校渗透不无关系，时任教育部长一职的就是 CC 的大当家陈立夫。不过，陈的副手、教育部次长顾毓琇则披露，顾孟余一贯追随汪精卫，但在汪叛国时则与他分道扬镳，这令蒋介石多少有些意外和欣慰，他特意安排顾氏补遗，出任自蔡元培去世后空缺的中央研究院院长一职。因院内人士反对，于是转而考虑请顾做中央大学校长。综上所说不难看出，罗家伦失去靠山又得罪了权贵，在经费上因受到掣肘而致校政运转不灵。同时派系势力有乘虚而入之嫌，加之蒋介石刻意"礼遇"顾孟余，几个方面的原因促使他除了让贤，别无选择。

当初，罗家伦接手中央大学，可谓"临危受命"。由南高师到东南大学，再到中央大学，一些与之有较深渊源者，对北大出身的罗氏前来执掌校政抱有抵触情绪，甚而公开抱怨。罗任校长是由教育部长朱家骅提名，嗣后又得到这位顶头上司的鼎力相助，让他"放手去干"，并说："我逼志希担任中大校长，苦了志希，救了中大。"此后王世杰继任教育部长，对罗家伦的支持同样不遗余力。抗战开始后，陈立夫出任教育部长，厉行"战时统制"，罗家伦的行事风格大概难以畅行无阻，加之一些其他因素，最后只能"功成身退"。

如今，提及中国抗战时期的高等学府，人们马上会联想到西南联大，不免忽视了中央大学的地位。其实，如下一组事实颇能说明，中央大学乃是当时中国高教界的龙头老大，是院系最多、门类齐全、规模最大的一所大学。从 1938 年开始实行全国"联考"的几年中，当时全部考生总数的三分之二将中央大学作为第一志愿。截止到 1941 年中期,中央大学设有文、理、法、工、农、医、师范 7 个学院,1 个研究院,56 个系科,9 个研究部,1 个专科学校,1 个附属中学,以及医院、农场、工厂等一系列下属单位;有专职正、副教授 183 人,讲师 39 人,助教 179 人;在校大学生 3153 人,全校开设课程共 829 种,而后两种数字抗战之初分别为 1072 人和 524 种。40 年代初,国民政府教育部选聘若干"部聘教授",在两批 45 名中,中央大学有 12 人入选,超过总数的四分之一。

作为抗战期间中国的大学校长,罗家伦曾有一番名言:"我们抗战,是武力对武力,教育对教育,大学对大学,中央大学所对着的,是日本东京帝国大学。"其气魄之大、民族责任感之强,可见一斑。有亲历者指出,一段时间日军对重庆实行疯狂的"疲劳轰炸",身处沙坪坝的中央大学生存境况极为恶劣,但该校的教学秩序井然,有条不紊,在校学生人数和开设课程不断攀升,这在相当程度上验证了罗校长所谓"大学对大学"并非妄言。中央大学的教授,并非个个声名显赫,但阵容绝对齐整,专注于本校的教学和研究,甚少兼职。还由于学科设置比较贴近国计民生,尤其是航空等特殊学科更与军事作战接轨,对中国抗战的教育和技术应用的支撑作用十分突出。中央大学在战时能"脱颖而出",实与学校"元气"未失大有关联,而这倾注了罗校长的几多心血。

罗家伦任校长的十年,是中央大学危难深重而又有长足发展的十年,是中大也是他本人的"黄金十年"。他凭着执著的信念和坚忍的毅力,励精图治,使中大获得了令人瞩目的成就。

如今,这一页已成历史,罗家伦只有面对现实。他在黯然离开中央大学后曾短暂赋闲在家,虽可稍事调整以缓解十年来一直紧绷的神经,但他的内心还是相当的落寞。曾经是轰轰烈烈的主事者,如今却成了事不关己的旁观者,巨大的落差一时很难调适。此前一年,蔡元培先生在香港病逝,作为学生的罗家伦撰写了《伟大与崇高》一文追念恩师,其中写到:"不才的门生像我,每逢艰难挫折的时候,一闭眼睛,就有一幅先生的音容笑貌的影子,悬在脑际。想到先生临危受困时的雍容肃穆,七十几年的努力不懈,什么暴躁不平之气,都该平下去了。"从罗的内心独白中,我们读出了一种难以平静的心绪。尽管心存怨言,兼有几许委屈,甚至几多不满,但他从不对外言说。他为国家办大学认真诚恳,忍受非人之苦,只求把学校办好,做到了"勇于公义,怯于私斗"。

1941 年 9 月起,罗家伦出任滇黔考察团团长,主要是考核各省党政措施。此行历时两月,行程万里,遍历两省。1943 年,国民政府积极建设大西北,以此作为长期抵抗的根据地,罗家伦受命出任西北建设考察团团长,不久又以新疆监察区监察使署监察使的双重身份前往西北,从事陕西、甘肃、宁夏、青海和新疆五省国防建设的考察与设计,并于 1944 年 2 月完成了《西北建设考察团报告》一份,为开发西北提供了详实的资料。抗战胜利后的 1947 年 2 月,国民政府特任罗家伦为中华民国驻印度特命全权大使。1950 年 1 月,任大使三年的罗家伦卸职,自印返台。

1950 年 8 月,罗家伦受命担任国民党中央党史史料编纂委员会主任委员,着力于国民党党史及中国近代史料方面的编纂出版工作,1957 年他又被蒋介石特派为"国史馆"馆长。这是罗家伦最初的为学之途,却在他从政后与之分际数十载,直到晚年才又重归初学,成了一名史官。只是在这偏安一隅的史学天地中,从事的并非纯粹的学术研究,更多的还是带有"御用"色彩。在他任上,对于相关史料做了大量的整理和编纂工作,出版了一批档案资料。

1968 年,罗家伦因身体原因不能再继续工作,故请辞上述两项职务。1969 年,病势渐重,12 月 25 日,因肺炎、血管硬化等并发症病逝,享年72 岁。

罗家伦虽在海外游学多年,但终未成就专深的学术造诣,而是以文化"事功"著称。尽管如此,他的功底与修养、博学和才华,还是从他留下的大量极具感染力的文字中,得以充分展现。在他的著作中,我们读出了一位教育家的炽热情感和拳拳之心,令人感怀。其主要著作有《新民族观》、《新人生观》、《文化教育与青年》、《科学与玄学》、《逝者如斯集》、《中山先生伦敦被难史料考订》、《蔡元培先生与北京大学》等。

中山先生伦敦被难史料考订

导　　读

　　1897 年 5 月，上海出版社出版了孙中山所著《伦敦蒙难记》一书，在各界引起很大反响。在书中，作者记述了其不久前流亡英国伦敦时遭遇的一场牢狱之险，颇引人注目。

　　孙中山于 1895 年 10 月领导广州起义失败后，成为清廷重点缉捕的对象。为防止孙在流亡海外后继续从事反清革命活动，清廷一面通告各驻外使馆密切查寻孙之去向，一面花重金雇佣外国侦探监视其行踪，以伺机随时缉拿。

　　孙中山赴美国途中曾在唐人街作短暂停留并发表革命演说，被暗探发现后密告。清廷驻美公使杨儒查明此人即系清廷通缉在案的孙中山，但碍于驻外权限一时不便捉拿。在探悉到孙即将离美赴英，便秘密通知清廷驻英公使馆严密监视，见机行事，设法将他引渡回国。

　　1896 年 10 月 1 日，孙中山受其在香港学医时的好友兼老师英国人康德黎博士之邀，抵达伦敦，随后被安排在康的寓所附近葛兰旅社住宿。康德黎的居所即在中国驻英使馆附近，驻英公使亦早已收到驻美公使的信函告知，故孙中山一踏上英伦，便被暗探盯上。

　　10 月 11 日上午，孙中山在赴康宅途中，突被一不知姓名的华人青年喊住，并诡称自己是香港留英学生，对孙中山的革命志向万分景仰，力邀孙到其寓所赐教。其实此人的真实身份是清驻英公使馆中的一名译员，名叫邓廷铿，为贪得清廷通缉奖金，不惜下此恶计。孙中山不知其中有诈,一时丧失警惕,竟随同前行,不意被诱入驻英使馆并遭禁锢。

清廷驻英公使龚照瑗见孙已被擒获,为邀功请赏,用7000英镑高价租用了一艘2000吨的轮船,准备将孙秘密运回国。如此计得逞,孙中山必遭害无疑。

孙中山身陷囹圄后,伺机以图自救,他设法说服看守,将消息告知康德黎,康随即着手进行营救。为防不测,康德黎先下手为强,将此事公之于新闻界,以此造成一种压力,使清廷驻英公使馆不敢轻举妄动。《环球报》率先以号外形式对孙中山蒙难进行了报道,其后各报都争相刊载,并以"绑架"、"身陷伦敦"、"中国公使绑架事件"、"清使的非常行动"等极富煽动性的标题。在舆论界的大肆鼓噪和渲染之下,孙中山成了一宗"轰动国际绑架案的主角"。报道一经传出,英国一片哗然。此前,英国外交部、内政部等已知此事,并积极采取行动;嗣后,首相索尔兹伯里照会清廷驻英公使,敦促清公使馆限时放人。在伦敦的华侨及具有革命倾向的留学青年亦日日聚集于使馆门前,高呼"释放孙逸仙"口号,并有毁掉公使馆的过激言语。在英国政府的介入下,清驻英公使无计可施,终于在孙中山被囚12天后将其释放。

"因祸得福"、"大难不死,必有后福"、"柳暗花明又一村",中国民间这些俗语,用以形容孙中山伦敦被难后所引发的效应,再恰当不过了。孙中山自1894年在檀香山成立兴中会,次年在香港成立兴中会总会,到同年10月广州起义以来,他仅仅在夏威夷、香港的部分侨胞中和广州的一些会党活动中有一点影响,而国内知识分子阶层和普通百姓并不知其何许人也,在日本则是因其广州起义才有所知。即使在兴中会内部,他也不是一个无可争议的领袖。清政府之所以对他紧追不放,是因为他利用基督教造反,而并非是什么重要人物。如今,经报纸广为传播,不仅孙中山在国际上声名大振,几乎一夜之间成了华人首屈一指的政治家,他的革命活动亦逐渐为人们所关注,并得到广泛的同情。相反,清廷则因此事颜面扫地,只得再行悬赏通缉,并将筹码提高到50万元银币。不过赏金再多也无济于事,孙中山幸免于难,此后虽历经坎坷,颠沛流离,然则斗智斗勇,再没给清廷这样的机会了。

孙中山伦敦被难在他人生中的重要地位,特别是对他被公认为中国革命领袖所产生的深远影响,是众所周知的。但由于以往记载的疏略和歧异,使事件真相常处在若明若昧之间,留下了不少疑团。发生在 100 多年前的这一事件中,孙中山是被绑架进清朝驻伦敦公使馆,还是自投罗网?伦敦蒙难对塑造他的英雄形象起到什么作用?诸如此类的问题,让人欲罢不能,成为深入探究的动因。

孙中山在国民党内享有崇高威望,被誉为"国父"。他的革命经历千回百折,令人敬仰。在他去世后,自上而下地掀起了一股强有力的崇拜之风,从总理纪念周到更名或建立中山公园,从各地安放纪念铜像到命名道路,不一而足。

自然,研究中山先生亦有着特别的意义。罗家伦对中山先生同样富有深厚的感情,他治史出身,又留学多年,精通外语,专业素养很高。他在不经意中对中山先生伦敦蒙难这段史实产生了兴趣,便有意着力收集相关资料,并得到多方人士的相助补充。此书,即是对中山先生伦敦蒙难史料作一认真考订,通过档案资料和证人回忆所述,加以互印互证,力求厘清一些不实问题,以还历史真相。

严格地说,《中山先生伦敦被难史料考订》属于一本史料性书籍,但罗家伦通过比对分析,阐述了一些自己的看法,纠正了坊间流传的讹误,譬如,"英国政府是否是屈于舆论压力才出手相救"?其实,公使龚照瑗所代表的中国政府要追拿钦犯,索尔兹伯里首相所代表的英国政府则要维护当地法治,以此拒绝了清公使馆的"引渡"要求,这应是促成孙中山获释的真正原因。但这并不表明英国政府的政治倾向,仅仅是履行国务而已。至于孙中山在伦敦是"自投清国使馆"或"是为宣传革命大计,乔装深入使馆内作宣传"等种种说法,通过对史料的梳理和多方考证,认定这些都是失实而不确的。因此,从某种意义上说,罗家伦秉承传统史学考据之遗风,对这一问题进行了深入的探究,体现了他决不轻易放过任何重要细节和求真务实的治学态度,因而又不失为一部有分量的学术研究专著。

涉及到孙中山伦敦蒙难这一事件,中外学者多有研究,相继有几部大作问世,研究孙中山的著名学者、美国人史扶邻(Harold Z. Schiffrin)的《孙逸仙与中国革命的起源》(1961)、台湾著名历史学家吴相湘的《孙逸仙先生传》(1962)、澳大利亚学者黄宇和的《孙逸仙伦敦蒙难真相》(1986),以及罗家伦的这部《中山先生伦敦被难史料考订》(1930)。按照时间来推算,罗著应是开山之作,罗家伦则是拓荒者,率先开垦了这片处女地。因此,无论后世学者的研究如何超过前人,罗家伦的这部书为孙中山蒙难研究,奠定了厚重的基础。

序

  在一般民族文化发展而历史和传记受相当科学化的国家里,凡是伟大人物的生平,无论是大事小事,都有精细确切的考定。对于思想家,文学家,发明家,军事家……莫不如此,对于开国的人物和民族的领袖,更不消说了。何况孙中山先生在中国全部民族史上的地位,和伦敦被难这件事对于中国革命运动的影响,及当时国际舆论的关系?

  但是中山先生伦敦被难这件事,除他自己所著的英文《伦敦被难记》而外(原名为"Kidnapped in London"),绝无其他一点史的研究。

  民国十七、十八这两年,我和维桢为了中国近代史里面专题的研究,得着机会尽量调阅以前总理衙门的档案。有一天下午,我为研究中日战争到他结束后的余波,忽在一八九六年的密电档内发现一个电报,关于中山先生伦敦被难这件事的。于是动了研究的兴趣,我们两个人费了许多时间,搜尽密电密启的档案,居然得到二十八通文件,认为是很有趣而很可宝贵的材料,于是把他们一齐钞下来。

  十九年夏间在南京和吴稚晖先生谈到这个问题,承他借我一部吴宗濂的《随轺笔记四种》,在这里面看见几篇他处不曾见到的文件。后来在上海又承胡适之先生送我一部凤凌的《游余仅志》,里面记得有关于中山先生伦敦被难的事情。我又把康德黎的记载一翻,于是动了把这些材料联贯起来发表的兴趣。本来只预备成一短文,不料动笔后写得太多了。方才写完,即问王亮畴先生借他从伦敦购回中山先生亲笔写的两张名片去照相，因为这是他在使馆禁闭室写出来向康德黎求救的。那知道和亮畴先生一谈，这问题的范围又扩大了。他对于这个问题，也很有兴趣，所以去年他在伦敦的时候，不但设法买到这两个名片，并且教人将伦敦中国使馆里所有关于中山先生被难的档案，连英文的侦探报告，一齐钞来。他并且交给我，让我使用，这是极可感谢的事。这种档案里的文件，虽然有几种是与我在总理衙门所钞的相同，(相同的当然可以互相校正)，但是不同的也有。当然总理衙门的档案，也有是伦敦中国使馆所不能有的。两面合起来，再加上其他私人的记载，对于这件公案的文献，也就差不多完备了。因为这种种的帮助和鼓励，我不能不把全文改造一次，索性印成一本小书，供史学家的参考。

这本小书，还是史料的性质。只是我最后一句话是：若是中国要有科学化的历史和传记，非赶快分别专题，从搜集、审定、研究史料着手不可。

罗家伦　民国十九年八月一日

译文

我于星期日被绑架到中国使馆里面，将要被偷运出英国到中国去受死刑。求即速援救。

一面除铅印的 Dr. Y. S. Sun 而外，还写着：

致康德黎博士，覃文省街四十六号。

目前请照应这个送信的人。他很穷，为了替我工作，他不免失业。

按此系中山先生被禁后所作之第一书，写在本人名片之两面。当系十月十一日所作，十八日递到。正文一面，乃先以铅笔写，后以墨水笔填就者。如"Kidnapped"及"Chinese"诸字，均显然可见铅笔痕。其他一面关于递信仆人四行，系以铅笔写而未填者。"A"字系律师在档内所编号码。圆洞亦系钉入档内时所打。纸色已成淡黄。英文拼法及文法之错误处，当然系作书在急忙躲闪的状况之下所不免，益足以证明此种原件之可靠。

按此系贮藏该片之原信封。纸色黄旧。上书"龚大人，出使大臣"及"马格里爵士，中国使馆参赞"字样。据王德纳律师之子函，系彼父所书，以备接洽之用。此件可佐证原片之可靠。

译文

哈物德地四号
勃莱登
一九二九年四月二日
先生：

我保存着前总统孙逸仙在中国使馆被难时写出来的原信。（在两张名片上面。）我想说不定公使阁下愿意买这文件，不说为自己收藏，就是为国家博物馆，也是值得的。若是如此，只要三金尼的价格，我就可以承受了。

我或者可以解释一下，这个文件是我的父亲白朗楷王德纳留给我的。他是承康德黎博士委托办营救孙总统这件案子的律师。这信就是给康德黎的。

你忠实的，
王德纳（上尉）
右致
机要秘书
中国公使馆　波德兰　伦敦

按关于此事，王亮畴先生系托使馆秘书办理，故此信系致使馆秘书。每金尼值一镑一先令，实在不多。此信可证明中山先生真迹之来源。

　　在西历一八九四年，就是前清光绪二十年的时候，孙中山先生在檀香山成立兴中会，为中国近代革命运动最初的组织。第二年中日战争结束，中国完全失败，中山先生与其同志邓荫南、杨衢云、黄咏商、陈少白、陆皓东、郑士良等密谋在广州起事。不意事机不遂，枪械被海关破获；派赴各路军事工作的党人，又被阻止。所有起事计划，于是年十月二十六日（即废历九月九日）完全失败，陆皓东、丘四、朱贵全三人死难。这是中国革命运动第一次的发难，也是第一次的失败。失败以后，中山先生的姓名为全国所知，其行动为清廷大吏所注意，自然不消说了。所以一八九六年四月五日（废历光绪二十二年二月二十三日）总理衙门收到两广总督谭钟麟一通密电，报告缉拿中山先生的情形，并且商量办法。这通密电的原文如下：

　　　　光绪二十二年二月二十三日收粤督电称：密红，（红字想系密本暗号，当时置于密字之后，）逸犯孙文，因其党三人伏诛，意图报复，谣言将焚掠沙面洋行，使官赔累。去冬广购眼线，密悬重赏，获孙文者，给神（此字疑系"洋"字之误）千金。嗣据线报"孙文杨衢云逃窜新加坡，腊底回香港。"旋照会英领事，知照港督，拿获送案。而港督覆称："孙文如来港，必驱逐出境，不准逗留。"而不言拿送。正月间已逃至澳门，线人亲见，孙文已断发，改装洋服，狡殊甚，出入必与洋人偕行，无从下手，近闻又在上海矣。可否请贵署便中与英使及西使闲谈，不言孙文事，但云华人犯法者，多逃入香港澳门，华官不敢入租界内拿人，致案悬莫结。如东莞教民被杀案，凶犯即逃香港，是港澳竟成逋逃薮。彼此交谊敦睦，皆有除暴安良之意，以后或有要犯逃入港澳，准华官知照洋巡捕会同查拿。但得英使等知会港澳洋官遵办，则诸事不致棘手。是否可行，希酌度为幸。麟，养。

　　这个电报主要的目的是：（一）报告中山先生的行踪，图谋缉拿；（二）请总理衙门向英使交涉政治犯引渡问题，以便协捕。关于行踪的报告，殊属错误。因为按照中山先生的《伦敦被难记》，说是在十月起事失败以后，广州诸党魁,亦纷纷四散。予于奔避之际,屡次遇险。后幸得一小汽船,乘之走澳门。在澳门留二十四小时,即赴香港。略访故人,并投康德黎君(Mr. James Cantlie)之门。康德黎者,予之师而兼友也。康德黎君闻予出奔之故,即令予往见香港某律师,就商此后之行止。

康德黎所令予就教者为达尼思(Mr. Dennis)律师。达尼思询悉颠末,即令予速离本地,毋以逗留致祸,时至香港已二日矣。闻达尼思言,不及与康德黎君握别,即匆匆乘日本汽船赴神户。居神户数日,又至横滨。在横滨即购日人所制之欧服数袭,尽易旧装,留须割辫。一二日后,由横滨乘轮赴哈威夷群岛,就寓于火纳鲁鲁。火纳鲁鲁多予之亲故及同志,相处甚欢。……

予于一千八百九十六年六月离火纳鲁鲁赴旧金山……(《伦敦被难记》第一章至第二章,引自胡汉民先生编《总理全集》第一集八七四页,上海民智书局本。)

可见在这期间(一八九五年十月至一八九六年六月),中山先生并不曾"逃窜新加坡,腊底回香港"。假设如此,中山先生自己没有不记载出来的。他在前段所记自己的所在地和年月,实在太确定了。官方的"眼线"虚构事实,希图邀功骗钱,是常有的事。所以治历史的时候,官方的报告,常常应当用私人的纪载或是他种材料来考订。中山先生于起事失败以后,"尽易旧装,留须割辫"是真的,可惜不在澳门,"线人亲见",只是"想当然耳"。至于三人伏诛,当是指陆皓东等三人。"意图报复","将焚掠沙面洋行",足以代表当时清廷大吏对于革命党人的观念。

但是总理衙门也另有消息来源。据他所得的报告,与两广总督所得的"两歧"。总理衙门知道中山先生是由横滨到檀香山去了,并且以为他已往美国,所以在四月八日有密信一封致出使美国大臣杨儒(字子通)。在总理衙门密启档内所载的原文是:

二月二十六日发出使杨大臣函称:子通宗丞阁下! 径启者:
本月二十三日准粤督电称:"逸犯孙文,因其党伏诛,意图报复,谣言将焚掠沙面洋行，使官赔累。去冬广购眼线，悬赏千金。嗣据线报，孙文杨衢云逃窜新加坡，腊底回香港，正月至澳门。线人亲见孙文已断发洋服，出入必与洋人偕行。近闻又至上海。请与英使商办"等语。查该犯孙文，广东籍，系美耶稣教会传教人。上年在粤，勾串新加坡会匪，定期九月起事，经粤中查拿而散。兹复怙恶不悛，散布谣言，尤堪痛恨！惟粤电所述，与本署所闻有异。正月初七日朗西函称："前数日孙文乘公司船经横滨往檀香山，伊弟在檀，故相就"等语。计算时日，该犯于年前已往美国，与粤线所云正月尚在澳门之说两岐。檀香山三合会党最盛，与美之金山纽约声息相通，不难得其踪迹。拟请台端密饬领事商董访查该犯孙文，暨其弟确耗，即行示覆，当再筹商办法。朗西函未及杨衢云，该犯是否与孙文同逃？并望查及。檀香山系无约之国，美则交犯专约未成，殊焦闷。此等情形，粤中不悉也。专此布启。

总理衙门所得的消息，主体是出使日本大臣裕庚报告的。信上所说的朗西，就是裕庚。他就是《清宫二年记》的女作者德菱的父亲。中山先生到檀香山应在一八九五年十一月间，因为他在香港、神户、横滨都没有什么停留。裕庚于一八九六年二月十八日（正月初五）的信说他"前数日乘公司船经横滨往檀香山"，是不确的。而总理衙门说"是计算时日，该犯于年前已往美国"，则推算更不真确了。杨衢云未与中山先生偕行，在檀香山相就者，是中山先生之兄德彰。檀香山与美国关系，是于一八九三年由美公使宣告哈威夷群岛为美国保护国，一八九七年在华盛顿签定归并的条约，一八九八年正式交割清楚。总理衙门说檀香山系无约之国，不知在一八九六年它已经是美国的保护国，不过手续未清罢了。

按照中山先生的记载，他是一八九六年六月离火纳鲁鲁赴旧金山的。这次清廷的耳目，却是灵通可靠的多了。六月二十七日总理衙门就接到出使美国大臣杨儒的密电一通。在密电档上所载的原文是：

五月十七日收出使杨大臣电称：密红，金山领事访悉孙文现偕二洋人到金,日内将往欧洲。乞筹办法。儒,铣。

按前电推算,中山先生抵旧金山当在六月二十六日以前。于收到前电的第二天,就是六月二十八日,总理衙门覆杨儒一通密电:

> 五月十八日发出使杨大臣电称:铣电悉。孙文将往欧洲何国?偕行洋人系何国人?附搭某船?希确查密电龚使酌办。英能援香港缅甸交犯约代拿固定妙;否则,该匪若由新加坡潜结党恶内渡,应先电粤预防。新加坡领事果认真查访,当有实际。巧。

这通电一面是注意中山先生赴欧,一面是防备他由新加坡内渡。因为注意他到欧洲去,所以对杨儒说"希确查密电龚使酌办"。这件重大的案子,遂由杨儒手里,转到出使英国大臣龚照瑗手里。这正是中山先生伦敦蒙难的伏因。杨儒奉到总理衙门的密电后,于七月十八日有一封公函致龚照瑗。在驻英使馆"广东要犯孙文逃往伦敦扣留查办卷"内(此卷由王亮畴先生于民国十八年四月由伦敦钞回)所载的原文是:

> 仰藻仁兄大人阁下!日昨驰布寸缄,谅邀惠督。比维勋履绥稣,兴居痊健,慰如所怀。兹密启者:前月接准总署函称:"粤东要犯孙文,谋乱发觉,潜逃赴美,希即确查密覆"等语。弟当即密饬金山总领事冯守诜薰,确查去后,嗣据电称:"孙文现偕二洋人到金,日内将赴欧洲。"弟遂发铣电,迅达总署。旋接总署巧电,详询孙文欲往何国,偕行何国人,附搭某船,希查密电台端,援香港缅甸交犯约代拿该匪。若由新加坡内渡,应电粤督预防等语。弟因由美交犯另约,迄无成绪,此间无从措手,总署深知,故有转电尊处援约代拿,并饬新加坡领事认真查访之议。缅甸约章,美署未备,仅见香港解交逃犯例章,谅贵署必备存两处原约也。刻下孙文虽抵金山,尚无取道纽约,确搭某轮赴欧洲之信。特将总署巧电钞陈,并就冯守禀函电报,撮叙详细节略,驰寄左右,即乞公余留意检查约章,尽算在胸,自臻完密。弟已饬冯守及纽约领事,随时访探该犯何日抵纽,准搭某轮,定赴欧洲

何国？俟得确音,再行电布。除详覆总署外,用特专函覼述。因
候金山复信,是以肃达稍迟。只请暑安。诸维秘照,不宣。附陈
钞件一纸。愚弟杨儒顿首。六月八日。

后面附的钞件,第一就是总理衙门五月十八日的巧电,第二就是"撮
叙金山冯总领事(詠蘅)禀函电报详细节略"。这个节略里所叙的事实,很
有可以供参考的:

> 孙文原字帝像,别号逸仙,改字载之,香山县蔡坑村人,现改
> 称旱埔头人,年约三十左右,身材短小,面黑微须,剪发洋装,由
> 檀香山行抵金山。同伴有二洋人:一名卑涉,亦美国金山人,素
> 系檀岛银行副买办;一名威陆,亦美国人,向在檀岛服官,前次创
> 议废主,因其未隶檀籍,所谋不逞。均挟厚资,居檀年久。是否
> 孙文同党,尚难臆断。惟见同船偕来,交情甚洽。孙文借寓金山
> 沙加冕度街第七百零六号门牌华商联胜杂货铺内,闻不日往施
> 家谷转纽约,前赴英法,再到新加坡。并闻有沿途联合各会党,
> 购买军火,欲图报复之说。该犯随身携带私刊书册两本。虽无
> 悖逆实迹,检其上李傅相书,确有该犯之名,显系孙文无疑。现
> 将原书设法觅取寄呈,俟访明该犯赴纽行期,再行电禀等语。查
> 阅该犯书册两本,一系摘录明黄梨洲《明夷待访录》中原君原臣
> 二篇,卷端加一小引,自称杞忧公子;一系上李傅相书,洋洋万余
> 言,自称文素在香港习西医,已蒙考取,欲乞傅相专委筹办农务。
> 两种文笔俱畅达,昨已附致总署备核矣。

这节略里所说的卑沙和威陆二人,原名无从考证。金山沙加冕度街
原文是 Sacremento Street。中山先生做序的《明夷待访录》节编,和序的
原文,不曾看见过,也没有人提起。上李鸿章书的单行本,也是不曾听说
过的。收到杨儒的公函以后,龚照瑗于八月六日(废历六月二十七日)给
代理新加坡总领事刘玉麟通判一通密札。札子的上段是引杨儒的原函,
下段是和他研究交犯条约。现在把上段节了,把下段录在后面:

> 查咸丰八年《中英条约》第二十一款内开:"中国民人,因犯

法逃在香港，或潜住英国船中者，中国照会英国官，访查严拿。查明实系罪犯，即行交出。通商各口尚有中国犯罪民人，潜匿英国船中房屋，一经中国官员照会领事官，即行交出，不得隐匿袒庇。"又光绪二十年《滇缅条约》第十五条内开："英国之民，有犯罪逃至中国地界者，或中国之民，有犯罪逃至英国地界者，一经行文请交逃犯，两国即应设法搜拿。查有可信其为罪犯之据，交与索犯之官。行文请交逃犯之意，系言无论两国何官，只要官印关防，便可行文请交。此种请交逃犯之文书，亦可行于罪犯逃往之地最近之边界官"各等语。除函覆杨大臣外，计署理总领事张守，奉调内渡，业已起程。合亟札饬该代理总领事，预为筹备。并密查孙文有无党羽，暨熟识之人在坡，确切查明，慎密禀候核办。杨大臣寄到钞件，一并钞给该员查阅。兹并附札附寄电信新法密码本一册，仰即密存领署，以后如有机要事件，须由电传者，即用此码本。即通知张守，以后无论实任署理，作为交代。特此密札。（此件系伦敦中国使馆原档。）

在八月八日龚照瑗覆了杨儒一封公函，并且钞了两段条约。这也是伦敦中国使馆里的原档：

子通仁兄大公祖大人阁下！月之二十一—二十五等日，肃布芜笺，谅呈荃照。比维兴居多福，勋望益隆，为颂。敬密复者：顷接六月八日密示并钞件，具悉一切。查署电所称香港缅甸交犯约，系指咸丰八年在天津议定之《中英条约》第二十一款，及光绪二十年在伦敦互换之《滇缅条约》第十五条也。兹一并钞呈台阅。惟查此种罪犯，按西洋章程情形视之，在本国固法无可逭，迨逃至他国，他国即视为公犯，向无交出之例。俄之于白彦虎，即其明证也。弟已密饬代理新加坡总领事刘牧玉麟，预为筹备，并密查孙文有无党羽，以及熟识之人在坡。如该犯果来欧洲，俟尊处探确电知后，弟当援约与英廷商办。若英不能代拿，则惟有窥其动静，探其逃踪，遵照署电，电知粤督预防，于其内渡时，设

法兜拿耳。专此密复,敬请台安。治愚弟龚照瑗顿首。六月二
十九日。

附钞的条约原文两条,因给刘玉麟的札子上已经引了,所以不必再
录。他们引经据典,用心虽然很苦,但是可惜条约中所指的犯人,乃是普
通的犯人,而不是政治犯。所以他们的讨论,只是劳而无功。

新加坡总领署固然已由龚照瑗通知过了,但总理衙门还是怕中山先
生由新加坡回到广东去。后来更据探报说是他在旧金山买军火,要回广
东,所以总理衙门于八月十五日发一通密电致两广总督谭钟麟,要他
防范:

七月初七日发粤督电称:密,孙文在旧金山购军火,招恶党,
有回粤报复之说。希派妥员往香港、澳门、新加坡密探预防,
切要。

这个消息,想去是总理衙门从其他方面得来的,所以在同日又发一通
密电,致出使美国的杨儒,要他探访军火出口的船期和中山先生的行踪:

七月初七日发出使美国杨大臣电称:密,孙文在旧金山购军
火,殊巨测,望设法查询军火出口船期,电粤为要。该犯已否离
美,并电复。阳。

因为恐怕从旧金山运回来的军火要走横滨经过,所以同日总理衙门
又拍一电致出使日本大臣裕庚,要他留心查探:

七月初七日发出使日本裕大臣电称:密。歌电悉。如能就
范,所存实多。顷闻孙文在旧金山购军火,声言回粤报复,美轮
驶赴粤,必经横滨,望设法查探,随时电粤为要。阳。

总理衙门对于这件事,可谓注意极了。八月二十日有一密函致两广
总督谭钟麟和广东巡抚许振祎,教他们防范中山先生和他所运的军火
回粤:

七月十二日发两广总督、广东巡抚函称:文卿制军、仙屏抚
军阁下!密启者:逸犯孙文一事,前接尊处、督署三月养电"据线
报该犯始而潜踪港澳,继闻又往上海。出入必与洋人偕行,无从

下手"。本处以此事曾据朗西函,"孙文经由横滨往檀香山去",
因即函致子通。来函访悉该犯剪发洋服,五月上幹(想系'澣'字
之误)由檀香山抵金山,寓沙加冕度街七百零六号华商联胜杂货
铺。所偕二洋人,一名卑沙,一名威陆。该犯刻有伪书,才足济
其凶慭。本处现又据金山领事署随员黄桂馨禀该犯踪迹,与子
通所述略同,并称"该犯沿途招集会匪,意图再举复仇,悖逆之
言,殊不避讳。又近日购买军火甚多"等语。子通函意以中美交
犯,现未订约。交犯肯否,权属于人;伺犯复回,权操于己。该犯
既图报复,必返粤东。粤省先期购线跟缉,关津勿懈;并嘱新加
坡确电物色。至军火器械,必托洋人潜带,当由粤专派洋文干
员,会同税务司密巡,庶为内地布置要计。除由本处分电子通朗
西两使,设法查探,随时电知尊处、督署并由阳电先达台端、文卿
外,兹特钞录往来函电,奉寄察阅。如查有端绪,并希随时布知。

文卿是谭钟麟的号,仙屏是许振祎的号。所谓养电,就是四月五日第
一个电报。"才足济其凶慭",是总理衙门对于中山先生才力的承认。海
关的严密稽查,自然是应有的手续。不料查了几天,杨儒查出中山先生招
人入党是真的,购买军火一事并不确实。所以八月二十六日总理衙门接
到他下面这通密电:"七月十八日收出使杨大臣电称:密。金山电禀,孙文
招人入党是实,未购军火。儒,篠。"

不久,中山先生就从纽约动身到英国来了。在九月二十五日夜间,龚
照瑗接到杨儒的密电。伦敦中国使馆所存的原文是:

光绪二十二年八月十九日夜接杨使电:密。现据纽约领事
施肇曾探悉,孙文于九月二十三号,礼拜三搭 White Star Line,
Majestic 轮船至英国黎花埠登岸。儒,啸。

这个电报报告的事实,一定是很确切的。中山先生自己的记载,倒还
没有开船的日期。黎花埠就是利物浦(Liverpool)。据中山先生自己叙
述道:"我于一八九六年九月动身赴英。"(见康德黎与 C. Sheridan Jones
合著"Sun Yat Sen and the Awakening of China"第四十二页所引中山先

生原文。此书著者，当然以康氏为主体，措词也是康氏的口吻。）他在《伦敦被难记》上记得较为详细。他说：

予于一千八百九十六年离火纳鲁鲁赴旧金山。……在美三月，乘轮船麦竭斯的号（S. S. "Majestic"）东行至英国之利物浦（Liverpool）……

船到的那天是九月三十日，这是根据侦探的报告。因为收到杨儒的密电以后，马格里就去找了一个私家的侦探机关，名叫司赖特侦探社，派人到利物浦去守候。这侦探社给马格里的报告，我把他译成汉文如下：

马格里爵士

中国公使馆

波德兰

关于孙文事件，

爵士：

依照你的指示，我们派了一个代表到利物浦去侦察一个从白星轮船公司"Majestic"的来客，名叫孙文。我们现在报告你，这个中国人合于所说的形状的，已于昨日中午十二时在利物浦王子码头上岸。

我们还要提到，孙文这名字，在船上的旅客单子上没有，单上有一个名字叫 Dr. G. S. Sun，显然就是他了。他坐的二等舱。上岸的时候，他带了一件行李，上火车站设备的公共汽车，到利物浦密德兰车站（Midland Railway Station），坐下午二点五十分的快车上伦敦。

但是他没有赶上火车。等到下午四点四十五分方才动身，于晚间九点五十分到伦敦圣班克拉司车站（St. Pancras）。于是他从行李房里取出行李，雇了一二六一六号马车到斯屈朗赫胥旅馆（Haxells Hotel, Strand）。

他一切的条件，都合于你告诉我的。现在还有可疑的一点，就是 Dr. G. S. Sun 这个名字，是否就是完全代表我们所要找的那个人。

他现在在我们的监视之下。若是工作有结果的话，我们再告诉你。

你忠实的，司赖特侦探社。（签名）

一八九六年十月一日。（伦敦中国使馆英文档）

报告里面所谓 Dr. G. S. Sun，G. 字必系 Y. 字之误，因为当时中山先生用的名片是 Dr. Y. S. Sun，Y. S. 是代表"逸仙"两字的第一个字母。按照中山先生自己的记载，这报告是对的，还只有比记载详细。《伦敦被难记》的原文是：

一千八百九十六年十月一日，予始抵伦敦，投宿于斯屈朗（Strand 伦敦路名）之赫胥旅馆。翌日即至波德兰（Portland Place 伦敦区名）覃文省街（Devonshire Street）四十六号康德黎君之寓所相访。康君夫妇，招待甚殷，并为予觅所近之舍馆曰葛兰旅店（Grays Inn），使徙止焉。予自是即暂居。

中山先生迁居这件事，侦探也有报告。因为这件事是马格里包办的，所以十月三日下午六点十五分马格里收到侦探社有一个电报。（按在欧美各国，本城中有要事，常是打电报的。）这电报的原文是：

马格里

四十九号

波德兰

此人从赫胥旅馆迁至葛兰旅店街（Gray's Inn Place）（按 Place 译街不妥，应作地，暂从《伦敦被难记》译名。）霍尔庞（Holborn）区。

司赖特。（伦敦中国使馆英文档）

在六日的下午三点，马格里回了司赖特一个电报：

前电谢谢。此人见过任何中国人否？是否可以暗为他拍一照片？

马格里。（签字）（伦敦中国使馆英文档）

当这边侦探工作正在进行的时候,就在中山先生到伦敦的第二天,正是十月一日(废历八月二十六日),出使英国大臣龚照瑗有一通密电向总理衙门报告:

八月二十七日收出使龚大臣电称:粤犯孙文到英,英令无在本国交犯约,不能代拿。现派人密尾行踪。瑗,宥。(总理衙门密电档)

"派人密尾行踪"是真的。英国不能代拿一层,是马格里和英外部非正式商量以后的话。"英令"二字,使馆档上作"英外部"三字,当系电码错误。

到了十月六日,司赖特侦探社更有一个详细的信,报告中山先生一日到五日的行踪。我再把原信译在下面:

马格里爵士

波德兰

关于孙文事件

爵士:

关于我们十月一日通信上所提的事,我们现在报告你。我们在赫胥旅馆方面,作有系统的监视。在一日那天,就是星期四,此人于下午四点半钟外出,沿着斯屈朗走,经过佛立特街(Fleet Street),到露揭特场(Ludgate Circus),看看商店的玻璃窗子,以后又回到旅馆。那时候是下午六点三十分。以后就没有看见他出来了。

在二日星期五那天,他于上午十点三十分离开赫胥旅馆,雇了一个一○八五○号四轮马车装行李,坐到葛兰旅店八号,将行李运入,该人亦进去。

他在该处到上午十一点三十分才出来,步行到牛津街(Oxford Street),看看商店的玻璃窗子,于是走进上霍尔庞(High Holborn)一一九号(文具店),再进加快食堂(Express Dairy Co.),吃了中饭,于下午一点四十五分回到葛兰旅店街八号。

　　下午六点四十五分他再出来，走到霍尔庞的一个饭馆里停留了三刻钟，再回到葛兰旅店街八号的时候，已经八点三十分钟，就不再看见他了。

　　以后每天都有人监视他，但是没有什么重要的事情发生。此人常在主要的街道上散步，四周顾望。他不在家里吃饭，到各种饭馆去吃。

　　提起你电报里所说的一层，我们可以说在监视期间，他不曾见过什么中国人。在利物浦听说有几个在"Majestic"和他同船的人，答应到伦敦来看他。

　　讲到照相这个问题，我们恐怕非等到天气好些，不能办到。

　　无论如何，我们对于这点总是尽力注意。

　　你忠实的，

　　司赖特侦探社。（签名）（伦敦中国使馆英文档）

　　十月四日，龚照瑗写了一封信给巴黎驻法使馆替他负责的属员庆常（当时龚照瑗是兼出使法国大臣），教他当心中山先生到法国去，俾作未雨的绸缪。原信是：

　　蔼堂仁兄大人阁下！近因复抱薪忧，致疏笺候，怅甚。辰维兴居笃祜，懋履增绥，为颂。兹密启者：前接杨子通星使函，将粤东要犯孙文谋乱发觉，潜逃赴美，总署电嘱，确该犯欲往何国，密电散处等语，并钞录节略一件前来。顷于本月十九日接通使电称："现据纽约领事施肇曾探悉，孙文于西九月二十三号礼拜三，由纽约搭轮船至英国黎花埠登岸"等语。当经密商英外部，拟援香港及缅甸交犯约，请为代拿。据该部复称："该二约只能行于香港及缅甸地方，而不能施之他处；即无在英国交犯之约，如外部饬拿该犯，必为刑司所驳"云云。英既以无约不能代拿，散处遂即密雇包探，赴黎花埠查探。兹据报称，该犯已到伦敦等语。至其赴法与否，未可知，现仍跟踪密侦。合先将通使与散处来往函电，及包探行信，一并录呈台览，庶尊处得以早筹办法。俟有续闻，

再行密告。特此顺请勋安。八月二十六日。（伦敦中国使馆档）

庆常接到上司的信谕，自然恭恭敬敬于六日由巴黎回他一封信道：

> 大人钧座！敬禀者：窃庆常接奉八月二十六日宪谕，敬谂政祉康安，升猷丕茂。引领星晖，倾心露祝。承示逋逃由美至英，并钞寄杨星使往来函电等件，敬聆种切。法国于此等案件，尤不介意；况近日英向法索犯未允。英法同例，此中国所知者。此在新加坡最为注意，而在法但能探查也。如有续音，祈饬仙洲世长或马清臣随时示下，以便因应。秋凉气爽，尚祈珍摄调护，为祷。谨肃寸禀，恭请钧安，伏乞慈鉴。庆常谨禀。八月二十八日。

不知从何处得来的消息，说是中山先生要到法国去。十月十日龚照瑗又打了一个电报给杨儒道：

> 密，孙文已到英，外部以此间无交犯约，不能代拿。闻将往法，现派人密尾。瑗，支。

从这通密电里面，可以看出一直到十月十日那天，龚照瑗对于中山先生除"派人密尾"外，还没有具体的办法。到了十月十一日中山先生遂在伦敦中国使馆中被难了。当天龚照瑗就有一通密电致总理衙门，报告此事。这电报是十二日（废历九月初六日）到的：

> 九月初六日收出使龚大臣电称：孙文到英，前已电达。顷该犯来使馆，洋装，改姓陈。按公法，使馆即中国地，应即扣留。解粤颇不易，当相机设法办理。祈速示覆，勿令英使知，并请电粤督。瑗，歌。

这个电报里"解粤颇不易"之"解"字上，使馆档多一"暗"字。又英使的"英"字，使馆档里作"窦"乃是指当时英国驻华公使窦纳乐。这个改动，或是电本上无窦字，使馆临时更改，或是电码不明，总理衙门顺意更改，都属可能。一开始龚照瑗就知道要对英国人守秘密。但是按照这个电报，像是中山先生自动到使馆来，被使馆扣留。至于《伦敦被难记》所载，乃是中山先生被诱至使馆门前，被人一拥而入。《伦敦被难记》所载的是：

> 是年十月十一日，适值星期，予于上午十点半钟时自葛兰旅

店(葛兰旅店在伦敦霍尔庞 Holborn)之葛兰旅店街(霍尔庞区名)赴覃文省街,意欲随康德黎君等赴礼拜堂祈祷。正踯躅间,一华人悄然自后至,操英语问予曰:君为日本人欤,抑中国人欤?予答曰:予中国人也。其人叩予以何省籍。予答曰:广东。其人仍操英语曰:然则我与君为同乡,我亦来自广东者也。……

予途遇之华人,既知予为粤产,始以粤语相谈,且行且语,步履舒缓。俄而又一华人来,与予辈交谈,于是予之左右,乃有二人相并而行矣。二人且坚请予过其所居,谓当烹茶进点,略叙乡谊,予婉却之。遂相与伫立于道旁阶砌。未几,又有一华人至,其最先与予相遇者,即迤逦去。于是此留而未去之二人,或推予,或挽予,必欲强予过从,其情意诚恳非常。予是时已于阶砌旁屋之侧,正趑趄间,忽闻邻近之屋门砉然而辟,左右二人挟予而入,其形容态度,又似谐谑,又似周旋,一纷扰间,而予已入,门已闭,键已下矣。然予尚未知此屋为谁之所居,故中心无所疑惧。初予之所以犹豫不即入者,盖急欲往访康德黎君及孟博士,冀同往礼拜堂,恐中途迟回而不及耳。迨予既入门,觇其急遽之状,且屋宇若是宽广,公服之华人若是众多,因陡然动念曰,是殆中国使馆乎? 又忆中国使馆在覃文省街之邻,意者予向时踯躅之所,必中国使馆左右之道途也。

予入门后,被引至一室,室中有一二人与予接谈数语,又自相磋商数语,遂遣二人挟予登楼,予亦不之抗。既登楼,复入一室,令予坐候。未几,二人又至,更挟予上,是为第二层楼。仍令入一室中,其室有窗,护以铁栅,窗外即使馆之屋后也。(胡编《总理全集》第一集第八七六至八七七页。)

以上所述,是中山先生被诱迫而进使馆的。诱中山先生至中国使馆的人,是伦敦中国使馆的翻译邓廷铿(字琴斋,广东人)。据吴宗濂的《随轺笔记》说,他是四等翻译。但是据龚照瑗于一八九六年三月十五日呈报总理衙门的驻英使馆人员名单,则在三月的时候,邓廷铿不过是一个使馆里的学生。想是到十月的时候,他升了四等翻译,不过总理衙门无案可查。《伦敦被难记》第三章谓"被禁之第四日晨,有一自称唐先生者来视予,彼盖诱予入使馆之人也。唐先生就坐,傲然曰,前日强君至此,乃公事公办,义不容辞。……"《伦敦被难记》原文是以英文写成的。现在的中文本子,只是译本,不见得是中山先生自己译的。"唐"先生当系"邓"先生音译的错误。况且找遍使馆人员的名单,没有一个和"唐"同音的姓。后来在伦敦中国使馆的档案里,找出下面这个札子,就是中山先生被捕的那一天,龚照瑗札行邓廷铿的。既然责成邓廷铿看守,自然这个"唐先生"是邓廷铿无疑了。原札是

> 光绪二十二年九月初五日,为札饬事:照得本大臣接准出使美国大臣杨函电,内开:接奉总理衙门叠次函电,内称:粤东要犯孙文,谋乱发觉,潜逃外洋,饬即随时查拿等因。该犯现由美到英,改装易姓,适来本署。查公法,使馆即中国地,自应扣留。除电请总署示遵,并饬参赞马格里密查外,相应派员监守。查翻译官邓丞廷铿精细耐劳,即派该员督同武弁车德文,并洋仆二名,轮流看管。事关谋逆要犯,该员务当格外小心,毋任漏泄消息,乘间遁逸,致干大咎。切切此札。右札驻英翻译官邓丞廷铿准此。(伦敦中国使馆档)

记中所谓孟博士,就是康德黎的朋友,从医的 Sir Patrick Manson。后来公文上称他做门森,称康德黎为坎特立。至于说到中山先生被诱进使馆的情形,据龚照瑗致总理衙门总办的密信,(此信全文,以后即录。总理衙门是由特派的王大臣会管的,总办一职,为处理衙门公文事项的事务官。)说是"诇意该犯于九月初四日改名陈载之来至使署,询有无粤人。次日复自来使署,探问中国情形。按公法,使署即中国之地。彼既肆无忌惮,势不能不暂行扣留"。当时有两个在使馆里身与其事的人,也有两种详细的记载。

一个是吴宗濂,号挹清,他是当时使署的法文翻译。前节所引的密启,就是他替龚照瑗起草的。他于三年之后,回到中国汉口来,对于这件

事做了一篇"追识"的《龚星宪计擒粤犯孙文复行释放缘由》。（全文见附录，见吴宗濂所著《随轺笔记四种》卷二记事类，寿萱室本。）内中有一段说：

九月初四日孙文行经使署之门，遇学生宋芝田，询其有无粤人在署。宋曰"有之"。孙即请见，乃进署门入厅事。英文四等翻译官邓琴斋刺史廷铿，粤产也，遂与接谈。该犯以异地遇同乡，分外惬意，自言姓陈，号载之。继出金表以观时刻，刺史索观，则镌有英文拼切之孙字。刺史恍然，不动声色。孙约翌日再来，同赴海口探望粤商，刺史欣诺。孙既去，急密告仙舟，转禀星使。星使与马格里王鹏九两参赞，密商办法，皆曰可拿。初五日午前，孙果贸贸然来。饭后，邓刺史请孙登楼。先至首层，观星宪之会客厅，签押房。继至二层，入李琴伯明府盛钟卧房，坐谈良久。适马参赞到，刺史遂告孙曰：君能更上一层楼，往顾弟房乎？孙曰，甚好。遂随刺史拾级而升，马参赞在前引导，先入预备之空房内，作开门待客状。邓指曰，此即弟房，请君先进。孙刚涉足，错愕间，马参赞即将房门关闭，告曰，奉有总署及驻美杨子通星使密电，捉拿要犯孙文，尔即是也。既经到此，请暂留一日一夜，静候总署回电。（《随轺笔记四种》卷二第三十九至四十页。）

这段记载很详细。记中所谓马格里就是《伦敦被难记》里所说的马凯尼。他的英文名字是 Sir Halliday Macartney。"马格里"是他呈报总理衙门的标准名字。根据三月十五日使馆呈报的职员名单，他只是二等参赞。王鹏九的名字，在同一名单上找不到，只有随员里面第一个列的是王锡庚，其余没有姓王的；或者是他的号也未可知，不过还待考证。李盛钟也是一个随员。仙舟就是龚心湛，是名单上第二名的随员，是龚照瑗的侄儿。他也就是民国十四年北京段祺瑞执政内阁的内务总长，有一天段祺瑞因病临时派他做代表去致祭中山先生的。这是何等的巧事！

还有一段记载，见之于凤凌的《游余仅志》。凤凌字瑞臣，是蒙古人，是海军衙门派赴英使馆，随同龚照瑗出洋的章京。当时海军衙门奏派两人，一个是他，一个是那彦恺。因为他们是海军衙门派的，所以他们的名

字,不见于使馆职员名单。《游余仅志》是凤凌按天的日记。他于十月十一日那天记道:

> 初五日广东人孙文,号逸仙,由美潜至伦敦。日前赴使署访同乡,偶遇翻译邓廷铿。约翌日午设餐相请。饭后即托言登楼观望,因将孙禁锢,昼夜派人看守。孙自云陈姓,载之其号,尚不讳言。且坦然入室,索纸笔作字于同党,令洋仆寄送,当赐英金十镑。仆知不妥,随呈马参赞。此即总署电饬各星使访拿之人,在外国作采办军火等事。西人因查无实据,以为公罪而保护之,不许中国递回治罪。(凤凌《游余仅志》卷下第九页。)

吴宗濂的记载虽在三年以后,但是叙述当时布置的步骤甚详。凤凌写的,虽是日记,但看他的语气,不是当天记的。如"日前赴使署"据吴记此事在十日(初四日),则十一日(初五日)所记日记,不当称日前。"昼夜派人看守"一语,亦不似本日记载口吻。惟递信一层,据《伦敦被难记》所载,系当日之事,不过未提给与仆人十镑一层。凤凌日记,当然没有人去做假,但是中间不衔接的地方很多,大约是至少隔了两三天以后补写的。综观使馆密电,吴宗濂缘由,和凤凌日记三种,有重要相同的两点:第一点是三方都说中山先生进使馆是自动进来的;吴凤两人记载同使馆密函,都说来过两次,吴凤所记,并且说他在使馆吃了午饭。第二点是三方都说中山先生自称姓陈,号载之。改姓换名,本来是革命党人的必要,也是极平常的事。"载之"两字和"文"字也有相关的意义,应是中山先生原有此号。这都不足为奇。最奇者还是第一点。设如中山先生是邓廷铿诱骗拉扯进来的,那龚照瑗一定要故神其说,铺张扬厉的向总理衙门去邀功了。况且这是密电密启,不致宣布,自然不怕发生外交的困难。何至轻描淡写,只是"顷该犯来使馆"和"讵意该犯于九月初四日改名陈载之来至使署……次日复自来使署"数字,轻轻带过呢?吴宗濂认为这件事是龚照瑗莫大的神通,所以他记载此事的题目是《龚星宪计擒粤犯孙文复行释放缘由》。他在《随轺笔记》卷二的"记事例言"上说:"广东谋反未成,逋逃海外之逆犯孙文徜徉于美洲者久矣。我星宪龚公,独能恪遵译署密电,俟该逆一抵伦敦,即为设计圈禁,惜乎事机濡滞,卒被英廷援去。然其口供及计擒之详细情形,自不可以不记。"可见他对于此事,是很要铺张的。又何至于以中山先生亲来使馆为计擒。或者当时事实如此,无法变更,所以与使馆方面有关的记载,也都是不谋而合。当我看吴宗濂记载的时候,觉得也有可以怀疑的几点。如中山先生到伦敦以后,使馆已"派人密尾行踪",见诸龚照瑗的"宥"电,何以中山先生到使馆以后,邓廷铿要看了他金表上所镌的英文姓字,方才得知? 或者邓廷铿于看见以后,方才确信? 不过吴宗濂事后的追识,与他当时代龚照瑗所拟的密启,虽有繁简不同,事实却无冲突。他详述当时安排的步骤,似乎不像向壁虚造。我于新增的材料之中看见一长段马格里传("The Life of Sir Halliday Macartney", by Demetrius C. Boulger。全书不曾见过,所见过的只是王亮畴先生处的节钞本,但关于本案,全在于此。)这本书上所有的叙述,凡是著者 Boulger 写的,我们只能认为第二等的材料。不过他所记的,除了为马格里私人辩护的话而外,事实大致与吴宗濂所记的相同。其中引了一封马格里致伦敦太晤士报为自己辩护的信,无论其用意何在,却是一种那时候当事人的陈述,所以我把他译在下面:

记者先生:

在你今天的社论里,论到一个中国人——他的许多名字之中,有一个叫孙逸仙——据一般诬说,是以为被中国使馆绑架进去的这件事。你们对于我有所批评。《太晤士报》向来是公平的,但是这次对于我却成为例外了。

你把两方面的话叙述以后,你对于我的品行也发生惊讶,你以为孙逸仙的话是对的,中国使馆的话是错的——不生问题。

我不知道你为什么成立这个假定。你说这件案子,像是土耳其大使诱擒伦敦亚美尼亚区的人,献给苏丹陛下一样。你说这话的时候,自然是成立这个假定了。

现在我再说一遍:这件不是一件诱擒的案子。孙逸仙——或是叫他的真名字孙文——所说的话,说他是在街上被捉住了,被两个强有力的中国人拥进使馆去的这番话,绝对不确。

我们没有预料到他到使馆来。第一次他来是十日星期六那天,第二次是十一日星期日那天,是他自动来的。

无论国际法学大家怎样判断,有一点他们是要绝对肯定的,就是这件事并非绑架,他进使馆来,是没有人用强力和诡计弄他来的。

马格里。一八九六年十月二十二日。

这封信对于十日十一日两个日子,说得很肯定。马格里想来是懂得国际法的人,也是包办这件事的人,他是当然知道这件事的利害,和他的名誉上所受的影响。然而因此我们对于他的话也不能不打折扣。若是有火气重的人,看见马格里这封信以后,偏要主张和他说得相反,那也不必。因为过去的事是过去的事,治历史的人最要注重真实。就是中山先生自己进去的,他为革命策略,为博得国际同情计,说是被人诱擒的,也不是一件奇怪的事。(《马格里传》的著者还引《伦敦被难记》原序,说此书之成和材料的搜集,得助于友人,便疑心或是他人传错,或是中山先生记错。这种话都不关重要。该书的著者,无论如何为马格里洗刷,他也承认这件事负责任的只有龚照瑗、马格里和邓廷铿三人。不过他说马格里是忠于服从中国政府的命令罢了。)

这件在当时争论过的案子,到现在还是很难决定。王亮畴先生起初和我讨论这件事的时候,也以为既然侦探天天跟着,岂有中山先生到使馆来,使馆不知之理。当他交侦探报告给我的时候,我也非常高兴,以为有这种好的材料,当然可以解决这个困难问题了。那知道这个"饭桶侦探"偏偏在这个报告里不争气。我在一篇庄重的文字里,居然骂人家"饭桶",也可以表示我失望的态度了。这个报告,我译在后面:

马格里爵士

波德兰

关于孙文事件

爵士:

关于我们近日的谈话,我们要报告你,星期六这天我们还在葛兰旅店街八号侦察此人。我们跟他出来,到国会两院。在那地方,他停留了两个钟头以上。出来的时候,他步行到斯屈朗,看看店铺的窗子,回到葛兰旅店街八号,以后就不看见了。

昨天星期天,继续侦察,整天不曾间断;但是此人不见离开宅子出来,无疑的是因为天气不好有风雨的缘故。

一直到写这封信的时候(按即十月十二日),他还不曾离上述的住址。提到我们的谈话,说要打听他同谁住在一处,我们想非等他出来以后,不便进去问,因为深怕使他生疑。若是这点是急要的话,我们一收到你的训示的时候,就会立刻注意。

你忠实的,司赖特侦探社。一八九六年十月十二日。

这班侦探,真是糊涂极了。中山先生是十月十一日被禁的,他们在十二日写信的时候,还报告使馆,说他没有出来! 昏聩至此,无怪 Conan Doyle 要借福尔摩斯来糟蹋伦敦的侦探到一钱不值了! 但是这个报告,也可以作几件事的主证和旁证:(一) 使馆虽则雇用侦探,但使馆和侦探机关的行动是不联络的。(二) 使馆中大概是不曾有人和中山先生接触过,或是有人去旅馆看过他,不然何以定要侦探去打听他和谁同住一个旅馆(这点可作是否有他种计划的证明)。(三) 十日(星期六)那天,侦探似乎紧跟着中山先生至少有半天。但在这半天之内,他不曾到使馆。或者他那天根本没有去使馆,或者他那半天的行动,逃出了侦探的注意。因为第二天(星期日)侦探的报告太靠不住了,所以我们不敢说一定。

根据上面的材料,可以有三种推论:

第一,是中山先生于十月十一日走到使馆附近街,遇着中国人,边谈边走,走到使馆门前被他们架进去的。

第二,是中山先生于十月十日曾到使馆,遇邓廷铿,邓廷铿于看表时方才觉察,约中山先生第二天去赴约,于是被拘禁的。

第三,是中山先生于十日不曾到使馆,邓廷铿看表一段,纯系虚构,做文章上的点缀。到十一那天,中山先生突然到使馆去观察一下,被他们识破拘禁。

关于第一说所发生的疑问，以前已经详细讲过。若是架去而使馆不提，似乎不合中国官场"计擒"邀功的心理。王亮畴先生曾以为马格里是至少懂这一点国际法的，作兴是他教龚照瑗不要这样说；但是龚照瑗拍回国的，个个都是密电，并且说明"勿使窦使知"道呀！何至于守秘密守到总理衙门头上去？第二说是可能的，不过看表一段，像是做文章一样，太雕琢了。况且至少有半天或是全天，侦探看见中山先生不曾上使馆。可惜侦探的报告，以十一日那天的来证明，实在他太不可靠了，所以不能断定。第三说也是很可能的。若是上面所说的侦探报告，于十日那天，不缺不错，则第三说可以完全成立。但是可惜又要怪侦探太不争气。

我于民国十九年七月廿日和胡展堂先生讨论此事，他就说："当时总理是自己进使馆去的，或是被挟进去的，还是问题。因为总理有一次同我们说起，他说'是我自己走进去的。'"九月二日戴季陶先生也和我这样说。我以为从中山勇励无前的性情来推论，或者他当时是自动的进使馆去宣传主张，集合同志，窥探虚实，也未可知；因为这些在一个革命领袖的生命过程中，是意中的事，也是一件很可以表示中山先生大无畏精神的事。后来因为这件案子成为国际的问题，成为欧美舆论界所注视的问题，所以他为暴露清廷的罪恶和愚妄，于取得大家对中国革命运动的同情计，遂倡为《伦敦被难记》中之一说。此种理由，不敢说得一定，但是从革命的策略上看去，也不是绝对不可能的事。现在且让这个问题，待将来关于中山先生伦敦被难这件事的材料搜集更为完备的时候，等史学家详细的研究后再去断定。

总理衙门于收到龚照瑗报告拘禁中山先生的电报那一天，就是十月十二日，立刻回他一通密电，教他商量律师，如何才能把中山先生解回。密电档里的原文是：

> 九月初六日发出使龚大臣电称，歌电悉。能按公法扣留，英不问固好。解粤应设何法？能免英阻，且必到粤。望详商律师，谋定后动。毋令援英例反噬，英又从而庇之，为害滋大。切望详慎。鱼。

　　在十一日被捕那天，据《伦敦被难记》所载，中山先生托两个西仆递信给康德黎。这书就是前面印的第一张名片上写的。这名片一共两张（一张详后），由王亮畴先生去年在伦敦托中国使馆一个机要秘书向当年的一个律师事务所，问那时候中山先生顾问过的律师王德纳（Wontner）的儿子那里买来的。所以这是确切可靠的文件。这个名片有一面写道：

　　　　我于星期日被绑架到中国使馆里面，将要被偷运出英国到中国去受死刑。求即速援救。

一面是除铅印的 Dr. Y. S. Sun 而外，还写着：

　　　　致康德黎博士，覃文省街四十六号。

　　　　目前请照应这个送信的人。他很穷；为了替我工作，他不免失业。

　　到了十二日，一个仆人骗他说已经递到了，这大概是将原信呈给马格里的那个人。其余一个名叫柯尔（Cole）的，老实说没有递到，这就是以后通消息营救中山先生的那个人。《伦敦被难记》上没有提到邓廷铿来谈话的事。并且明白说邓廷铿第一次来谈，是在被捕的第四天，就是十四日。但是邓廷铿所呈的"与孙文问答节略"（此节略见于吴宗濂《随轺笔记》卷二，附龚照瑗致总理衙门总办密函之后），则谓十二日邓廷铿是和中山先生一道吃早饭，来探听他"滋事情形"的。邓廷铿并且记载了这段谈话的内容：

　　　　初六日（即十月十二日）早饭，翻译邓与之（指中山先生）同食，以探其滋事情形。

　　　　邓云：昨日将你扣留，此系公事公办，你以为如何？

　　　　孙答：你系奉公而行，我不怪你。但钦差留我，有何主意。我昨夜三思，此地乃系英国，钦差在此，断难致我之罪，否则我亦不自来署。

　　　　邓云：钦差并不定你罪，窃恐你来署，将署中公事，在外误传，故扣留也。

　　　　孙云：虽可扣留，实不济事。钦差在英无办犯之权，中国与英国又无交犯之约，我早查明，然后敢来。昨夜细想，钦差惟有密租船只，将我困在囚笼，私解回粤而已。其余则无别法。

邓云：决无此事。且你亦通英语，即困囚笼中，亦可求救。

孙云：倘或将我之口闭塞，无从求救。……

邓云：你在美国生长耶？且华人不能入籍，我在金山多年，亦稍知美例。

孙……以病告求医。

邓答代回钦差。即问：你在广东谋反，因事不密，被人先觉，以致不成，是否属实？

孙答：我虽有大志，而时尚未至。惟广东有一富人，欲谋是事，被我阻之。

邓云：何不同谋，反阻何故？

孙云：他是为己，我是为民。

邓云：请将为己为民四字，明白告我。

孙云：他之为己，欲得天下自专其利；我之为民，不过设议院，变政治。但中国百姓不灵，时尚未至，故现在未便即行。盖该富人不知审时，我所以阻之也。我素重西学，深染洋习，欲将中国格外振兴，喜在广报上发议论，此我谋反之是非所由起也。

这个节略全文，很多臆造诬妄之词，有许多地方，我们可以证明其不确。正如前清秋审的口供是可以由官厅做成的。不过单就这段话而论，他与《伦敦被难记》所载十四日与邓廷铿第一次的谈话，有相反之点，亦有相同之点。如开场所说"昨日将你扣留，此系公事公办"；及《伦敦被难记》所载，邓开始就说"前日之强君至此，乃公事公办"。——这都是第一次见面时谈话口吻，且词句均同。引渡政治犯一节，几乎是他们讨论的中心问题。两方面的记载，都以他为主体。不过谈话中的主张，有地方完全相反。如邓廷铿所记，则中山先生料到他们押解的方法，但是他反给中山先生以安慰。按照《伦敦被难记》所载，则邓廷铿明告中山先生以押解的方法，和轮船公司的名字，意存恐吓。所以腔调完全不同。邓廷铿这段记载,很有些地方可以表示中山先生革命的态度和主张,如"我虽有大志,而时尚未至"和"他是为己,我是为民"这些话都是的。这一段很不似以下一段邓廷铿所谓十四日谈话那样的显然露出虚构的地方。究竟以上所录的那段谈话,是在十月十二日或是十四日,真是问题。要得日期上的决定,或者还须旁证。至于《伦敦被难记》所载十四日晚间十二时邓廷铿来谈的话,邓廷铿固有很长的记载,但是没有说在晚间,谈话内容又完全不同。十五日《伦敦被难记》载邓廷铿又来,劝中山先生写了一封英文信致马格里,引起中山先生事后的悔恨,但是"此后遂不再见此人之面"。这件事邓廷铿并未提及,或者是在节略里无提及之必要,而且想去这封信是马格里教邓廷铿去弄来的,预备对付英国外交部的,所以也不便报告。

现在将《伦敦被难记》所载的十四日与邓廷铿谈话录后,俾备参考,以见一段谈话之两面记载:

> 被禁之第四日晨,有一自称唐(邓)先生者来视予,彼盖诱予入使馆之人也。唐(邓)先生就坐,傲然曰:"前日之强君至此,乃公事公办,义不容辞。今日之来,则所以尽一己之私情。我意君不如直认为孙文,讳亦无益,盖此间均已定夺一切。且君在中国卓有声望,皇上及总理衙门,均稔汝之为人。君姓名已震铄全球,即死亦可以无憾。总之,君在此间,实生死所关,君知之乎?
>
> 予曰:不然,此间为英国辖境,非中国之属地,公等将何以处吾。按诸国际交犯之例,公等必先将拘予之事闻于英政府,予意英政府必不能任公等随意处置也。
>
> 唐(邓)答曰:吾侪不愿更与英政府为正式之授受。今已事事停妥,轮舟亦已雇定。届时当箝君口,束君肢体,异赴舟上,而置于严密之所。及轮抵香港,则有中国炮舰泊于港口之外,即以君移交彼舰,载往广州,听官吏鞠审,并明正典刑。
>
> 予曰:公等此举,未免草率过甚:盖予在舟中,或得乘机与在舟英人通消息也。唐(邓)微笑曰:否否,君虽万能,亦难出此。盖君登舟之后,即有人严密监视,与在此无异,苟有可与外人通

消息之处,吾等必先事杜绝,决不使君有丝毫间隙可乘也。予又曰:舟中员司,未必与使馆沆瀣一气,其中安知无矜悯我而为我援应者。

唐(邓)曰:愚哉君也。是轮船公司乃马凯尼君所深识者,该公司人员自当遵马君之命而行,决不为吾辈梗。

唐(邓)又续曰:是轮船者,属于格来(Glen)公司,本星期内未必启程。(按唐(邓)某与予谈话之日,为十月十四日,即星期三。)盖公使为经济起见,不欲专雇是船,因令其先载货物,而行旅之费,则由使馆全认。迫次星期,装载货物既竟,君亦须附载以行矣。

予谓:此等计划,欲见诸实行,亦良难。

唐(邓)曰:此着如不果行,则予侪亦不妨戮汝于此,藉免周折。盖此间即中国,凡使馆中所为之事,决非他人所能干涉者也。

唐(邓)言已,又侃侃然举高丽某志士事,为我劝慰,并资启迪。盖某志士自高丽出奔至日本,被其同国人诱赴上海,戕毙于英租界内,由华人将志士遗骸,运往高丽。高丽政府戮尸示惩,而其戕毙志士之凶徒,则获重赏,并擢高位焉。唐(邓)口述时,手舞足踏,意兴甚豪。盖彼以为此次捕予有功,将来中国政府亦必加以重赏,锡以高位也。

予问曰:予殊不解公等何残忍若是。

唐(邓)曰:皇上有命,凡能生致汝,或取汝死命者,皇上均当加以不次之赏。

予又进逼曰:君须知高丽志士之案,即中日开衅之一因。今公等致予于此,或招起极大之交涉,未可知也。将来英政府对于使馆中人,不免要求中国政府全数惩治。况君为粤人,吾党之在粤者甚多,他日必出而为予复仇,岂第君之一身可虑,甚或累及君之家族,其时君将追悔莫及矣。

唐(邓)某闻予言,不觉色变,顿易其豪悍之口吻曰:凡我所

为,皆公使之命,我此来不过为彼此私情计,俾君知前途之危
险耳。

在十四日那天,龚照瑗打了一通密电向总理衙门,说是船已雇好,价七
千镑,或解或释,请示办法。这个电报是十五日到的。密电档里的记载是:

九月初九日收出使龚大臣电称:密,鱼电敬悉。孙无忌惮,
自来使馆,势应扣留。据向看管之邓翻译言:"欲谋大事,惟时未
至"等语。有西人媛瓠阓烹几为所害,是反形已露。外部既以香
港缅甸约,不能施之英京,现筹购商船径送粤,不泊英岸,可无他
虞。船价煤工,共需七千镑,得载二千余吨船一只。(查伦敦中
国使馆原档,"变价"上尚有"不用"二字,应加。)变价亦可。否则
释放仍派人密尾,究其所往。(按使馆档"究"作"穷","所往"下
多"亦不露痕迹"五字,想系临发时更改。)统乞速示遵行,瑗惟有
力疾筹办。瑗,庚。

这通电报,提起邓廷铿与中山先生的谈话。称他做邓翻译,当然他是
已经从学生升为四等翻译了。说是有什么西人叫媛瓠阓烹的,几为中山
先生所害;不特这个人名无从考据,并且这话也有一点离奇。后来对照使
馆档案,乃知"媛瓠阓烹"四字是"知粤督"三字电码之误。全文是"有西人
知粤督几为所害。"这个错误,不特当时总理衙门不曾懂得,而且害得总理
衙门在十月二十四日的巧电里闹了一个笑话!

十五日是中山先生受邓廷铿劝,作书致马格里的一天。十六日就是
废历九月十日,总理衙门致龚照瑗一通密电,说是"七千镑不足惜",教他
赶紧将中山先生解回中国。这个电文是:

九月初十日发出使龚大臣电称:庚电悉。购商船径解粤,系
上策,即照行。七千镑不足惜,即在汇丰暂拨,本署再与划扣。
惟登舟便应镣铐,管解亦须加慎。望尽筹周备,起解电闻,以便
电粤,蒸。

据吴宗濂的《龚星宪计擒粤犯孙文复行释放缘由》所载船价六千余
镑,稍有出入;又说总理衙门的覆电,于十月二十四日(即废历九月十八

日)方到,是不会有的。当时通常国外电报,隔天才到。(最快时也有本天到的,但极少。)查电档上回回如此,这次不能独为例外。不过十六那天,龚照瑗不曾收到总理衙门当天发的电报,所以他发急了,在那日又拍了一通密电去催答覆,说是要放也得从快。这通电报,是隔天,就是十月十七日(废历九月十一日)收到的:

> 九月十一日收出使龚大臣电称:庚电未奉覆。扣留至今,多
> 无知者。释放亦宜早,免露痕迹。乞速示。瑗,蒸。

大概那时候使馆负责人员,也恐怕到积久生变一层了。恰好就是十六那天,中山先生开始取得英仆柯耳的同情,十七日早,柯耳开始允许递书,大约这时候中山先生所作的第二片与第一片于十八日同时递到。

当十七日晚上,康德黎才知道中山先生被捕的消息;但是他所从而得知的,还是柯耳的妻子的一纸报告,而不是中山先生的原信。康德黎关于这件经过的记载,是值得从原文翻译出来的:

> 许多人问我:"你怎样得到孙逸仙被禁中国使馆的消息?"世界上不少这样的事,就是一个女子出来救他的。中国使馆里一个英国当差的妻子,从他的丈夫方面,听见一个被囚的中国人,处于可怜的境地,于是写了下面一封信给我:你有一个朋友,从上个星期日起,被囚在中国使馆。他们打算把他送回中国,到中国他们一定会把他杀了的。这个可怜的人,真是惨极了。除非立刻有办法,他是要被解走,并且不会有人知道的。我不敢签我自己的名字,但是这件事是真的,请你相信我所说的话。你能尽什么力就立刻尽,不然来不及了。他的名字,我相信是叫 Sin Yin Sen。
>
> 这个条子,是一八九六年十月十七日晚间十一点三十分钟送到我家里的。我听见门铃,就从床上起来。打开门来,不曾看见人,只见一封信,就把他检起来。这封信是从门底下的缝里塞进来的。就是这个女人,推动营救孙逸仙的全副机器。若是这个地位不高的女人失败了,中国的复兴,恐怕要无限度的延期;因为这

最后一个改革家恐怕已经丧失了生命,而满洲政府还是当权。

我一听见他的踪迹,就到梅尔蓬(Marylebone)巷的警察署长那里去,又从那里到苏格兰场总警察厅去。现在主要的困难,就是怎样能够使人相信我的故事。就是苏格兰场的警察,都说这件事与他们无关;并且说我报告过他们以后,我的责任已经尽了,我应当回家去,不要做声。我去见他们的时候,已经是早上的一点三十分。第二天我同孟生爵士一道去的时候,他们告诉我说是前一天半夜里,有一个人来过,也是报告同样的消息。那时候在勤务的警察,不知道他是醉汉,还是疯子。我告诉当时在勤务的警察,那个人就是我。于是他再给我劝告,要我回家去,安静一些。这件事与他们无关,所以他们不愿过问。当时我问他们,我应当向谁报告,他们说我向他们报告过以后,我的责任已经尽了,这就够了。

苏格兰场总警察厅里在"勤务"的人缺少自动进展的精神,此地不必批评了。若是我能和他们较高的当局接洽,或者情形不同一些;但是这件事使我领略通常所讲的一个教训,这教训就是人类"阶级"的分别,在乎有自动进展性没有。一直等到我最后和外交部的一位书记接洽过,这件事才有人过问,才提起来办。若是我没有一点自动进展性,那在中国使馆里一位"危险的疯人",在二十四小时以后,也就解回中国,和他的同党一样,受了身首异处的刑罚了。凡是孙逸仙所到的地方,无论是中国,安南,日本,总有中国政府所派的人,追随他的足迹。对于他头颅所悬的重赏,引诱那不顾生命的人,随时可以捕他,或是致他于死地。(康德黎与 C. Sheridan Jones 合著之 "Sun Yat Sen and the Awakening of China", pp. 42—44.)

这段是很可宝贵的记载,因为这是康德黎本身的经历,比在囚的中山先生事后所闻的记载,一定真确得多。如《伦敦被难记》所说的"遂驱车直达梅尔蓬巷警署,以予被拘事呈诉于值日警监。继复至苏格兰场警署,在私室中获见侦探长,当蒙允其呈诉一切,以便存案",实在没有注意到康德黎在警署中受了许多冤气。至于柯耳妻子的一封信,《伦敦被难记》的译本,也有可以斟酌的地方。即如"Sun"音,无论如何,也不能译作"林"字。《伦敦被难记》这部书,很应当重译一遍。

·十八日是星期日,照例是休息的。这天康德黎却是奔走最忙。他早上去访孟生博士,在孟生的门口遇着柯耳。柯耳方才将中山先生亲笔的信递给康德黎。我疑心第一和第二两个名片上的信,是同时递给的。这封信《伦敦被难记》上的译文是:

予于前礼拜日,被二华人始则使以诱骗,继复骤加强暴,将予幽禁于中国使馆中。一二日后,使馆将特雇一船,解予回国,回国后必被斩首。奈何。(胡编《总理全集》第一集第八八九页。)

其实这封信并不是当时的原文。在英文的《伦敦被难记》上,只是中山先生事后补写的。并且把第一和第二两个名片上写的内容,综合的写在一起。我想这次信上主要的原文,就在王亮畴先生所买回来的第二个名片上,一面写着:

中国使馆已经雇好一船,载我回中国去。我沿途将被封锁起来,不能与任何人通消息。唉!我的大难到了!

一面除铅印的名字外,还写着:

致康德黎博士 覃文省街四十六号。

柯耳并且说是二十日起解,大约中山先生信中所说的消息,也是柯耳告诉他的。于是康孟一方面交了两张名片给柯耳带回给中山先生,一方面继续赴警署。又无结果,乃赴外交部,遇着一个值星的书记,告以详情。因为这天是星期,所以无从上达。康孟情急无奈,乃访中国使馆,要求见中山先生,以为这是使中国使馆里的人有所顾虑,求见的事当然是毫无结果。他们恐怕当晚起解,所以去雇私人侦探,在使馆前面等候。不料几经转折,侦探于夜间十二时半方才来到。康氏不避夜深,当夜和侦探一同到使馆外面守候。那天夜里,康德黎并且去访伦敦《太晤士报》的记者,告以此事;但是一向持重而带绅士气的《太晤士报》,当然不肯冒昧登出。

十九日是星期一,康德黎又添雇了一个侦探。但是这天外交部长沙理士堡(Salisbury)侯爵知道了,一方面教康德黎进呈一个节略,一方面由外交部派了六个侦探在中国使馆四周守侯。所以私自下押解的危险,到这时候可以说没有了。

二十日没有动静。假定柯耳所谓二十日起解的话是真的,使馆到了二十这天也没有办法。

二十一日也没有动静。《伦敦被难记》说马格里那天到外交部去陈述,恐怕是不确的。因为二十二日上午英国外交次长山德森(T. H. Sanderson)有一专函致马格里,叫他下午去见总长沙里士堡侯爵。这信的译文是:

外交部

一八九六年十月二十二日

马格里爵士:

沙里士堡爵士有要事想和你一谈。

我请你于今天下午一有空就来本部。

你诚恳的,

山德森(签名)

这当然是擒贼擒王的办法。据说当时如外交手段不得结果,英国总检察长预备用人权状向中国使馆提人。就在二十二这天,康德黎把这件事的原委,向《地球报》(The Globe)发表,于是这件事便张扬大了!

奇怪的是从十六日一直到现在,在总理衙门同驻英中国使馆,不曾通过电报。到了二十三日,就是废历九月十七日的下午四点半钟,英国外交部正式派员到中国使馆要人。在这时候,中国使馆不能不把中山先生交出来,遂由马格里延中山先生下楼,见着康德黎和外交部所派人员等,于是中山先生得释,而伦敦被难的一幕告终。当天中国使馆就有一个密电,将释放这件事电告总理衙门。这电报是第二天,就是十月二十四那天收到的。密电档的原文是:

九月十八日收出使龚大臣电称：察知孙文在英有党羽，扣留
第三日，即来馆旁，日夜伺察，员弁出外，亦必尾追。置箱柜中，
亦难送出，船购定退去。久羁恐生枝节，现与外部商允，如孙回
香港，必由港督严察，并请瑗具文，以凭照办。惟有释放，仍派人
密跟。瑗，篠。

这个总理衙门收到的电报，在重要的地方，文义非常含糊。那知道一
查伦敦中国使馆所发的原稿，文字完全两样。使馆的原稿是：

孙犯已在馆扣留十三日。有犯党在馆旁逻。馆中人出入，
亦必尾随，日夜无间，竟无法送出。外间亦有风声，船行亦不敢
送。只得将购定之船退去，与外部商允，如孙回香港，必由港督
严察。并请具文，以凭饬港督照办等语。因将孙犯释放，仍派人
密跟。瑗，篠。（九月十七日）（伦敦中国使馆档）

这两个电报的不同，真是奇怪极了。若是说这是密电的误译，也决无
此事。因其他的电报，除密码偶有错误而外，绝少不同之处。按总理衙门
所收到的电报，则被禁的第三日就有中山先生的党羽"来馆旁日夜伺察"，
是不对的。中山先生被捕后的第七天，方才有人得知，第一个知道的人就
是康德黎。康派侦探是第八天，就是十月十八日，也可以说是十九日一早
的事。所以总理衙门所得的使馆报告，把这件事提前了四五天。而使馆
存稿说"在馆扣留十三日"是计算得很确定的。使馆存稿说"因将孙犯释
放"，也是很肯定的；但是总理衙门所收到电文说是"惟有释放"便可使收
电人发生究竟已放未放一问题了。文字错误，征如他电，不致如此悬殊。
想去是使馆于发电时，由龚照瑗临时易稿，有意要使文字含糊和不着边际
一些，因为这是前清公文的诀窍！还有使馆方面如此的注重党人在外巡
逻，显系托故卸责。电报中丝毫不提起英国政府干预，乃是怕总理衙门责
其外交失败。

于中山先生被释放的第二天，就是十月二十四那天，总理衙门立刻回
了一个密电：

九月十八日发出使龚大臣电称：篠电悉。前电孙改姓陈，又

某西人几为所害,即此便为英例所不值。(想系直字之误。)惟香
港交犯约,指为谋反,辄不肯交。具文外部,宜详商律师为
要。巧。

按这通电报,总理衙门果然是不曾确定中山先生是已被或未被释放。
因为前面龚照瑗一个电报中"知粤督"三字,电码错作"媛瓠阃烹"四字,总
理衙门遂以为这是一个外国人的名字。抓住这点,所以在覆电上就说"某
西人几为所害,即此便为英例所不直",真是可笑。但是伦敦中国使馆于
收到前电时,参酌他以前的发电稿,将"某西人"三字,仍改为"粤督"二字。
使馆以为如此,但这不是总理衙门的原意。

就在十月二十四日这天,凤凌在日记上写道:

十八日孙文被囚一事,久未了结。因防不秘,消息外出。日
报谓该人意在香港起事,有首领资格者共计十五人,孙在其内。
同党四百余人。拟先劫粤督。并云,该人生长香港,今既被囚,
英宜保护。英外部谓孙在中国使署,例不应究。其党昼夜在使
署前后侦探。有报馆访事人及某友几酿事端,外人咸集使署,指
名索人。至晚间星使不得已而释之。(凤凌《游余仅志》卷下第
十页。)

这段记载,线索既不明了,词句又多含浑。如"英外部谓孙在中国使
署,例不应究",则系违背事实。什么"报馆访员及某友几酿事端",则真莫
名其妙。说"外人咸集使署,指名索人",以前又说是外交部例不应究,则
索人与外交部(英国政府)无关。任何人来索人而"星使"不能不放,凤凌
可谓太缺乏法律观念了。

中山先生被释放的第二天,自然伦敦报纸上闹得满城风雨。因为这
不仅是一国公使在他国境内逮捕本国革命党人问题,并且牵涉到引渡政
治犯,治外权及使馆权限问题。当然中山先生出来以后,许多记者前来谈
话探访,报馆也有评论。所以十月二十五日凤凌的日记上记着:

十九日获孙文一案,反为该人成名。当释放时,有其同党梅
生等暨报馆诸人,启门寻讨。翌晨时报,大发议论,并绘其像,谓

当被囚时有人告曰，此番获解回华，当枭首；或用鸩毒，或贯水银，装箱带回。但在他国之地，岂能行彼国之法。然此密谋，他人不知，何以别生枝节如是？（前书同页。）

这段日记有一点可以注意的，就是中山先生不但有解回国的危险，并且有在使馆被毒死的危险。凤凌所记的"然此密谋"四字，无形中承认有此密谋，不过怪外间何以得知。凤凌是海军衙门派驻使馆的高级职员，如有密谋，他是有参与或是知道的可能的人。❶

二十六日凤凌又有一段关于这件事的日记：

二十日，派同武弁看守孙文之洋仆来函，自谓泄漏消息。往来通信，皆伊所为，承认不讳。并云应获何罪，惟伊承当，勿累他人。今已得孙谢仪五百镑云。

这大概是指柯耳了。吴宗濂的记载里也说："十九日（即阳历十月二十五日）接短工洋仆查耳时来信，内言孙文起初几次着伊送信，优给金钱，伊皆一律缴呈马格里参赞，未得分毫奖赏。嗣孙复许酬五百镑送一密信，并嘱其事后离开使署，随孙度日。……"想起来这是指柯耳来信。"谢仪五百镑"是当时一个亡命的党人所办不到的，若是柯耳得了，恐怕他也不会说出来。《伦敦被难记》所载：

乃英仆柯耳自此案既白，即毅然辞退，不愿服役于中国使馆。是则以一身之去，免余人于嫌疑，而吾侪亦可以道破实情，谓居间通信，乃柯耳之力也。至外间谓余厚赂柯耳，因得脱险，实非事实。予以密信授柯耳，并酬以二十镑，固谓柯耳为吾效奔走，不得不稍酬其劳。讵知柯耳即于得金之次日，转授于吾友康德黎君，谓此系孙某之物，请代为收贮。及予既归，始知其事，乃以二十镑力迫柯耳受之。吾当时财力止此，故所赠亦止此。揆

---

❶　关于置毒这件事，王亮畴先生说，他当年问过中山先生，防到这点否。中山先生答应道："我是做医生的人，当然防到的。所以我在被禁的时候，除了带壳的鸡蛋而外，其余的东西，一点不吃。"此语系十九年八月四日王亮畴先生见告。

诸衷心，殊觉未甚满意也。

可见柯耳是一个仗义疏财的人；他的妻子也是这一类的人，看她给康德黎的信，充满了热烈的同情，虽不免胆怯心惊的状态，却不是普通的妇女。中山先生给他二十镑，他曾经退还，经过强勉而后收受。这件事是经过康德黎的手的；而且《伦敦被难记》的原文是英文，当然发表前后，康德黎会看见的。所以想来这是最尽情而可靠的叙述。或者"查耳时"非柯耳，乃另一洋仆，那我就一时无从考证了。

十月二十六日这消息，已由路透社传到天津。当时北洋大臣王文韶拍了一通电报致总理衙门，报告此事。这不过可以备一个旁证：

> 九月二十日收北洋大臣电称：十八日路透电云：有中国医士孙雅言，前在广东谋叛事发，逃至英京，被中国公使诱至署内关禁。孙姓乘间函告亲友求救，遂为英之地方官所知，派巡捕在署左右查探。外部沙侯行文公使，请将此犯释放。遂将此犯并口供，解至外部。复文内云：此犯有无罪名，俟后再为判定。并查此犯原名孙文云。韶转，哿。

电中所谓"孙雅言"，想系英文拼法 "Sun Yat Sen" 译音的错误了。

十月二十七日总理衙门收到龚照瑗二十六日的一通"号"电（废历九月二十日），这是覆他们前次二十四日的"巧"电（废历九月十八日）的：

> 九月二十一日收出使龚大臣电称：巧电敬悉。商据律师云，如以匪人多藉香港为谋议不法之区，请英饬港官严察，最为得体。并无碍香港交犯约，且补该约未备之词。英不准匪人藉其地谋乱，友邦山侍郎亦云然。已按此意，具文外部。瑗，号。

总理衙门以为律师万能，总要教龚照瑗去请律师。那知道龚照瑗请教律师的结果，律师告诉了他一番冠冕堂皇，不着边际的话。总理衙门还以为这是了不得的办法，三十日覆龚照瑗一通密电照办。原档所载是：

> 九月二十四日发出使龚大臣电称：号电具文外部，甚当。篠电派人密跟，亦要着。兼派洋员，尤不著迹，希酌办。电复。敬。

总理衙门要龚照瑗继续"派人密跟"，是表示对于捕拿中山先生一事，

始终不肯放松。当然于三十一日龚照瑗立刻覆总理衙门一电,说是已雇西探密跟。档中所载原文是:

> 九月二十六日收出使龚大臣电称:敬电悉,系雇西包探密
> 跟,毫不着迹。瑗,有。

龚照瑗放了"犯人",为敷衍面子计,乃说英国可以在香港"严察",而总理衙门不得已也赞成这个办法。龚照瑗遂于十月二十六日备了一封照会给英国外交部。这照会中英文不甚相同。英文中少了"至现在伦敦之孙文……毋庸本大臣细述其形状也"一段,大约是马格里删去的。本来中国的外交文件,中文同西文往往不同的。现在把中文照会稿录在左边,把英文的译文载在附录里:

> 为照会事:昔年发逆之乱,荼毒生灵,蹂躏地方之惨,实所罕
> 有。该逆初亦起自广东,查广东省私会众多,欲图扰乱众安,由
> 来已久,而近两年尤甚。且该私会多效一千八百五十一年发逆
> 故智,以香港为谋议不法之区。盖因香港逼近华疆,调度既便,
> 设所谋不济,亦易藉该岛为逋逃之薮。本大臣用特请烦贵大臣
> 转饬香港地方官,目下于知为不法,以及疑为不法之人,一概特
> 加严察。"至现在伦敦之孙文,又名孙逸仙,又名陈载之,又名孙
> 帝像,并有他项伪名,如回香港,更请饬为加意察其动静。此人
> 港名知之者多,地方官当易认识,毋庸本大臣细述其形状也。"广
> 东为边疆要地,于贵国商务亦大有关系。且贵国凡于我国有益
> 之事,无不关怀,想此事必蒙贵大臣见允,并希赐覆施行。为此
> 照会,须至照会者。右照会英外部大臣侯爵沙。光绪二十二年
> 九月二十日,一八九六年十月二十六日。(伦敦中国使馆档)

九月二十九日中国使馆收到英外交部的覆文,这也是一套不着边际的话。他们并不曾放弃保护政治犯权,他们那能为中国政府捕人。使馆所译的本文是:

> 为照复事:本大臣接准贵大臣西历本月二十六号(中历九月
> 二十日)文开:"中国南方私会众多,请饬香港地方官于居住该岛

与该会相涉之人，特加严察"等因，准此。本国政府于所有本国
地方，如有藉以谋议与贵国政府或官员为难之事，深愿按例极力
阻止。本大臣闻上年秋间，有人欲谋害广东官员，经香港总督闻
知，立即查访确情，通知广东制台，伊甚感激。并将谋乱之为首
二人，逐去该岛。本国政府已经谕令该督，凡一切人等，有违犯
投效外国律例者，俱应立行惩办。兹准来文，当即转行该督，饬
其所有可疑之人，仍加慎查察，并尽其权力，预破一切乱谋。为
此照复，并颂日祺。沙總伯力，押。光绪二十二年九月二十九日
到。（伦敦中国使馆档）

　　一直到十一月四日，中山先生被释后已经十二天了，龚照瑗仍拖拖蹋
蹋的备了一封密启，附邓廷铿的节略，致总理衙门的总办，把这件案子经
过的详情，结束的报告一下。但是这件公文，我在总理衙门的密档里，不
曾找着。在王亮畴先生钞回的伦敦中国使馆档案里也没有。只有吴宗濂
在《随轺笔记》卷二里面发表过。吴宗濂当时以法文翻译，帮龚照瑗办了
许多秘书的事件。他在这件公文底下，并且注明"英字第二十一号丙申九
月二十九日"，想来是一定发出去的。在总理衙门旧档里找不到此件的原
因，或许是失了，或许是因为这是致总办的密函，不是致王大臣的密函的
缘故。伦敦中国使馆档里没有原件，只有邓廷铿的附件，或系遗漏，亦未
可知。现在且把全文照录如下：

　　敬密启者：七月间接杨子通星使函称：粤东要犯孙文，谋乱
发觉，潜逃赴美。钧署电令确查该犯欲往何处，密电散处，援香
港缅甸交犯约代拿等因。并附录节略前来。嗣于八月十九日接
通使电称，孙文于西九月二十三日由纽约搭轮船至英国梨花埔
海口登岸等语。当即婉询英外部，拟援香港及缅甸交犯约，请为
代拿。据该部答称，二约只能行于香港及缅甸，而不能施之他
处。设竟代拿，必为刑司驳诘云云。英既不能代拿，散处遂雇包
探前赴梨花埔，密尾行迹。该犯于八月二十四日登岸，即日乘火
车至伦敦。剪发洋装。偕行有二西人，与之稔熟。伦敦则有二

西医,一名坎特立,一名门森,曾往香港,与该犯交最厚。前该犯
由粤垣逃至香港,即潜匿坎特立之宅也。讵意该犯于九月初四
日,改名陈载之来至使署,询有无粤人。次日复自来使署探问中
国情形。按公法,使署即中国之地,彼既肆无忌惮,势不能不暂
行扣留,电请钧署核示。迨奉复后,即赶紧购定轮船,拟设法潜
送到船,径解粤省。乃该匪党以其久不归寓,疑其必在使署,日
夜在外伺察,意图截劫,势难送出。旋据外部私向参赞马格里
云:中英交犯约,经曾前大臣议而未成,刻下既无约可据,如解犯
潜过友邦之地,殊与公例未符。盖业经孙党贿通日报,并报知外
部也。当与商允,如该犯回香港,必饬港督严察,以戢乱谋。并
请弟具文,以凭转饬照办。爰于十七日将该犯释放,仍派包探密
跟。计扣留在署,十有三日。二十日复奉钧署巧电内开,香港交
犯约,指为谋反,辄不肯交;具文外部,宜商律师。具见堂宪审虑
周详之意。当商据律师哈华托云,如以匪人多藉香港为谋乱之
地,请外部饬香港地方官概加严察,而不专指孙文,非特无碍香
港交犯约,且可补该约未备之辞。外部侍郎山德生亦言英不能
准匪人藉其属地,谋乱友邦。因即按哈律师言,于二十日照会外
部,堪纾盖系。又查该犯来英,意在煽惑。英人固不为所动,即
华人除使馆各员外,虽有在海口当水手者数十人,亦无被其诱惑
之事。合并附陈。除一切情形,节经电达。所有孙文与看管委
员邓翻译廷铿问答节略,另录呈览。统祈代为回明堂宪为荷。
(英字第二十一号,丙申九月二十九日)

这封密函上所述的经过,以前大概已经分别考察过了。这密函后面,
附着"邓翻译与孙文问答节略",其中有一段较近情者,以前业经节引。这
篇问答,当然是一方面的记载。即新闻记者对政治家谈话,在发表以前,
如原稿不经本人看过,是本人可以全部否认的。何况这个节略里面显然
露出虚构破绽之处。因为他很少史的价值,所以也就无全部征引之必
要了。

中山先生被释以后,他就住在伦敦康德黎家里。康德黎在他所著书里说:"孙逸仙于一八九六年十月从中国使馆被释以后,住在我家里有些时候,方才到远东去。"(康书第四十六页。)但是这话也不很对。大约中山先生于放出来以后,在康德黎家里住了二十天左右,以后不过常时来往来罢了。使馆所雇的侦探(还是司赖特侦探社)于十二日那个荒唐报告以后,停止活动了一些时候。到十月二十三日以后,他又活动起来了。三十日中国使馆接到他的报告,说是看去中山先生一时不会离伦敦。据侦探十一月十二日的侦察,像是他还住在康德黎家里。十二日以后,他不断的住在葛兰旅店街八号,就是原来的地方。

不过总理衙门却是深怕中山先生回国,所以于十一月七日有一封密函致两广总督谭钟麟,和广东巡捕许振祎,教他们设法在新加坡,西贡,香港等埠相机密探。密启档中所录的原稿是:

十月初二日发两广总督广东巡抚函称:文卿制军,仙屏抚军阁下!密启者:逸犯孙文一事,前于七月十二日泐函布陈,谅登鉴览。前据子通星使函称:该犯沿途招集会匪,意图再举。曾由本处分电仰蘧子通两使,密探该犯行迹。嗣于八月杪接仰蘧电称:该犯于八月杪到英,九月初潜至使馆,洋装,改姓陈,初拟扣留解粤,继见党羽众多,解粤不易,已释放;惟密雇西包探跟踪尾追。并具文知照英外部,如该犯回香港,应由港督严查等语。本处复于九月念八日电嘱仰蘧将西探尾跟该犯之船名船期,用洋文电覆,以便查对,俟覆到即行电告。兹将往来函电,抄寄台阅。即希尊处设法于新加坡,西贡,香港等埠,密探该犯踪迹,相机办理,毋任漏网,是为至要。新加坡香港属英,西贡属法,各国各例,粤中当有办过成式也。此布。

这信上所说的子通是杨儒,以前已经提过;仰蘧就是龚照瑗的号。信后又附了一个夹单,讨论政治犯不能引渡的问题。以下就是这夹单:

十月初二日发粤督夹单称:再启者:正缮函间,适接八月二十八日来缄,备悉种切。逸犯孙文一事,所称港督有因钱债兴

讼,嘱领事照会地方官传人赴港质询之事。诘问领事,谓洋例寻
常事故,开明案由,可以交犯。若谋反大逆者,则不交云云。查
同治初年,发逆伪毛王逃匿香港,经瑞文庄派员赴港,设法索交,
颇费心力。贵辖宜有可稽考,似可酌照饬办也。此布。

总理衙门还以为中山先生会回国,于十一月十八日又电龚照瑗,教他
侦察船期:

十月十四日发出使龚大臣电称:孙文踪迹,船名船期,仍希
查明电覆。寒。

十一月十九日,龚照瑗致总理衙门有一通覆电:

十月十六日收出使龚大臣电称:寒电悉。孙文仍在英,常赴
医院,无行期。仍派西人密跟。瑗,咸。

上面这通电报,明白报告中山先生尚在伦敦。乃两广总督谭钟麟和
广东巡捕许振祎还是在南部严防,托英领与港督交涉。于一八九六年十
二月四日,他们又拍了下面一通密电致总理衙门:

十一月初一日收两广总督等电称:玉铭未曾来港,据文报局
委员梁耀曾禀,密访并无认识玉铭之人,由省派守备冯占魁前往
会拿,遍查亦无消息。托英领事函知港督,言此奉旨饬拿之犯,
不得容隐。据覆称,并无其人。孙逆尚在英都,龚使自能设法解
粤甚好。否则,重赏博浪沙壮士,不必令生还也。港督云:"派洋
巡捕严查,来港即行驱逐,不准住界内。若在界外,听中国自
拿。"该犯闻此信,恐不回港也。西贡新加坡无从办理耳。麟,
祎,三十。

这电报上段所说的玉铭,不知是谁,尚待考证。中间也提起中山先生
尚在英都。他们以为中山先生不至于回到香港;若是回来,"则重赏博浪
沙壮士,不必令生还",这就是说要实行政治暗杀了。

十二月十四日谭钟麟和许振祎又电总理衙门,报告听说金山党徒益
肆,请问确信:

十一月初十日收粤督等电称:顷接杨子通青电:"金山党徒

益肆,咨到请会抚院严办"等因。金山是否孙逆,无从揣测,贵署
有无确信,详示。麟,祎,蒸。

电中问到"金山是否孙逆",实在太缺乏地理知识,或是文字太不检
点。总理衙门的常识,到底丰富一点,于十二月十六日覆他们一通密电,
居然辨明金山与中山先生的区别。密电档所记的是:

> 十一月十二日发粤督电称:蒸电悉。金山会党,不尽孙党。
> 向惧使者咨粤拿办户族。子通青电,当指此,希候咨到办
> 理。文。

总理衙门和伦敦中国使馆的密电和密启档案中关于中山先生伦敦被
难的文件,及其牵涉开场的引子,和事后的余波的,都尽量搜集在这里,略
加考订,以供史学家的应用。中山先生自使馆出险以后,就住伦敦,一直
到第二年七月初方才离开,到加拿大去。在这期间,侦探是天天为他做
"起居注",送到中国使馆去的。据司赖特侦探社的报告,中山先生是乘
"Numidian"船于一八九七年七月十一日到加拿大的孟特耳(Montreal)
埠的。(动身离英之日,未曾查出,大约在六七天以前。)船上有侦探跟了
同去。中山先生于七月十二日离开孟特耳,上温哥华(Vancouver)。沿
路用的名字是 Y. S. Sims。于八月二日乘印度皇后船(Empress of India)
赴横滨。大约这几件侦探报告,是不会再有大荒谬的情节在里面。(吴稚
晖先生著的《中山先生的革命两基础》上所列的中山先生年谱,谓中山先
生于一八九七和一八九八两年仍住伦敦,大约是错误的。)一八九八年中
山先生还在日本,因为主谋囚禁他的马格里,七月间写信给人,说是在日
本看见他。当然马格里对于中山先生的感想是不会好的。(见节钞《马格
里传》内该信原文。)不过当一八九六年中山先生还在伦敦的时候,两广那
样的严密防范与打算派人暗杀,都是心劳日拙的事情。中山先生在使馆
被难,正当生命危在旦夕的时候,居然以英仆夫妇的力量,和外国朋友的
热心,为中国保存民国之创造者与民族之领导者,这一点也就可以千
古了!

附录一

吴宗濂记中山先生被禁复行释放缘由

　　按此件原名《龚星宪计擒粤犯孙文复行释放缘由》。民国十四年中山先生逝世后，吴稚晖先生将他转录在他所著的《中山先生的革命两基础》里面，登在《现代评论》第二卷第三十期第九至第十一页。这篇文章虽是"追识"的，但是吴宗濂是当时驻英国使馆里很负责任的人，这篇文章又是自头至尾很有系统的文字，所以值得附录。并可将此文与龚照瑗致总署总办公函参看。

　　光绪二十二年七月，准出使美日秘大臣杨子通星使函称：粤东要犯孙文，谋乱发觉，潜逃赴美，奉总署电令，确查该犯行踪；并饬电知龚星使援香港缅甸交犯约，转恳英国代拿等因，并附节略，叙其面貌，年岁籍贯。八月十九日，复准通使电称：孙文于西九月二十三日，即华八月十七日，由纽约搭船至英国黎花埔海口登岸等语。时星使卧病已久，神志甚清。当遣参赞马格里婉询英外部，拟援香港及缅甸交犯约，请拿该犯。外部答以二约只能行于香港缅甸，不能施之他处。设竟代拿，必为刑司驳阻。星使之犹子仙舟司马心湛，乃雇包探赴黎花埔守候。旋据该探密报，孙文剪发作洋装，于八月二十四日登岸，即日乘火车至伦敦，下榻客店，有二西人随行。九月初四日，孙文行经使署之门，遇学生宋芝田，询其有无粤人在署。宋曰有之。孙即请见。乃进署门，入厅事。英文四等翻译官邓琴斋刺史廷铿，粤产也，遂与接谈。该犯以异地遇同乡，分外惬意。自言姓陈，号载之。继出金表，以觇时刻。刺史索观，则镌有英文拼切之孙字。刺史恍然,然不动声色。孙约翌日再来,同赴海口,探望粤商。刺史欣诺。孙既去,急密告仙舟,转禀星使。星使与马格里王鹏九两参赞,密商办法。皆曰可拿。初五日午前,孙果贸贸然来。饭后邓刺史请孙登楼。先至首层,观星宪之会客厅,签押房。继至二层,入李琴伯明府盛钟卧房,坐谈良久。适马参赞到,刺史遂告孙曰:"君能更上一层楼,往顾弟房乎?"孙曰:"甚好。"遂随刺史拾级而升。马参赞在前引导。先入预备之空房内,作开门待客状。邓指曰,此即弟房,请君先进。孙刚涉足,错愕间,马参赞即将房门关闭。告曰:"奉有总署及驻美杨子通星使密电,捉拿要犯孙文,尔即是也。既经到此,请暂留一日一夜,静候总署回电。"孙见已识破,无可如何,唯唯应命。星使遂饬邓刺史,武弁车焕章谢邦清,造炮学生宋芝田,及洋仆二名,日夜轮守。初七日,接总署回电,力嘱慎密办理,不可为英所知,致被反噬。应如何措手,悉听主裁。初八日,星使属宗濂代拟电稿,言惟有专雇一船,往解粤省;否则只可释放,派探密跟,穷其所往,请示只遵。此电去后,总署无复。十三日,星使又发电云,释放宜早,免有痕迹。仍无复电。时署外已有人日夜守伺。十六日,英国格罗孛夜报忽刊其事,不直使署所为。他报访事人接踵来访。邓刺史力辩其无,马参赞直认不讳。翌晨各报刊布,指为使署拐骗监禁,哗然而起。甚有以使署房屋,绘为图画者。亦有以此事标题,特印大字告白,兜销报章者。使署门口,自朝至于日中昃,聚众至百数。英外部沙侯闻此消息,即柬请马参赞去,婉告曰:"中英交犯约,经曾前大臣议而未成,刻既无约可援。如解犯潜过英地,殊与公例不符。宜将孙文即日开释。"马参赞诺诺连声而退,急即回禀星使。不移时,而外部总办及巡捕头,果皆庚止,索领孙文。马参赞遂将孙文放出,该总办及巡捕头,由后门坐车而去。盖避前门聚观之众也。是夜各报刻有孙文对答之辞,殊形荒谬。据谓邓刺史告以拟将其装入箱中,运至船上;或先行毒死,解华戮尸。此盖该犯臆造,藉以骇人听闻也。西国久无此等刑法,见此数语,益笑中国之教化毫无。十八日,接总署复电内称,雇船解粤甚是,需款六千余镑,即令汇丰拨解等因。惜其时孙文已为英廷索去无可挽回。当即据实电复。十九日,仙舟接短工洋仆查耳时来信,内言孙文起初几次着伊送信,优给金钱,伊皆一律缴呈马格里爵参赞,未得分毫奖赏。嗣孙复许酬英金五百镑,送一密信,并嘱其事后离开使署,随孙度日,故伊甘冒不法,以洋信密报孙友坎特立及门森两英医,而英医因即在外设法,派人伺守,并报外部及巡捕房。各报闻之,遂亦附和作不平鸣。致贵署不能不将孙文释放,曷胜怅怅。马爵参赞当时曾经恫吓,谓如有走漏风声者,当送官严办。余是以照实供明,听候惩治云云。仙舟司马以此信示马参赞,马参赞无计可施,徒形愤愤。各报议论纷如,痛斥马参赞及中国使署者又数日。而孙则致函日报,遍谢英廷,英报,英民,文过饰非,倾动众听。英国议绅之不明事理,且举以诘责政府,拟请勒令使馆,不得再用马格里。幸沙侯相顾全大体,片言解纷。星使又无所见闻,得以怡然养疴。更幸英外部允照星宪照会中所请各节,移知香港总督,严查不法,以戢乱谋,而杜后患。即日由星宪咨报总署,此案遂结。然传递密信之奸仆,以孙文所酬只有英金二十五镑,控诸刑司,又不得直,至今迄不甘服。孙逆亦以港督悬有厉禁,不敢回华,以身试法。故辗转窜匿,溷迹东瀛。而我中国东南半壁,即藉此得以谧安,则我星宪龚公一纸公文,保全者诚大而远哉。粤民有知,尚其铸像以祀也可。时光绪二十五年八月,嘉定吴宗濂追识于汉皋铁路局之牟隐庐。

附录二

驻英中国使馆全体人员名单

按此件系从总理衙门"出使英国档"内抄出。这是一八九六年三月十五日驻英大臣龚照瑗呈报总理衙门的。到十月的时候，内部职员或稍有升调，如邓廷铿由学生升为四等翻译之类，但是这种的变动，想去极微。其中有凤凌和那彦恺二人，是海军衙门派了随同驻英大臣出洋的。所以名字不列入使馆人员名单。从这张名单里，固然可以看出当时驻英使馆的全体职员；但是从治史学的人看去，尤其重要的，还是因此可以追寻这些在场的人，是否还有个人的记载。

光绪二十二年二月初二日，驻英大臣龚照瑗单开，谨将现在驻英使馆人员，开列于后：计开

二等参赞马格里

三等参赞曾广铨

随员王锡庚　龚心湛　李企晟　何晋梯　李盛钟　潘承烈　朱寿慈

医官杨葆冕

法文翻译吴宗濂

翻译刘镜人

译官那三

学生孙鸣皋　罗肇铨　张善庆　邓廷铿

武弁车德文　谢邦清　张国馨　黄其陞

新加坡代理领事张振勋

翻译刘玉麟

随员沈铭　金维楸　谢荣光

附录三

英外部次长致马格里原函

FOREIGN OFFICE，

October 22nd，1896.

DEAR SIR HALLIDAY，

Lord Salisbury has desired me to speak to you on a matter of urgency.

May I ask you to call here this afternoon as soon as you conveniently can.

Yours sincerely，

（Signed）T. H. SANDERSON.

附录四

龚照瑗致英外部照会原文

CHINESE LEGATION,
October 26th, 1896.

MY LORD,

It is well known that the Province of Canton, where the Taiping rebellion, one of the most serious and disastrous political movements that ever tried the resources and stability of the Chinese Empire, took place, has for a considerable time past, but more especially during the last two years, been the seat of secret societies hostile to the maintenance of peace and order, and that now, as in 18... when the Taiping rebellion broke out the British Colony of Hongkong is by those associations made to serve as a base for movements directed against the tranquility of the Empire of China.

The proximity of Hongkong to the mainland making the Island an especially advantageous station whence those movements can be directed, and a convenient place of retreat and refuge for conspirators and other evilly disposed persons, in the case of the discovery or miscarriage of their machinations, I have the honour to request Your Lordship to be so kind as to cause the local authorities to exercise, for the present, a special vigilance over any persons known or supposed to belong to these illegal organizations.

I commend this request to the favourable consideration of Your Lordship in the full assurance that, as a matter involving the peace and tranquility of a large and important frontier province in which Great Britain has very large commercial interests, it will meet with the attention and benevolent consideration that Her Majesty's Government have always shown in matters affecting the well being and stability of the Chinese Empire.

THE MOST NOBLE THE MARQUIS OF SALISBURY, K. G. ,

 &C. , &C. ,&C. ,

         I have the honour to be,

           &C. , &C. ,&C. ,

           （Signed）KUNG.

附录五

英外部覆龚照瑗照会原文

FOREIGN OFFICE,
October 31st, 1896.

SIR,

I have had the honour to receive your note of the 26th instant respecting the existence of secret societies in the south of China and requesting that the Authorities of Hongkong may be instructed to exercise special vigilance over persons resident in that Colony who are connected with such organizations.

It is certainly the wish of Her Majesty's Government to do all that is legally in their power to prevent any British territory being used for preparing conspiracies against the Chinese Government or its officers.

As regards the proceedings of certain persons last autumn, which seems to have been directed against the Authorities at Canton, I am informed that the Governor of Hongkong at once took steps to ascertain the facts in regard to the case and communicated to the Viceroy the reports which reached him, and that the latter expressed his gratitude for the action taken. An edict of banishment from the Colony was moreover issued against two individuals who were believed to have taken a leading part in planning the projected disturbances.

Her Majesty's Government sent instructions to the Governor that if any of the persons implicated had laid themselves open to prosecution under the Foreign Enlistment Act, proceedings should at once be instituted against them. The special application which you have now made to Her Majesty's Government will however be brought to the Governor's notice, and His excellency will be requested to continue to keep a careful watch over the movements and proceedings of any suspected persons and to do his utmost, within his jurisdiction, to anticipate and frustrate any revolutionary attempts against constituted authority in China.

KUNG TA-JEN

&C. , &C. ,&C. ,

I have the honour to be,

&c. ,&c. ,&c.

(Signed) SALISBURY.

附录六

司赖特侦探社一八九六年十月十二日以前报告

（按这部分的报告，是起于一八九六年九月三十日中山先生在利物浦上岸的时候，至十月十二日中山先生被禁的第二天止。全部均经译出，分见本文之内。现将原报告列入附录，其中文字句读不妥之处，除万不得已，必须订正者外，均仍其旧，以存真相。）

SLATERS' DETECTIVE ASSOCIATION

HENRY SLATER，Manager.
No. 1，BASINGHALL STREET，
LONDON，E. C.
October 1st，1896.

SIR HALLIDAY MACARTNEY，

CHINESE LEGATION，

PORTLAND PLACE，W.

DEAR SIR，

re W U N.

In accordance with your instructions we despatched one of our representatives to Liverpool for the purpose of placing under observation a man named Sin Wun who was a passenger on board the S. S. "Majestic" of the White Star Company and beg to report that a Chinaman answering the party's description was seen to disembark from the said ship at 12 o'clock noon—yesterday, at the Prince's Landing Stage, Liverpool.

We may here mention that the name of Sin Wun does not appear on the list of passengers and it is evident that the man is passing by the name of Dr. G. S. Sun. He booked as a second class passenger and on landing he had his luggage placed on a railway omnibus and proceeded to the Midland Railway Station, Liverpool where he had the luggage placed in the van of the 2:50 p. m. express for London.

He, however, missed the train, but left by the 4:45 p. m. arriving at St. Pancras at 9:50 p. m. after which he got his luggage from the parcels office and proceeded in Cab No. 12616 to Haxells Hotel Strand.

He answered the description given and there is still reason to doubt that Dr. G. S. Sun is identical with the party in question.

He is now under observation and will again communicate with you in due course as to the result of our operations.

Faithfully yours,

(Signed) SLATERS.

TELEGRAMS.

October 3, 1896.

6:15 p.m.

MACARTNEY, 49 PORTLAND PLACE.

Party removed from Haxells Hotel to 8, Gray's Inn Place, Holborn.

SLATERS.

Oct. 6, 3 p.m. Thanks for telegram. Has the Party seen any of his countrymen? Would it be possible to get a Kodack of him?

(Signed) MACARTNEY.

SLATERS' DETECTIVE ASSOCIATION.

HENRY SLATER, Manager.

No. 1, BASINGHALL STREET, E.C.

6th October, 1896.

SIR HALLIDAY MACARTNEY, K. C., M.G.,

PORTLAND PLACE, W.

DEAR SIR,

re DEN WUN

Referring to our communication of 1st inst. We now beg to inform you that we have kep systematic observation at Haxells Hotel and on Thursday 1st inst. the party in question came out at 4:30 p.m. and walked along the Strand, Fleet Street, to Ludgate Circus looking in the shop windows after which he returned to the Hotel, time being 6:30 p. m. after which he was not again seen.

On Friday 2nd inst. He left Haxells Hotel at 10:30 a. m. and had some luggage placed upon four wheeled cab No. 10850 in which he proceeded to No. 8 Gray's Inn Place where the luggage was taken in and the party in question also entered.

He remained here until 11:30 a. m. and on leaving walked into Oxford Street looking in the shop windows after which he went to No. 119 High Holborn (stationers) and entered the Express Dairy Co. 's establishment in Holborn where he had lunch after which he returned to No. 8 Gray's Inn Place, time being 1:45 p. m.

At 6:45 p. m. he again came out and walked to a restaurant in Holborn where he remained three quarters of an hour subsequently returning to No. 8 Gray's Inn Place, time being 8:30 p. m. after which he was not again seen.

Observation has been renewed each day but nothing of importance has transpired—the gentleman in question being only seen to take walks along the principal thoroughfares looking about him, &c. He does not take any meals in the house but visits various cafes &c.

Referring to you wire duly to hand we may mention that during the time he has bees under observation he has not been to meet any of his countrymen. It was however elicited at Liverpool that some of the passengers of the "Majestic" promised to call upon him in London.

Respecting the question of a photo we fear that same must be left for the present until we have more propitious weather.

We will however give this point our best attention.

Faithfully yours,

(Signed) SLATERS.

SLATERS' DETECTIVE ASSOCIATION.

HENRY SLATER, Manager.

No. 1, BASINGHALL STREET,

LONDON, E. C.

12th October, 1896.

SIR HALLIDAY MACARTNEY, K. C. , M. G. ,

PORTLAND PLACE.

DEAR SIR,

re SEN WUN

Referring to our interview of current date we beg to inform you that on Saturday observation was renewed at No. 8 Gray's Inn Place when the party in question on leaving was followed to the Houses of Parliament where he remained for over two hours and on leaving he proceeded by foot to the Strand looking in the shop windows etc. returning to 8 Gray's Inn Place and was not again seen.

Yesterday, Sunday, observation was renewed and continued throughout the day, but the party in question was not seen to leave, no doubt owing to the inclement state of the weather.

Up to the time of writing he has not left the above address, and referring to our conversation as to making enquiries as to whom he is staying with, this we submit would be unwise until after he has left there as we are naturally anxious not to arouse suspicion. If however it is imperative we will on receiving your instructions at once give this particular point our prompt attention.

Faithfully yours,

(Signed) SLATERS.

附录七

司赖特侦探社一八九六年十月二十三日以后报告

　　（按这部分报告，是从一八九六年十月二十三日中山先生被释放的时候起，到一八九七年八月二日中山先生由加拿大上船赴日本之日止。最后还有一封信，是使馆给侦探社，教他于中山先生离开加拿大以后，停止工作的。报告是按日"密尾行踪"的结果；虽然无事之日子，不免顺笔一提，但这究竟是那个时期中山先生比较详细的"起居注"，为将来写中山先生传记最好的一种材料。从这些材料里可以看出中山先生有规则的生活习惯，和他上去大英国博物图书馆用功的嗜好。这里所记的自属表面行动，而且错误总不能免，只是经过十月十一日那次侦探的笑话以后，想去侦探社也该小心多了。

　　还有一点可以注意的，就是在附录（六）里的报告，都是给马格里的，本附录里的报告，都是给中国公使的，大约马格里倒了一个霉以后，不愿再出面问这事了。）

REPORT.

Oct. 23—28, 1896.

SLATERS' DETECTIVE ASSOCIATION,

No. 1, BASINGHALL ST. E. C.

re SUN YAT SEN

On Friday October 23rd the party in question on leaving the Legation proceeded in a four wheeled cab with Dr. Cantlie, Inspector Jarvis and another gentleman to the Shades Public House, Charing Cross, where he was interviewed by several reporters, and on leaving he went to Scotland Yard where he remained until 7 p. m. when accompanied by Dr. Cantlie he went to No. 46 Devonshire Street.

Observation was continued until a late hour, but he was not again seen.

Observation was renewed at No. 46 Devonshire St. each day and continued until a late hour but nothing of importance occurred.

On Monday 26th inst. at 12:30 p. m. he left the house and entering Cab No. 11856 returned to No. 8 Gray's Inn Place where he remained a quarter of an hour, and reentering the same cab he returned to No. 46 Devonshire St.

The gentleman in question was not again seen until Tuesday 27th inst. when he left No. 46 Devonshire Street at 2 p. m. and posted some letters.

He then went to No. 21 Queen Anne Street where he stayed a few minutes after which he went to the Zoological Garden.

He remained here an hour and on leaving went to No. 12 Albert Road, Regent's Park, where he stayed for an lour and a quarter when he returned to No. 46 Devonshire Street.

Observation was continued until 10 p. m. but he was not again seen.

On Wednesday 28th inst. the gentleman in question left No. 46 Devonshire Street at 3:30 p. m. and entering Cab No. 15027 went to the Medical School connected with Charing Cross Hospital remaining an hour and a quarter when he left accompanied by a gentleman with whom he went to No. 13 Chandos Street (Tailors) remaining ten minutes.

On leaving here they went to Gatti's Restaurant, King William Street, Strand, where they remained nearly an hour after which they returned to No. 46 Devonshire Street, time being 6:45 p. m.

Observation was continued until 10 p. m. but he was not again seen.

SLATER' DETECTIVE ASSOCIATION.

HENRY SLATER, Manager.

No. 1, BASINGHALL STREET,

LONGON, E. C.

30th October, 1896.

SIR HALLIDAY MACARTNEY, K. C. , M. G. ,

PORTLAND PLACE, W.

DEAR SIR,

re   SUN YAT SEN.

Herewith we beg to enclose you report as to the result of our operations respecting the above matter and we also beg to inform you that from the result of secret enquiries conducted respecting the party in question it is not unlikely that he may leave London at any time.

We are therefore giving the matter every attention and will keep you posted as to the result of our operations.

Faithfully yours,

(Signed) SLATERS.

SLATERS' DETECTIVE ASSOCIATION.

HENRY SLATER, Manager,

No. 1, BASINGHALL STREET,

London, E. C

4th November, 1896.

TO HIS EXCELLENCY,

THE CHINESE MINISTER,

49, PORTLAND PLACE, W.

DEAR SIR,

re   SUN YAT SEN

We beg to acknowledge the receipt of your communication of yesterday's date and in reply to inform you that we note what you say respecting our endeavouring to obtain a photo of the party in question and are giving the matter our careful attention and will again communicate with you in due course hereon.

Faithfully yours,

(Signed) SLATERS.

REPORT.

Nov. 12—18, 1896.

SLATERS' DETECTIVE ASSOCIATION.

HENRY SLATER, Manager,

No. 1, BASINGHALL STREET,

London, E. C.

21 November, 1896.

TO HIS EXCELLENCY,

THE CHINESE MINISTER,

PORTLAND PLACE.

DEAR SIR,

re   SUN YAT SEN

Referring to our communication of the 12th inst. We now beg to inform you that observation was continued each day at Devonshire Street but the party in question was not seen to leave or enter until Thursday 12th inst. When at 3 p. m. he came out and walked into Oxford Street where he entered an omnibus and proceeded to Holborn where he alighted and called at No. 40 High Holborn (hosiers) where he stayed a few minutes and on leaving he proceeded to No. 8 Gray's Inn Place where he remained an hour after which he again went to No. 48 High Holborn where he made a call and then entered an omnibus and returned to No. 46 Devonshire Street, time being 5:30 p. m. and although observation was continued the party in question was not again seen.

On Friday 13th Nov. observation was renewed at Devonshire Street as also at Gray's Inn Place when at 11:30 a. m. the party in question came out of 8 Gray's Inn Place accompanied by another gentleman (a Chinaman) with whom he went to the Holborn Post Office and from there to No. 7 Stone Buildings, Chancery Lane.

They remained here half an hour when they went to the Hall and Library Stone Buildings remaining half an hour.

They then proceeded to the Hall and Library of the Inner Temple after which he returned home.

On the following day, Saturday at 2:15 p. m. the party in question left the house and posted a letter after which he returned in again and up to the time observation was discontinued he was not again seen.

The gentleman in question was not seen on Sunday at either place throughout the day. On Monday, however, at 10:40 a. m. the party in question came out and entering Cab No. 7140 went to No. 46 Devonshire Street, time being 11 a. m.

At 3 p. m. he again came out and proceeded to No. 12 Albert Road, Regent's Park, where he remained half an hour when he returned to No. 8 Gray's Inn Place where observation was continued, but he was not again seen to leave.

On Tuesday observation was continued at Gray's Inn Place when at 10:15 a. m. the party in question came out and entering Cab No. 9127 went to No. 12 Albert Road, Regent's Park, where he remained until 2: 30 when he went by omnibus to No. 46 Devonshire Street, subsequently returning to Gray's Inn Place.

On Wednesday 18th inst. at 10:40 a. m. the party in question left No. 8 Gray's Inn Place and entering Cab No. 11227 went to No. 46 Devonshire Street where he remained until 3:30 when he returned by omnibus to No. 8 Gray's Inn Place where he remained half an hour and on leaving he went to 46 Devonshire Street and on leaving here he again returned to Gray's inn Place.

Faithfully yours,

(Signed) SLATERS.

REPORT

Nov. 19—Dec. 2, 1896

SLATERS' DETECTIVE ASSOCIATION

HENRY SLATER, Manager.

No. 1, BASINGHALL STREET,

LONDON, E. C.

4th December, 1896.

TO HIS EXCELLENCY,

THE CHINESE MINISTER,

PORTLAND PLACE, W.

Dear Sir.

re SUN YAT SEN

In continuation of our report herein we now beg to inform you that the party in question on the 19th ult. left No. 8 Gray's Inn Place and went to No. 46 Devonshire Street where he remained until 2:30 p. m. when he proceeded by bus to No. 12 Albert Road, Regent's Park, where he remained an hour, and on leaving he returned No. 46 Devonshire Street where he remained for the evening when he returned to Gray's Inn Place and was not again seen.

On the following day 20th ult. the gentleman in question only visited No. 46 Devonshire Street after which he returned to No. 8 Gray's Inn Place.

Observation was renewed on the following day but the gentleman in question not being seen. Observation was also kept at No. 46 Devonshire Street but he was not seen to enter or leave either place until the 23rd inst. when he left No. 8 Gray's Inn Place at 9:30 a. m. and went to No. 5 South Square where he remained 10 minutes and on leaving he returned to Gray's Inn Place.

At 12:30 he again came out and went to No. 46 Devonshire Street remaining until 2:45 p. m. when he entered a bus and returned to Gray's Inn Place.

He again came out during the evening and purchased a newspaper with which he returned home and did not again leave.

On Tuesday 24th inst. he left Gray's Inn Place at 10:30 a. m. and entering Cab. No. 10192 went to No. 12 Albert Road, Regent's Park, where he remained until 2:30 p. m. when he proceeded to No. 46 Devonshire Street. During the evening he left here and returned to Gray's Inn Place.

On the following day at 12 noon the party in question left No. 8 Gray's Inn Place and after purchasing a newspaper returned home and was not again seen.

Thursday 26th ult. at 2:30 p. m. the gentleman in question left No. 8 Gray's Inn Place and visited No. 46 Devonshire Street where he remained during the evening and on leaving he returned to Gray's Inn Place.

On the following day, Friday Nov. 27th on leaving No. 8 Gray's Inn Place at 10:30 a. m. he entered an omnibus and proceeded to No. 12 Albert Road, Regent's Park, where he stayed until 3 p. m. and on leaving here went to No. 46 Devonshire St. returning to Gray's Inn Place.

He also visited the above two addresses on the following day

(Saturday Nov. 28th and on Sunday 29th went to No. 12 Albert Road) and on leaving returned home.

On Monday 30th ult. he left Gray's Inn Place at 2:30 p. m. and again went to No. 12 Albert Road where he remained until 5:30 when he returned home.

The gentleman in question was not again seen to leave Gray's Inn Place until Wednesday Dec. 2nd when he came out at 12 noon and went to the Post Office in Holborn after which he went to No. 12 Albert Road where he remained until 4:15 and on leaving he returned to Gray's Inn Place and was not again seen to leave.

We are still giving the matter our best attention and are also conduction secret enquiries respecting the parties whom the gentleman in question visits at No. 12 Albert Road and will again communicate with you in due course thereon.

Faithfully yours,

(Signed) SLATERS.

REPORT.

Dec. 2—11, 1896

SLATERS' DETECTIVE ASSOCIATION

> HENEY SLATER, Manager.
>
> No. 1 BASINGHALL STREET,
>
> LONDON, E.C.
>
> 16 December, 1896.

TO HIS EXCELLENCY,

THE CHINESE MINISTER,

PORTLAND PLACE, W.

Dear Sir.

re   SUN YAT SEN

Referring to our communication of 2nd inst. we now beg to inform you that observation was renewed on Thursday 3rd inst. At No. 8 Gray's Inn Place and after taking a constitutional he returned home.

He did not again leave during the day.

On the 4th inst. he was not seen to leave throughout the day, but on Saturday 5th inst. he left No. 8 Gray's Inn Place at 11 a. m. and went to the Post Office, High Holborn, where he despatched two registered letters.

He then went to No. 297 High Holborn (Booksellers) after which he proceeded by omnibus to the British Museum where he remained an hour and twenty minutes.

On leaving here he entered an omnibus and proceeded to No. 46 Devonshire Street, time being 1 p. m.

He remained here until 5:40 p. m. and on leaving returned to No. 8 Gray's Inn Place and although observation was continued until a late hour he was not again seen to leave.

On Sunday he was not seen throughout the day, but on Monday 7th inst. He left No. 8 Gray's Inn Place at 10:20 a. m. and again went to the British Museum and entered the Reading Room where he remained until 2:30 p. m. and on leaving here he again went to No. 46 Devonshire Street remaining twenty minutes.

On leaving here he went to No. 12 Albert Road, Regent's Park, and remained until 6:50 p. m. when he returned to No. 8 Gray's Inn Place and was not again seen.

Tuesday Dec. 8th the gentleman in question left the house and again visited the British Museum where he remained until 2 p. m.

He then went to No. 66 New Oxford Street and from there to the Trocadero Restaurant where he remained about three quarters of an hour.

He then proceeded to No. 46 Devonshire Street where he remained an hour and from there proceeded to the Cattle Show, Agricultural Hall, Islington, after which he returned home.

Wednesday Dec. 9th he left his home at 10:45 and again visited the Museum and it may here be mentioned that he also visited the Museum on Thursday and Friday and he has also visited No. 46 Devonshire Street remaining for two or three hours at a time.

On Friday the 11th inst. He also went to the Crystal Palace, returning to No. 8 Gray's Inn Place at 6:30 p. m.

He has not been observed to visit any other addresses than No. 46 Devonshire Street and Albert Road, Regent's Park, up to the time of writing but we are still giving the matter our attention and will again communicate with you in due course hereon.

Faithfully yours,

(Signed) SLATERS.

REPORT.

Dec. 12, 1896—Jan. 2 1897.

SLATERS' DETECTIVE ASSOCIATION.

HENRY SLATER, Manager

No. 1, BASINGHALL STREET,

LONDON, E. C.

4th January, 1897.

TO HIS EXCELLENCY,

THE CHINESE MINISTER,

49, PORTLAND PLACE.

DEAR SIR,

re   SUN

Observation was renewed at No. 8 Gray's Inn Place on Saturday 12th ult. at 12 noon. The party in question left the house and walked to Holborn where he entered a 'bus and alighted at Regent's Circus. He then entered another 'bus and proceeded to Great Portland Street and on alighting went to No. 46 Devonshire Street where he remained until 2:15 p.m.

He then entered an omnibus and returned to Gray's Inn Place and was not again seen to leave.

He was not again seen until Tuesday, 15th ulto., when he went to No. 5 South Square, N., where he remained a quarter of an hour after which he went to the British Museum.

He remained here until 2:15 p.m. and on leaving he went to the Trocadero Restaurant, New Oxford Street, where he remained three quarters of an hour.

He then went to No. 46 Devonshire Street—subsequently returning to Gary's Inn Place.

On the following day 17th ulto. the gentleman in question went to the British Museum and remained until 12:40 p. m. and on leaving here he went to No. 46 Devonshire Street and at 3 p. m. he returned by omnibus to Gray's Inn Place and was not again seen.

On Friday 18th ulto. the gentleman in question left the house and went by omnibus to the Cecil Hotel, Strand, and remained about two hours after which he returned to Gray's Inn Place and was not again seen.

On Saturday the gentleman in question left the house at 10:30 a. m. and went to No. 5 South Square, remaining ten minutes after which he returned home.

At 2:30 p. m. he again came out and went by omnibus to No. 12 Albert Road, Regent's Park, remaining until 5 p. m. He then returned by 'bus to No. 8 Gray's Inn Place, time being 5:45 p. m. and was not again seen.

The gentleman in question remained at home until 22nd ulto. when he went to No. 5 South Square where he remained ten minutes and on leaving he went No. 8 South Square.

At 11:30 a. m. he again came out and went to the Holborn Post Office.

On leaving here he went to the British Museum where he stayed until 3:45 p. m. He then went to the Express Dairy Co. 's Depot, Holborn, and no leaving he bought a newspaper and returned home.

On Wednesday Dec. 23rd the gentleman in question left the house at 9:45 a. m. and went to No. 5 South Square remaining a few minutes after which he returned home.

At 10:15 a.m. he again came out and went to the Post Office and from there to the Imperial Institute, S. Kensington, where he remained an hour.

He then proceeded to the South Kensington Museum and remained until 3:30 p.m. when he returned to Gray's Inn Place and was not again seen.

On the 24th ulto. the gentleman in question went to No. 46 Devonshire Street at 12 noon and remained there until 4 p.m. when he returned to No. 8 Gray's Inn Place and was not again seen to leave during the remainder of the day.

Nothing of importance occurred between the 27th and 31st ulto. beyond the fact that the party in question was only observed to enter No. 46 Devonshire Street—British Museum—and on Jan. 2nd he again went to No. 5 South Square and from thence at 11:30 a.m. went to No. 46 Devonshire Street where he stayed until 3 p.m.

He then entered an omnibus and went to No. 12 Albert Road, Regent's Park, where he stayed until 6 p.m. and on leaving went to No. 8 Gray's Inn Place.

We are still giving the matter our best attention and will again communicate with you in due course as to the result of our operations.

Faithfully yours,

(Signed) SLATERS.

REPORT

Jan. 3—21, 1897.

SLATER'S DETECTIVE ASSOCIATION,

No. 1, BASINGHALL STREET,

LONDON, E.C

re SUN

Observation was renewed at No. 8 Gray's Inn Place on the 3rd inst. but nothing worthy of mention was seen to take place.

On the 4th inst. The party in question was seen to come out at 10:30 a. m. and after making calls at No. 5 South Square and the Holborn Post Office returned to his address.

At 2 p. m. he again came out and proceeded to 46 Devonshire Street where he remained until 4:30 then returned to his lodgings.

On the 5th inst. he again came out at 10 a. m. and after calling at the Holborn Post Office he proceeded to 46 Devonshire Street and on leaving at a late hour he returned to No. 8 Gray's Inn Place.

On the 6th inst. he came out at 11 a. m. and proceeded to the British Museum where he remained until 2:30 p. m. after which he proceeded to 46 Devonshire Street.

At 5:30 p. m. he came out and proceeded home.

On the 7th inst. he came out and after calling at South Square and the Holborn Post Office returned home.

At 5:30 p. m. he again came out purchased a newspaper and returned to his address.

On the 8th inst. he came out at 11:15 a. m. and after calling at the Holborn Post Office proceeded to 46 Devonshire Street where he remained until 4 p. m. then returned home.

On the 9th inst. he came out at 11:30 a. m. and after making calls at 5 South Square and the Holbern Post Office returned home.

At 2 p. m. he again came out and proceeded to No. 12 Albert Road, Regent's Park, where he remained two hours, afterwards returning home.

He was not seen to leave on the 10th inst. , and on the 11th he came out at 11 a. m. and after calling at 5 South Square returned home.

At 1:30 p. m. he again came out and proceeded to the British Museum where he remained until 3:30 and again returned home. At 6:15 he again came out, purchased a newspaper and then returned to his lodgings.

On the 12th inst. he came out at 10:30 and after calling at 5 South Square and the Post Office returned home.

At 12 noon he again came out and proceeded to 46 Devonshire Street, remaining until a late hour when he returned to his lodgings.

On the 13th inst. he came out at 11:15 a. m. and proceeded to 46 Devonshire Street where he remained until 2:30 p. m. after which visited Madame Tussaud's Waxwork Exhibition, Marylebone Road.

At 5:45 he came out of the Exhibition and returned home and was not again seen.

On the 14th inst. he came out at 11:30 a. m. , and after visiting Lyons Refreshment Rooms in Chancery Lane he proceeded to the British Museum where he remained until 3 p. m. when he proceeded to 46 Devonshire Street.

On the 15th inst. he came out at 1:30 p. m. and after calling at the Post Office proceeded to 12 Albert Road, Regent's Park, where he remained until 5:30 p. m. then returned home.

On the 16th inst. he came out at 10:45 a. m. , and after calling at the Post Office proceeded to the British Museum where he stayed until 3 p. m. then proceeded to 46 Devonshire Street where he remained during the evening.

On the 18th inst. he came out at 10:30 a. m. , and after making a call at 5 South Square he proceeded to 46 Devonshire Street where he remained until 1:30 p. m. after which he proceeded in Cab. No. 13334 to the Constitutional Club, Northumberland Avenue.

At 5:30 he left the Club and returned home.

On the 19th inst. He came out at 11:30 a. m. and proceeded to the British Museum where he remained until 3:30 p. m. , then went to No. 46 Devonshire Street where he remained during the evening afterwards returning home.

On the 20th inst. he came out at 11:40 a. m. , and after calling at the Post Office he proceeded to the British Museum where he remained until 3 p. m. , then went to No. 46 Devonshire Street where he stayed until 5: 30 p. m. after which he returned home.

On the 21st inst. he came out at 11:30 a. m. , and after making a call at Lyons Refreshment Rooms, Chancery Lane, he proceeded to the British Museum where he remained until 3:30 p. m. after which he went to 46 Devonshire Street.

At 5 p. m. he came out and returned home.

REPORT.

Jan. 22—29, 1897.

SLATERS' DETECTIVE ASSOCIATION,

No. 1., BASSINGHALL STREET,

LONDON, E. C.

re SUN

On Friday January 22nd, 1897, observation was again renewed upon the party in question and at 2:30 p. m. he was seen to leave his address and after calling at the Holborn Post Office he proceeded to No. 46 Devonshire Street where he remained during the afternoon and subsequently returned home.

On January 23rd he come out at 11:30 a. m. and proceeded to No. 6 Arundel Street, Strand, where he remained one hour after which he visited Lyons Refreshment Rooms, Chancery Lane, remaining half an hour and then returned to his address.

At 4 p. m. he again came out, purchased a newspaper in Holborn and again returned home.

On January 24th the party in question was not seen to leave his address during the day.

On January 25th he came out at 11:30 a. m. and after making a call at the Holborn Post Office returned home.

At 1:45 p. m. he again came out and proceeded to 46 Devonshire Street where he remained until 4 o'clock after which he returned home and was not again seen to leave.

On January 26th he came out at 12 noon and proceeded to 6 Arundel Street, Strand, remaining 45 minutes, then visited Messrs. Lyons Refreshment Rooms, Chancery Lane, after which he proceeded to the British Museum, remaining an hour.

Subsequently he visited the Polytechnic, Regent Street, after which he proceeded to 46 Devonshire Street where he remained until 5 p. m. then returned home.

On January 27th he came out at 11:30 a. m. and after calling at the Holborn Post Office he Proceeded to 46 Devonshire Street where he remained until 3 p. m. after which he went to 12 Albert Road, Regent's Park.

At 5:30 p. m. he came out and returned home.

On January 28th he came out at 11:30 a. m. and after calling at the Holborn Post Office proceeded to 46 Devonshire Street remaining there until 3 p. m. when he came out and returned home.

At 6:40 p. m. he again came out, visited Messrs. Lyons Refreshment Rooms, Chancery Lane, and again returned home.

On January 29th he came out at 9:50 and visited 5 South Place—staying 10 minutes and then returned home.

At 2:15 p. m. he again came out proceeded to 12 Albert Road, Regent's Park, where he remained until 4:30 when he came out and returned home.

REPORT.

Jan. 30—Feb. 14, 1897.

SLATERS' DETECTIVE ASSOCIATION,

No. 1, BASINGHALL STREET,

LONDON, E. C.

re SUN

On January 30th observation was again renewed at 8 Gray's Inn Place, W. C., and at 12:30 p. m. the party in question came out and after visiting Messrs. Lyons Refreshment Rooms in Chancery Lane where he remained half an hour he proceeded to the British Museum where he remained until 6 p. m. and subsequently went home.

On Feb. 1st he came out at 10:15 a. m. and went to No. 5 South Square where he remained a few minutes then returned to his address.

At 1:30 he again came out and after calling at the Holborn Post Office he proceeded to 46 Devonshire Street where he remained until after 8 o'clock and subsequently returned home.

On Feb. 2nd he came out at 11:30 a. m. and made a call at the Holborn Post Office after which he returned home.

At 2 p. m. he again came out and visited Messrs. Lyons, Chancery Lane, remaining half an hour and again returned home where he remained during the remainder of the day.

On Feb. 3rd he came out at 1:30 p. m. and after visiting Messrs. Lyons, Chancery Lane, he proceeded to the Queen's Hall, Langham Place, where he remained $2\frac{1}{2}$ Hours after which he walked to 46 Devonshire Street, and subsequently returned home.

On Feb. 4th he came out at 11:45 a. m. and proceeded to 46 Devonshire Street where he remained until 3:30 p. m. after which he went to 12 Albert Road, Regent's Park, where he stayed one hour and again went to No. 46 Devonshire Street where he remained during the evening and afterwards returned home.

On Feb. 5th he came out at 11:30 a. m. and after calling at the Holborn Post Office he proceeded to 46 Devonshire Street where he remained until 3 p. m. when he came out and returned home and was not seen to again leave during the remainder of the day.

On Feb. 6th he came out at 10:30 a. m. and after calling at the

Holborn Post Office he proceeded to the British Museum where he stayed until 3 p. m. after which he returned home.

On Feb. 7th he was not seen to leave but on the following day he came out at 10:45 a. m. and after calling at Messrs. Lyons, Chancery Lane, he proceeded to the British Museum where he remained until 4 p. m. then proceeded to 46 Devonshire Street remaining there during the evening and subsequently returned home.

On Feb. 9th he came out at 12:30 p. m. and after visiting Messrs. Lyons Refreshment Rooms, Chancery Lane, he proceeded to the British Museum where he remained until 6 p. m. and subsequently returned home.

On Feb. 10th observation was continued on the party's address during the day and evening but he was not seen to leave.

On Feb. 11th he came out at 11:25 a. m. and proceeded to Trentham House, 151 Highbury Park Road, Highbury, N. , arriving there 12: 15 p. m.

At 6:15 p. m. he came out of said address and returned home.

The address, 151 Highbury New Park, is occupied by the Foreign Missions Club, Ltd.

On February 12th he came out at 11:15 a. m. and after calling at the Holborn Post Office he proceeded to the British Museum where he remained until after 6 p. m. and subsequently returned home.

Nothing of particular importance was observed on the 13th and 14th with the exception that he was seen to visit the Holborn Post Office, but on the 13th he came out at 12:15 and after visiting the Golden Grain Bread Co's Refreshment Rooms at No. 59 High Holborn he proceeded to the Museum where he remained until 6:10 p. m. and then returned home.

REPORT.

Feb. 16—March 3. 1897.

SLATERS' DETECTIVE ASSOCLATION,

No. 1, BASHINGHALL STREET

LONDON, E. C.

re SUN YAT SEN.

Secret observation was renewed upon the party in question on the 16th ulto. , and on his leaving No. 8 Gray's Inn Place at 11:25 p.m. he walked to the corner of Chancery Lane where he purchased about half a dozen newspapers with which he returned and was not again seen during the remainder of the day.

During the few following days his movements have been of a fairly uniform character, and he has on each day invariably proceeded to the British Museum where he remains the great part Of the day, taking his meals in the Refreshment Room.

On leaving here he returns to No. 8 Gray's Inn Place where observation has been continued until 12 p.m. It is seldom however that he again leaves unless it is to purchase an evening paper.

On the 23rd ulto. , before proceeding to the British Museum, he entered the Holborn Branch Post Office, 49 High Holborn, after which he went to the British Museum where he remained until 6:40 p.m. when he returned to No. 8 Gray's Inn Place.

He has upon subsequent occasions been seen to visit the Holborn Post Office, viz. , on the 25th ulto. And 2nd inst. , and our representatives have endeavoured to ascertain the nature of the business which he transacts there but without result as suspicion would have been aroused thereby.

On the 2nd inst. after visiting the Post Office the party in question went to No. 46 Devonshire Place, and on leaving here during the evening he returned to No. 8 Gray's Inn Place.

Yesterday, Wednesday, March 3rd, the gentleman in question left the house at 12:45 p. m. and walked to No. 76a Chancery Lane (Lyons Restaurant) where he remained until 1:15 p. m. when he returned to 8 Gray's Inn Place and was not again seen to leave.

REPORT.

March 4—10, 1897.

SLATERS' DETECTIVE ASSOCIATION,

No. 1, BASINGHALL STREET,

LONDON, E. C.

re SUN YAT SEN

On Thursday, March 4th, 1897, observation was continued at No. 8 Gray's Inn Place and at 10:35 a. m. the gentleman in question came out and walked to the British Museum where he remained until about 6 p. m. when he left, and after calling at the Holborn Post Office returned home.

Observation was continued throughout the day but was not again seen.

On the following day March 5th, 1897, observation was renewed at Gray's Inn Place and at 12:10 p. m. the gentleman in question came out and walked to the Holborn Post Office and on leaving there he went to Regent Circus by omnibus and on alighting walked to No. 46 Devonshire Place (J. Cantlie) where he remained until about 8 p. m. when he returned to Gray's Inn Place.

On the following day observation was renewed and continued until the 10th inst. during which time nothing of importance transpired beyond the fact of the gentleman visiting the British Museum and the Holborn Post Office.

On the 10th inst. However (Monday) on leaving Gray's Inn Place at 11:10 a. m. he was accompanied by another gentleman with whom he walked to Gray's Inn Road where they entered an omnibus and proceeded to Moorgate Street where they alighted. They then went to No. 2A Copthall Court and from there proceeded to the Royal Albert Docks viewing various vessels therein.

At 1:20 p. m. they went to the Connaught Tavern remaining nearly half an hour and on leaving they went to Tidal Basin Stations and returned to Fenchurch Street. They then walked to 2A Copthall Court, E. C., and also entered the butlers head public house, Telegraph St. and on leaving here they returned by bus to Gray's Inn Place and were not again seen.

The description of the gentleman in the company of the party in question is as follows.

"Age 28 years, height 5 ft. 8 in., slight build, fresh complexion fair moustache. Black overcoat and trousers."

On Thursday March 11th the gentleman in question came out of the house at No. 8 Gray's Inn Place and paid a visit to the Holborn Post Office and from there went to the corner of Chancery Lane where he bought some newspapers with which he returned to Gray's Inn Place.

At 7:40 p. m. he again came out and went to Charing Cross and from there to St. Martin's Town Hall, subsequently returning home.

Up to the time of writing nothing of further importance has

transpired. His daily movements being of an ordinary nature, visiting the British Museum, the Holborn Post Office as also J. Cantlie, No. 46 Devonshire Street.

He is still under secret and systematic observation and we will report again hereon in due course.

REPORT.

March 16—23, 1897.

SLATERS' DETECTIVE ASSOCIATION,

No. 1, BASINGHALL STREET,

LONDON, E. C.

re SUN YAT SEN

On Tuesday, March 16th, '97, observation was renewed at No. 8 Gray's Inn Place and at 12:15 p. m. the gentleman in question came out and entering an omnibus went to No. 4 Cheapside (J. F. Dunn, Bookseller).

He then went to Jubilee Building. 97, Queen Victoria Street where he remained twenty minutes, and on leaving he went to the British Tea Table Coy, shop at 105 Queen Victoria Street, where he remained half an hour.

He then returned to No. 46 Devonshire Street, reaching there at 2:45 p. m.

He remained here until 6:10 p. m. when he went to Gray's Inn Place where observation was continued for the remainder of the day, but he was not again seen.

On Wednesday, March 17th, '97, observation was commenced at

No. 8 Gray's Inn Place at 9 a. m. , and at 11:15 a. m. the gentleman in question came out and went to the Post Office, No. 49 High Holborn.

He then went by bus to Regent Circus where he alighted and entering another bus proceeded to Cromwell Road and entered the South Kensington Museum.

He remained here until 4:10 p. m. , and on leaving here he returned to No. 8 Gray's Inn Place and was not again seen.

On Thursday, 18th inst. , at 11:40 a. m. the gentleman in question left No. 8 Gray's Inn Place and proceeded to the British Museum. Where he remained until 3:15 p. m. , and on leaving he entered a bus and alighted at Regent Circus.

He then walked to No. 46 Devonshire Street where he remained a considerable time, and on leaving he returned to No. 8 Gray's Inn Place.

On the following day, Friday, 19th inst. , he left the house at 11:55 and again walked to the British Museum and entered the Reading Room where he remained until 7:30, and on leaving returned to No. 8 Gray's Inn Place.

On Saturday, March 20th, at 11:40 p. m. , the gentleman in question left No. 8 Gray's Inn Place and went to the Post Office, No. 49 high Holborn, and from there to Lyons Restaurant, 76 Chancery Lane, where he remained twenty minutes when he went to the British Museum where he remained until 3:25 p. m. when he went by bus to Regent Circus and on alighting walked to No. 46 Devonshire Street (Mr. Cantlie) where he remained until 6:30 p. m. when he returned to No. 8 Gray's Inn Place and not again seen to leave.

On Sunday, March 21st, observation was renewed at No. 8 Gray's Inn Place and continued throughout the day, but the gentleman in question was not seen to leave or enter throughout the day.

On Monday, however, he left No. 8 at 12:35 p.m., and after calling at the Post Office, High Holborn, went by omnibus to Regent Circus and from there to No. 46 Devonshire Street where he remained until 3:15 p.m. and from there he proceeded to the British Museum where he remained until after 8 p.m., and on leaving returned to Gray's Inn Place.

On Tuesday, 23rd inst., he left No. 8 Gray's Inn Place at 11:50 a.m. and again went to the British Museum where he remained until 6:30 p.m. when he returned home and did not again leave.

At 10:30 a.m., on Wednesday, March 24, he left the house and went to the P. O., High Holborn, and from there to the British Museum where he remained until 4:15 p.m.

He then went to No. 4a Cheapside (Booksellers), remaining ten minutes, and on leaving there he went to No. 46 Devonshire Street (Cantlie's) where he remained for a considerable time, and on leaving he returned to Gray's Inn Place.

REPORT.

March 25—April 7, 1897.

SLATERS' DETECTIVE ASSOCIATION

No. 1, BASINGHALL STREET,

LONDON, E. C.

re SUN YAT SEN

Thursday, March 25, '97.

Observation was renewed at No. 8 Gray's Inn Place at 9 a.m., and at 10:10 a.m. the party in question left the house and entering an omnibus went to Regent Circus where he alighted and entering another 'bus proceeded to Regent's park and entered the Zoological Garden where he remained until 5:25 p.m.

On leaving here he went to Albany Street, N. W., where he entered another omnibus and returned to Regent Circus, and on alighting walked to Gray's Inn Place, entering No. 8, time being 8 p.m., after which time he was not again seen.

On the following day, Friday, March 26th, the gentleman in question came out at 1:40 p.m. and went to the Post Office, 49 High Holborn, and on leaving entered Lyons Restaurant 76a Chancery Lane where he remained about three quarters of an hour.

He then went to Great Russell Street and entered the British Museum where he remained until 7:20 when he returned to No. 8 Gray's Inn Place.

Saturday, March 27th.

The gentleman in question left No. 8 Gray's Inn Place and visited the P. O., High Holborn, and then went to B. T. Batford, Boolseller, High Holborn, and on leaving there he went to the British Museum, remaining until 4:45 p.m.

On leaving there he went to No. 46 Devonshire Street, W., (Mr. Cantlie's), and on leaving there he went to No. 8 Gray's Inn Place and was not again seen.

On the following day, Sunday, observation was renewed and continued throughout the day, but the gentleman in question was not seen.

On Monday 29th ulto., however, at 12:10 p.m. the gentleman in question left No. 8 Gray's Inn Place, and after calling at the Post Office in High Holborn he went to No. 46 Devonshire Street where he remained until 5:35 when he returned to Gray's Inn Place after which time he was not again seen.

On Tuesday, March 30th, at 11:45 a.m., the gentleman in question left No. 8 Gray's Inn Place, and after calling at the Post Office, High Holborn, went to the British Museum where he remained until 6:40 p.m.

He then walked back to Gray's Inn Place and remained indoors for the rest of the evening.

The gentleman in question was not again seen to leave the house until Friday 2nd inst. although he was occasionally seen at the window and to coma to the door and look out, but on the above date he left the house at 10:35 a.m., and after calling at the Post Office went by bus to Regent Circus and from there by another bus to Albert Road, N. W., entering No. 12.

He remained there until 1:50 p.m. when he went to the British Museum. and at 6:30 p.m. he came out and walked to No. 8 Gray's Inn Place where he remained for the rest of the evening.

On Saturday, April 3rd, 1897, the gentleman left the house at 11:15 a.m. and walked to the British Museum where he remained until 5:25 p.m. when he returned home and did not again leave.

He remained in the house during Sunday, and on Monday 5th inst. At 12:40 p.m. he left the house, and after calling at the Post Office in High Holborn went to Lyons Restaurant, 76a Chancery Lane, where he remained nearly half an hour.

He then went to the British Museum where he remained until 7:15 p.m. when he returned to Gray's Inn Place and did not again leave.

Tuesday, April 6th at 11:45 a.m., on leaving No. 8 Gray's Inn Place the gentleman in question went to the Post Office and from there to the British Museum where he remained until 4:35 p. m.

On leaving the Museum he entered an omnibus and went to Regent Circus where he alighted and then walked to No. 46 Devonshire Street, and on leaving returned to No. 8 Gray's Inn Place.

Wednesday, April 7th, at 11:20 a. m. , the gentleman in question left, and, after posting a letter, went to the British Museum where he remained until 6:10 p. m. when he returned to Gray's Inn Place, time being 6:25 p. m.

Observation was continued until a late hour, but he was not again seen.

SLATERS' DETECTIVE ASSOCIATION

HENRY SLATER, Manager.
No. 1, BASINGHALL ST. ,
LONDON E. C.
26 March, 1897.

TO HIS EXCELLENCY,
THE CHINESE MINISTER,
PORTLAND PLACE.
DEAR SIR:

re SUN YAT SEN

Since our last communication we have continued our secret observation at No. 8 Gray's Inn Place, and the general outline of the movements of the party in question have been of a fairly uniform character.

He visits the Post Office in Holborn pretty frequently as also the

British Museum.

He has also visited No. 46 Devonshire Street (Mrs. J. Cantlie), and herewith we enclose you detailed report as to the result of our operations.

Faithfully yours,

(Signed) SLATERS.

REPORT.

April 7—15, 1897.

SLATERS' DETECTIVE ASSOCIATION

No. 1, BASINGHALL STREET,

LONDON, E.C.

re SUN YAT SEN

On Wednesday April 7th observation was renewed at No. 8 Gray's Inn Place, and at 11:30 a.m. the gentleman in question left the house and after posting a letter walked to the British Museum.

He remained here until 6:10 p.m. when he returned to Gray's Inn Place.

On the following day he was not seen to leave the house although observation was continued from 8 a.m., but on the 9th inst. At 10:30 a.m. the gentleman in question left the house and walked to Holborn where he posted a latter.

He then walked to the British Museum and entered the Reading Room where he remained until 2 p.m.

He then went to the Golden Grain Bread Coy., Bury Street, after which he returned to the British Museum where he remained until after 7 p.m. when he left and returned home, time being 7:25 p.m., after which he was not again seen.

On Saturday, April 10th, at 12:45, the gentleman in question left No. 8 Gray's Inn Place and walked into Holborn, and on reaching the Post Office he turned round and returned to Gray's Inn Road.

At 1:15 p. m. he again came out, having in his hand a letter— foolscap size—which he posted at the Holborn Post Office.

He then went to the British Museum where he remained until 7:30 p. m. , and on leaving he walked home and was not again seen.

On the following day Sunday, the gentleman in question was not seen to leave the house throughout the day. He was however seen several times at the window.

On the 12th inst. (Monday), the gentleman in question remained at home until 2:25 p. m. when he came out and walked to the corner of Chancery Lane where he entered an omnibus and proceeded to Charing Cross where he alighted.

He then went to the Constitutional Club, remaining ten minutes, and on leaving he walked along the Strand, looking in the shop windows. He walked to Lyons Restaurant, remaining twenty minutes, and on leaving here he returned home, time being 5:30 p. m. , after which time he was not again seen.

On the following day, Tuesday, April 15th, at 11:30 a. m. a Chinaman accompanied by an Englishman entered the house, and at 12 noon they came out accompanied by the party in question with whom they walked to the Birkbeck Bank, Southampton Buildings, and on their leaving the gentleman in question was observed to put some cash in his purse.

They walked down Chancery Lane where they entered an omnibus and proceeded to Fenchurch Street Station where they entered a train and went to Tilbury.

On leaving the Station they entered Tilbury Docks and went on board the "Fuji" where they remained three hours and half, and on leaving they returned to London and on arrival they separated and the gentleman in question returned home.

During the visit to the "Fuji", the party in question seemed to be on very good terms with the Japanese on board the vessel.

On Wednesday, April 14th, observation was again renewed at No. 8 Gray's Inn Place, and at 11 a. m. the gentleman in question came out and after posting a letter in Holborn returned home.

At 12:10 p. m. he again came out and proceeded to the Constitutional Club where he made an enquiry. He remained here three minutes only, and on leaving went to the British Museum whcre he remained until 7 p. m., and on leaving he returned home.

During the holidays nothing of importance has been observed, the gentleman in question having only been observed at the window and to come to the door and go for short walks, &c.

REPORT.

April 18, 1897.

SLATERES' DETECTIVE ASSOCIATION,

No. 1, BASINGHALL STREET,

LONDON, E. C.

On Sunday, April 18th, secret and systematic observation was renewed at No. 8 Gray's Inn Place and same has been renewed each day and on the gentleman in question leaving the house he has been discreetly shadowed.

His movements have up to the time of writing been of a fairly uniform character consisting of visits nearly each day to the British Museum—No. 46 Devonshire Street—Holborn Post Office.

On Thursday, 22nd inst., he was observed at the Post Office, Holborn, to meet a gentleman of Japanese appearance whom our representative saw on board the "Fuji" on 13th inst.

They remained in conversation for a few minutes after which they both entered the P. O. where the gentleman in question despatched a telegram and on leaving here they separated.

His visits to the Post Office in Holborn have been rather frequent and our representative has endeavoured to ascertain the nature of his business there at but as suspicion might have been aroused by any persistent attempts nothing of an important nature has yet been obtained although this point is receiving our attention.

At the British Museum he invariably enters the Reading Room and has remained for several hours at a time occasionally leaving for the purpose of obtaining some refreshment which he usually has at the Golden Grain Bread Shop, Bury Street, W. C. after which he occasionally returns to the Museum.

He has also been to visit No. 46 Devonshire Street and on leaving here he returns home.

SLATERS' DETECTIVE ASSOCIATION

HENRY SLATER, Manager,

No, 1, BASINGHALL STREET,

LONDON, E. C.

24th June, 1897.

TO HIS EXCELLENCY,

THE CHINESE MINISTER IN LONDON,

PORTLAND PLACE.

DEAR SIR:

re SUN YAT SEN

Since our communication of the 16th inst. our representatives have continued their observation herein and we now beg to submit that the gentleman in question has systematically visited the British Museum and at time has remained until between 7 and 8 p.m.

On the 10 inst. He left No. 8 Gray's Inn Place at 11:30 and as usual proceeded to the Museum remaining until 6 p. m. and on leaving proceeded by omnibus to Regent Street where he alighted and walked to 46 Devonshire Street, Portland Place, where he remained until a late hour subsequently returning to Gray's Inn Place.

He also visited No. 46 Devonshire Street on the 12 inst.

He also frequently visits a restaurant known as the Vienna Café in Oxford Street and scarcely a day passes but what he enters that establishment and occasionally meets a man of Chinese appearance who has also been seen in his company at the British Museum and on the 16th inst. They left the Museum together.

Before leaving the Museum however a man joined them and handed them a parcel with which they went to a restaurant in Tottenham Court Road.

They remained here until 5:30 in close conversation and on leaving they proceeded by omnibus to No. 28 Longridge Road，Earl's Court Road where they remained until 9 p. m.

They returned to Tottenham Court Road where they separated and the party in question returned home.

On the following day 17 inst. The gentleman in question paid a visit to 5 South Square after which he returned home.

He again came out at 1 p. m. and proceeded by omnibus to 28 Longridge Road where he remained an hour and then proceeded by omnibus to the Museum where he remained until 7 p. m.

He then went to the Vienna Café where he met the gentleman before referred to and on leaving returned home and was not again seen during the night.

His movements sine the 17 inst. have been of a fairly uniform character.

He has attended at the British Museum each day as also 46 Devonshire Street but during the last few days the Chinaman before referred to has not been seen.

We have arranged however that on his next being seen in the company of the gentleman in question one of our representatives will place him under discreet observation for the purpose of ascertaining identity.

Faithfully yours，

（Signed） SLATERS.

SLATERS' DETECTIVE ASSOCIATION.

HENRY SLATER，Manager.

No.1，BSINGHALL STREET，

LONDON，E.C.

24 June，1897.

TO HIS EXCELLENCY，

THE CHINESE MINISTER IN LONDON，

PORTLAND PLACE.

DEAR SIR：

We beg to acknowledge the receipt of your communication of current date and we note what you say as to the probable departure of the party in question and have instructed extra assistants to give this matter special attention.

We will keep you posted as to the further result of our observations.

Faithfully yours，

（Signed）SLATERS.

REPORT.

July 11—24, 1897.

SLATERS' DETECTIVE ASSOCIATION

No. 1, BASINGHALL STREET,

LONDON, E.C.

re SUN YAT SEN

Continuing our report of 2nd inst. we beg to inform you that on the arrival of the S. S "Numidian" at Montreal on the 11th July 1897 our representative proceeded to the vessel and commenced operations upon the party in question.

He was unaccompanied and once booked to the Albion Hotel.

His actions indicated that he would at once leave for the West.

During his stay at Montreal he was greatly employed in writing letters to friends and acquaintances and it was elicited that he contemplated remaining in Vancouver until August 2nd.

On the 12th July he left Montreal per the Canadian Pacific Trams Continental train for Vancouver via Fort William, Winnipeg and Moonsjow.

It appears that he has changed his name from Sun Yat Sen to Y. S. Sims.

At Montreal it was elicited that while on board the "Numidian" he kept-himself in his cabin nearly all the time during the voyage and was only on deck two or three hours in fact the ship's doctor advised him several times to take more exercise.

At meal times on board the vessel he did not join in the general conversation.

At Quebec he left the vessel but did not go further than the wharf and did not enter into conversation with anyone at that point.

On arrival at Montreal the party in question was met by a gentleman whose name was ascertained to be H. Hibbenson and on leaving the "Numidian" at Montreal he was driven to the Albion Hotel, McGill Street.

He at once took a seat in the writing room and wrote two letters which he duly posted of which the following are copies:

"MONTREAL, July 12th, 1897.

MY DEAR CHEW,

I arrived here this morning on way to Vancouver and the Far East. Our movement progressing wonderfully. I am called by the members to join them in the East to plan the future affair. How are you getting on? Can you do anything in Boston and New York with our patriots to help us in China?

I shall stay in Vancouver until 2nd August, so I hope to hear from you before that time.

I cannot give you my address now and you can post them in care of Mr. Walter N. Fong, 916 Washington St., San Francisco.

He will forward to me when he gets my address in Vancouver. I cannot tell you anything definite about our future movement at present but will tell you when the matter is decided by the party.

Yours truly,

SUN YAT SEN."

"MONTERAL, July 12th, 1897.

WALTER N. FONG.

MY DEAR WALTER,

I arrived here this morning from England en route for Vancouver and the Far East. I did not accomplish anything of importance during my sojourn in England but our members in China have done a good deal for the cause and call to join them there to plan the future movement.

How are you getting on with the members in San Francisco? Can you do anything to help us in China?

I should like to hear from you. I shall start early to-morrow morning for Vancouver and there I shall stay until the 2nd August then take the S. S. "Empress of India" for Yokohama.

When I get to Vancouver I shall send you my address so that we can exchange a few messages during my staying there.

Yours truly,

SUN YAT SEN."

On finishing writing the party in question was assigned to a room and shortly afterwards left the Hotel.

On Monday, July 12th, at 2 p.m. he left the Hotel accompanied by an Englishman who had been a passenger on the "Numidian" and prodeeded to Windsor Station where they had an interview with the Assistant Superintendent of the Rolling Stock and Sleeping Car Department of the Canadian Pacific Railway; they then walked through Dominion Square where they met a lady and gentleman who also been passangers on the steamer.

After taking a walk together they separated and the party in question and his friend entered Walker's Candy Store where they had some refreshment. They then entered a street car and proceeded to the mountain elevator.

They took the elevator car and rode to the top of the mountain where they remained about an hour after which they returned to the Hotel.

At 8:15 he left the Hotel and entered a cab in which he was driven to Park Stromer where he entered and remained about 40 minutes listening to the music and watching the performance there being at the time a Vaudeville entertainment. Upon leave here he entered a street car and returned to the Hotel.

About 10 or 15 minutes after he arrived at the Hotel he was approached by a tall young man who engaged him in conversation for about an hour.

This person was afterwards ascertained to be a Chicago traveling man whose name could not be ascertained but as he was not staying at the Hotel it was not deemed of sufficient importance to locate him.

The party in question returned to his room at about 10 p. m. and as the light was extinguished our representatives discontinued observation at midnight.

Tuesday, July 13th.

Observation was renewed at the Albion Hotel, Montreal, and at 5:15 a. m. the party in question left his room and went to the Hotel lobby where he purchased a newspaper which he read till 7:35 a. m. He then went to breakfast and on leaving the breakfast room he was joined by the Englishman referred to in our report of yesterday.

They left the Hotel together and strolled about the town after which they returned to the Hotel and settled their bill; they then entered a carriage and were driven to the Windsor Station.

On arriving at Windsor Station a Chinaman jumped from a cab and hastily spoke a few words to the party in question.

He then entered a street car and disappeared.

He was attired in American costume and our representatives state that he is about the same age and height as the party in question.

The party in question entered a Colonists car and accompanied by the Englishman above mentioned left for Vancouver.

The Assistant Superintendent of the Sleeping Car Department (Mr. Cooper) was subsequently interviewed when it was elicited that the party in question had presented him with a letter of introduction from Mr. Cooper's in London who had previously resided in Yokohama and who has been in London for a long time.

Mr. Cooper repeated to our representative the circumstances in connection with the arrest of the party in question in London and also that he (the party in question) intended sailing on the S. S. "Empress of India" for Yokohama on the 2nd August but as he expected that a number of Chinese officials who had recently attended the Queen's Jubilee might also take passage by the steamer on their return home he will have to adopt some measures for the purpose of getting away from Vancouver secretly as he was afraid to go on board a vessel with his own countrymen unless they were people with whom he was intimately acquainted or were connected with his own operations.

The name of the Englishman who accompanied the party in question was ascertained to be Jeffries and his baggage is marked "Jeffries, Liverpool."

It was also ascertained that the man named W. H. Fong is also in some way interested with the party in question and will manipulate his correspondence.

During the journey to Vancouver the party in question was considerably occupied with a Chinese pamphlet the dimensions of which are about 4 in. by 8 in. printed on white paper with a wide margin and broad black border between the margin and reading matter.

Upon the arrival of the train at Vancouver on 18th July the party in question proceeded to the Methodist Church Mission where he had apparently secured quarters.

During the Journey it was elicited that the party to whom he wrote in Montreal and addressed as "My dear Chew" is Mr. S. C. Chew, 20 Harrison St. , Boston, Massachussets.

At South Point 3 Chinaman boarded the train and the party in question entered into conversation with them and on leaving the train separated from them and took his valise and baggage into the baggage room and remained on the platform until all the other passengers had gone. He then entered a carriage leaving his baggage at the depot and proceeded by a circuitous route to the Methodist Chinese Mission where he entered through a side gate to the rear, the front of the establishment being used for a Chapel.

The Chinese Mission is located in Dupont St. , that part of the town furthest from the Depot and amongst the Chinese population.

On the following day July 19th an investigation was made at the baggage room when it was elicited that the baggage was still there and no instructions had been given to have it removed.

A watch was therefore placed on the baggage as it was quite possible for the party in question to leave Mission unobserved and our representatives considered it judicious to have every avenue of escape covered.

A watch was also kept at the Mission and soon afternoon the party in question was seen to go out and proceed to the ticket office of a line of steamers where he purchased a ticket for Naniamo; he then proceeded to the baggage room and instructed the officials to forward his baggage to Victoria. He kept no portion of it with him. On arriving at Naniamo he entered a carriage and was driven to the Chinese Methodist Mission where he remained for the rest of the day.

On the following day July 20th he left Naniamo at 8:40a. m. and proceeded to Victoria where he arrived at 12:40 p. m. He was accompanied by an Oriental attaché of the Oriental Chinese Mission with whom he entered a carriage and proceeded to the general merchandise store of Messrs. Yung Chang Li & Co. , Dealers in Chinese Medicines.

They remained here until 2 p. m. when they returned to the Methodist Chinese Mission where observation was continued until the remainder of the day but nothing further of importance was observed.

Investigations at the depot however disclosed the fact that his baggage had arrived and was then in the room on the wharf waiting his instructions.

On the following day July 21st the party in question accompanied by another Chinaman left the Mission and went to the Canadian Pacific Office and enquired for the date of departure of the Australian steamer for Honolulu as also for Yokohama when he elicited that the vessel for Yokohama left on August 2nd and for Honolulu on August 8th. On leaving here they went to the Bank of British Columbia where they transacted some business at the exchange and collection window and on leaving his companion handed the party in question some money.

They then proceeded to the store and residence of Yung Chung Ling & Co. , remaining about five minutes and on leaving another Chinaman accompanied them and all three proceeded to the wharf and asking for the truckman to transfer baggage.

They then walked by a circuitous route to the establishment of Yung Chun Ling & Co., the party in question always walking about a half a dozen paces in front.

Our representative also kept observation upon the baggage which was delivered to the above establishment.

It was also ascertained that one of the party referred to was named Chang and is believed to be a member of the firm in question, is well-to-do and at one time acted as agent for the C. P. Railway.

Observation was continued upon the premises of Yung Chang Ling & Co., Cormorant St., for the remainder of the day but nothing further of importance was observed.

July 22nd. The party in question remained in and about the establishment of Yung Chang Ling & Co., and did not go far away from the premises and during the evening remained entirely indoors.

One of our representatives conducted discreet enquiries in the Chinese quarter and it was elicited that the circumstances of his arrest in London were well know and furthermore that his object now is to organize all available forces which are allied against the government of China and for this purpose he may sail for Honolulu or Yokohama exchanging the intermediate tickets which he purchased in London for a first cabin, being a $ 100 difference, once in Yokohama will seek to enter China by some circuitous and secret route.

On the following day July 23rd he went round the town but in a disinterested way merely looking about finally returning to the house of his friends Yung Chang Ling & Co.

On July 24th the party in question left the premises of Yung Chang Ling & Co., accompanied by two other Chinaman and the party in question intended to go to Wellington and it was possible that the party in question might leave the country by some scout steamer from Wellington and proceed to some other part; additional representatives were engaged and the watch continued.

The party in question did not go to Wellington but left the train at Naniamo five miles this side when he visited the establishment of a Chinaman named Wong Wo. He did not go to the Chinese Mission as on his previous visit to this place.

At about 4 p. m. the party in question returned to the depot alone and without his valise and left on the train leaving soon after 4 p. m. for Victoria. Upon his arrival at Victoria he was met by the Chinaman who accompanied him from Naniamo on his first trip.

They proceeded direst to Yung Chang Ling & Co. , and were seen about the place several times during the evening but did not again leave.

From secret enquiries which have been conducted, it has been elicited that on arrival at Yokohama it is the intention of the gentleman in question to re-enter China secretly and reorganise the rebels with a view of bringing about the overthrow of the Government.

A cable has been received from our representative in which we are informed that the party in question sailed on August 2nd as cabin passenger on board the steamer "Empress of India" for Yokohama with his baggage consisting of two trunks, one package and one valise.

REPORT.

July 25—August 2，1897

SLATERS' DETECTIVE ASSOCIATION，

No. 1，BASINGHALL STREET，

LONDON，E. C.

re SUN YAT SEN

Continuing our report in the above matter we now beg to submit that on July 25th secret observation was continued upon the above party and during the day he was seen in the establishment of Messrs. Yung Chang Ling & Co.，wholesale dealers in Chinese merchandise，but he was not seen to leave during the day.

On the following day，July 26th，the party in question did not leave until 4 p. m. when he was attired in a stylish sack suit which he has not been previously seen to wear.

He walked about the town for about an hour and visited the Provincial Museum，after which he returned to the establishment of Messrs. Yung Chang Ling & Co.

July 27th. The party in question remained in and about the premises of Messrs. Yung Chang Ling & Co. until about 4 p. m. when he proceeded to the premises of Messrs. Wing Chang & Co. This is a sort of a general store for Chinese merchandise. They also make tents，awnings，etc.

He remained there for two hours engaged in conversation with the proprietor and it was noticed that they were very attentive to him and his conversation.

The following day，July 28th，the party in question remained in and about the establishment of Messrs. Yung Chang Ling & Co. and was not seen to leave the immediate vicinity of the establishment.

He had promised the Steamship Co. to see them again soon respecting the exchange of tickets, but did not call at the Office today.

On July 29th the party in question was not seen to leave the establishment of his friends during the whole of the day.

On the following day, July 30th, it was ascertained that the party in question had an interview with Mong Kow, Chinese agent of the C. P. S. S. Co., when he stated he would bring his ticket on Monday to be exchanged for a first cabin fare.

One of the parties who has been seen with the gentleman in question has been identified as Chen Sing Guy who is in charge of the Methodist Chinese Mission in Victoria.

On July 31st the party in question proceeded to the place known as Admirals Road, Victoria, where a Methodist Mission Meeting was being held. He was accompanied by a missionary of the Methodist Chinese Mission, but neither of them addressed the meeting. They left the ground together and the party in question accompanied the missionary home, after which he returned to the establishment of Messrs. Yung Chang Ling & Co.

On 1st August the party in question spent most of his time with his friend Chen Sing Guy at the Chinese Mission. Before the commencement of the evening service there he left the mission and returned to the place of his abode.

It was elicited that the party in question has not called at the steamship office but directs his business with the Company through his friend Mong Kow.

As however it was possible for him to leave the premises of Messrs.

Yung Chang Ling & Co. secretly, the outgoing train of steam-boats were watched so as to avoid the possibility of his getting out of the town unobserved.

On August 2nd about 11a. m. the party in question left the premises of Messrs. Yung Chang Ling & Co. and proceeded to the C. P. S. S. Office where he changed his intermediate ticket for a first cabin. He was referred by the clerk in the office to Mong Kow at the Custom House.

After he had left, our Representative saw the Intermediate ticket which he had surrendered and paid the $100 difference for better transportation.

The "Empress of India" was due to arrive at 7:30 p. m. but was late did not arrive until 8:30 p. m.

About 8 p. m. the party in question left the premises of Messrs. Yung Chang Ling & Co., and, accompanied by the members of the firm, entered a cab and was driven to the steamship dock.

His friend attended to the unloading and checking of his baggage which was marked "Y. S. Sun;" the ticket above referred to is also issued in the name of "Dr. Y. S. Sun."

When the ship arrived, the party in question noticed some prominent Japanese officials on board and called the attention of his friends to them.

On entering the ship the party in question was assigned to a state room, and after bidding his friend "good bye" the bell rang signalling the ship's departure.

It has been elicited that no Chinamen were returning on the vessel in question, but a number of prominent Japanese officials were on board who were returning home from the Queen's Jubilee.

A prominent Chinaman named Mow Chen in Victoria who was formerly agent for the C. P. S. S. Co., was discreetly interviewed, from whom it was elicited that the party in question was now en route to Yokohama to carry out some scheme which had been occupying his attention for a long time past in London, but nothing definite in respect thereto was elicited; and Mow Chen stated that the party in question had been studying medecine for two years past in London, and gave our Representative to understand that he intends practicing in the East.

SLATERS' DETECTIVE ASSOCIATION.

HENRY SLATER, Manager.

No. 1 BASINGHALL STREET,

LONDON, E. C.

12th August, 1927.

TO THE CHINESE MINISTER IN LONDON,

49 PORTLAND PLACE, W

DEAR SIR:

re SUN YAT SEN

Herewith we beg to enclose you the report as to the result of our representatives'operations in the above matter, by which you will see that the party in question has been closely shadowed during his journey to Victoria.

We shall, however, have some further particulars to submit to you respecting the later movements of the party in question and the result of enquiries which are being conducted more especially in reference to the plans which are being matured with respect to the proposed insurrection.

Faithfully yours,

(Signed) SLATERS.

RIOHMOND HOUSE,

49 PORTLAND PLACE, W.

CHINESE LEGATION,

August 17th 1897.

DEAR SIR:

In reference to your note of the 12th inst., I am directed be His Excellency Sir Chinchen Lofengluh, the Minister, to inform you that no further operations or inquiries re Sun Yat Sen are to be conducted, after he has left Vancouver.

Yours faithfully,

(Signed) T. Y. Lo,

Secretary of Legation.

HENRY SLATER, ESQ.,

1 BASINGHALL STREET, E.C.

附录八

司赖特侦探社前期侦察费清单（附信）

（按这是侦探社从一八九六年九月二十九日到一八九七年一月三十日工作的代价，共一百四十九磅十三先令。依照那时候的市价，不过国币一千余元。以后的侦探费清单，想去是伦敦中国使馆的职员，不曾寻着。）

E ASSOCL

HENRY SLATER，Manager.
No. 1，BASINGHALL STREET，
LONDON，E. C.
1st Feb. 1897.

TO HIS EXCELLENCY，
THE CHINESE MINISTER，
PORTLAND PLACE.
DEAR SIR：

　　We beg to acknowledge the receipt of your communication of 30th ulto. and herewith as desired enclose you our account for the confidential services rendered herein as also report as to the result of our operations.

　　We are still giving the matter our attention and will again

communicate with you in due course.

Thanking you in prospective,

Faithfully yours,

(Signed) SLATERS.

HIS EXCELLENCY,

THE CHINESE MINISTER IN LONDON.

TO: SLATER'S DETECTIVE ASSOCIATION

No. 1, BASINGHALL STREET, E. C.

1896.

re SUN YAT SEN

For confidential services rendered in the above matter.

Sept. 29 and 30th.

Representatives dispatched to Liverpool attending on the arrival of the S. S. "Majestic" when the party in question was identified and placed under secret observation.

Representatives at Euston Station attending on the arrival of the party in question, placing him under observation on his arrival in London. Including the out of pocket expenditure incurred for Railway fares to and from London for board and lodging &c. £ 10. 10. 0.

Oct. 1st 1896 to Jan. 30th 1897.

Observation at Haxell's Hotel Strand No. 8 Gray's Inn Place, 119 High Holborn, No. 12 High Holborn, 5 West Square, Gray's Inn, British Museum, no. 5 West Sq., Tower of London, 49 Portland

Place，46 Devonshire St.，Medical Schools，Chandos St.，No. 12 Albert Road，Regent's Park and elsewhere.

123 Days @ £1. 1. 0. per day

Necessary out pocket expenditure in London in keeping secret observation upon the party in question，cab fares，&c.

新人生观

导　读

　　1942 年及以后的几年间,在战时陪都重庆和西南大后方的其他城市,书店里有一本书受到青年们的追捧,畅销一时,短短五年中,竟连续再版多达 27 次。这本书就是《新人生观》,它是作者于抗战阶段献给时代儿女的一个"礼物"。

　　从 1932 年至 1941 年,罗家伦出任中央大学校长达十年之久。1937 年抗日战争全面爆发后,罗家伦带领全校师生溯江而上,西迁重庆,于艰苦的环境中书声依旧,弦歌不绝。他当时以这样一句名言激励师生:"我们抗战,是武力对武力,教育对教育,大学对大学;中央大学所对着的,是日本东京帝国大学。"

　　现代中国是社会大转变大动荡的时期,旧有的封建伦理体系崩溃,新的主导体系尚未形成。社会缺乏信仰,个人价值观流于涣散,是非难辨,良莠不齐。时值日军大举侵华,国难深重,民族存亡系于一线。

　　如何造就一代青年有着明确的目标和坚韧的毅力,能够与敌人抗衡,力救身处水火之中的祖国,这是一个值得深思的问题。在重庆的这段时间,罗家伦校长给学生作了一系列演讲,1942 年他把这些讲稿汇编成书,由商务印书馆出版,于是《新人生观》在危难中横空出世。

　　罗家伦的演讲就是基于当时严峻的现实和艰危的时局有感而发,旨在呼唤青年树立崇高的理想境界,建立科学的人生观和价值观,积极投身实践,做一个有利于民族和国家的人。

人生观是个人价值取向的主导。要更新国家,必先更新国民观念;而新观念能否实行,必须摈弃旧有思想,故罗家伦以此作为当时中央大学演说之题目,其用心良苦可见一斑。

该书所涉及的包含人生观的几个重点,如态度、价值、哲学、概念澄清等。作者从理想、智慧、人格、道德、思想等层面,阐述了中国社会的缺失,提出改进的方计,勉励时代青年积极进取,建立起一部战斗的人生观指南!他要求站在存亡绝续当口的同胞们,重新检视人生问题,追求生存意义及方式,培养积极的新观念。帮助学生树立"新人生观",倡导"道德的勇气"、"知识的责任"与"文化的修养",还有"侠,出于伟大的同情"等等,激励世人,催发奋进。

全书包含十六篇各自独立却又系统连贯的文章,既可让人分段欣赏,逐篇回味,又可一气读完,全面思索。罗家伦文采风流,所取的许多篇目标题极具感染力,一时成为大家口诵心系的名言,譬如:"弱是罪恶,强而不暴是美"、"扭开命定论与机械论的锁链"等。直扣人生现实,在观念上激浊扬清的篇章,包括"悲伤与乐观"、"目的与手段"、"荣誉与爱荣誉"、"学问与智慧"等。另外,还有词意恳切、充满殷殷期许的内容,像"知识的责任"、"运动家的风度"。

《新人生观》只是一篇演讲稿及杂谈的辑录,然而就是这样一本书,作者谈得自如,读者看得清新。只要翻开第一页,恨不能一气呵成读完全书,令人爱不释手。其丰富的思想内涵,为处在颠沛流离艰难困境中的那一代人提供了强大的精神力量,影响着他们的人生。全书文字流畅,感情激昂,处处洋溢着清新、明快、鲜活、向上的气息。它深入浅出,有据有论,雄辩滔滔,分析得当,比之陈腐说教生动,比之庄严训导活泼。

罗家伦在阐述内容时采用了多种方式,以达成效。譬如,举例说明是一种生动的说理方式,在书中,我们看到了许多这样的内容。同样,对比在演讲中亦是常用的方式,作者通过相关概念的比较,让人一目了然。演讲运用口语进行传播,需要明晰的表达,在罗家伦的条分缕析中,观点不言自明。演讲中罗家伦还时而穿插外语,旁征博引、中西互见,这种言说方式很有说服力和穿透性。所有这一切都反映出罗家伦的学术素养,不仅思维缜密,逻辑性强,且天生就是一个演讲者和鼓动家。聆听,静静地聆听;鼓掌,热烈的鼓掌;收获,丰厚的收获。学生们在念念不舍中送走罗校长,又急不可待地期盼他下一次的到来。

综观全书,作者由"建立新人生观",至"信仰、理想、热忱"结束,以有尽之言表无穷之意,其用心在于"重新估定生命的价值表",把他认为"中国民族思想和生命中"缺少或贫乏的部分,特别提出来探讨及发挥,以除旧布新。

罗家伦不只是历史学家,更是一位卓越的教育家。他曾说:"我们要生存,我们更要有意义的生存。"本书即是融合简明理论和现实生活为肇始,从文化和环境中着手,终及个人生命和国家的生存,不失为一部励志宝典。一次次的脱销,一次次的加印,就是明证。

唤醒世道人心,向来是中国文人写作的一个出发点、一个试图抵达的目的地,即所谓文以载道。五四以来,中国的知识分子增强了这种启蒙意识,关注青年的人生问题,给以切实而不肤浅的启示与指导,成了他们的一种社会责任感。作为五四运动的亲历者、大学校长和教育家,罗家伦的这种启蒙意识就更加强烈,他自觉地充当起人生导师这一角色,把培养教育学生看作自己义不容辞的责任,而这是与古人"风声雨声读书声,声声入耳;家事国事天下事,事事关心"的入世精神一脉相承。加之罗家伦充满思想家的激情和哲理,诗人般的浪漫与文采,就使得这本书更具鼓动性和亲和力。罗家伦的好友,当年北大图书馆馆长毛子水认为:"可能他这本书对社会的贡献比他别的工作要大。"事实上,这才是文化传承的本质意义所在。

《新人生观》就像一扇敞开心扉的大门,通往知识分子深邃的精神世界,其丰富内涵给读者留下思索与想象的广阔空间。台湾作家龙应台曾在一篇文中写道:"我不知道有多少当时的知识青年是拿那本薄薄的《新人生观》来作馈赠情人的生日礼物的。"可见,它的魅力所在。

今天,市面上随处可见"人生哲学"、"心灵鸡汤"之类的书,但很快成明日黄花,凋零得无影无踪。而《新人生观》面世于 1942 年,至今已一个多甲子,却没有随着那个时代而消逝,光彩依旧,具有不凡的现实意义。这是因为那一代优秀的知识分子,即使是面向一般青年读者的书籍,同样凝聚了他们深厚的学养和亲历的体验。惟其深厚而不浅薄,惟其切身而不空泛,所以它们的生命力才如此持久,留有余香。

更重要的或许还在于,在对青年的关切和祈盼中,包含着对整个民族的关怀。对青年的指示和引导,同时也意味着民族的复兴与重建,意味着文化的传承和精神的塑造。这正如罗家伦所热切呼吁的:"我们对于青年,现在最不可使他们失望,使他们丧失民族的自信心。"

自　序

　　浩荡成江的鲜血，滂沱如雨的炸片，时代掀起的亘古未有之洪涛，能不使我们，站在存亡绝续关口的我们，对于整个的人生问题，有一度新的审查和领悟？

　　我们要生存，我们更要有意义的生存，所以我们那能不追求生存的意义，和达到这有意义的生存的方式？

　　在这真实空时构成的创造的宇宙里，我们的生命是动的，真实的，更是创造的。我们的思想不能开倒车。我们不能背着时代后退，我们也不能随着时代前滚，我们要把握住时代的巨轮，有意识的推动他进向我们光辉的理想。

　　我们要挥着慧剑，割去陈腐。我们要廓清因循，颓废，软弱，依赖，卑怯，和一切时代错误的思想——生命的毒菌。不但是打扫地方为了培养新的肌肉，而且是期待长成新的骨干。

　　这伟大的时代需要我们有力的思想，有力的行为，有力的生命。

　　自从神圣抗战发动以来，我就开始想做一点积极的思想工作。我写这部《新人生观》的时候，不想照传统的写法，分门别类的论列人生哲学的各部分。我只想把中国民族思想和生命中，我认为缺少或贫乏的部分，特别提出来探讨，来发挥。但是写成以后，也自成一个系统。

　　讲人生哲学，要是使他理论的基础稳固的话，不能不有他在玄学——形而上学——上的根据。这一点我那里敢忽视。

　　这部书里的十六章,本是我于中央大学西迁以后,对全校的一套系统演讲。也曾在刊物上登载过几篇。现在重新写定,成为专书。我断不敢希冀前哲在围城中讲学的高风,但是这十六章却章章都是讲完和写完在敌机威胁的期间,有时还在四周围火光熊熊之中。

　　我断不敢说这部书是表现一种有力的思想,我只敢说这是我个人用过气力去思想的一点结果。我是根据自己知道的深信,以充分的热忱写出来的,自然我也希望国人能得到同样的深信。

　　这一件不是泛泛的礼物,敬以献给有肩膊,有脊骨,有心胸,有眼光而有热忱的中华儿女,尤其是青年。

　　　　　　　　　——中华民国三十一年元旦,陪都重庆,罗家伦

第一讲　建立新人生观

　　建立新人生观，就是建立新的人生哲学。人生哲学在英文叫做 Philosophy of life，在德文则为 Lebensanschauung，正是人生观的意义。他是对于生命的一种透视（Insight），也可说是对于整个人生的一种灼见。人生的意义是什么？我们应该做怎样一种人？这些问题，我们今天不想到，明天不定会想到；一个月之内不想到一次，一年之内不定会想到一次。想到而不能解答，便是人生的大危机。若是永不想到的人，这真是醉生梦死，虚度一生的糊涂虫了。想到而要求适当的解决，那就非研究人生哲学不可。我们本是先有人生而后有人生哲学，正如先有饮食而后才有医学里的营养学。但是既有人生哲学以后，人生就免不了受他的影响。也只有了解人生哲学的人，对于人生才觉得更有意义，更有把握，更有前途。不但学社会科学的人应当了解，学自然科学的人也应当了解；广义的说，凡是做人的人都应该了解。普通种田的农夫，尚且根据传下来的经验，有所谓拇指律（Rule of the thumb），为一生做人的准则，何况知识与理性都已发展到高度的青年？

　　在现时代，人生哲学更有他重要的意义和使命。因为在这时代，旧道德标准都已动摇，而新的道德标准尚未确立，一般青年都觉得徬徨，都觉得迷惑，往往进退失据。而陷于烦闷与苦恼的深渊。在中国有此情形，在外国也是一样。外国从前靠宗教信仰维系人心。现在宗教信仰已经动摇。而新的信仰中心也未树立，在青黄不接的时代，更显出许多迷路的羔羊。读李勃曼（Walter Lippmann）《道德序言》（*Preface of Morals*）一书，知中外均有同感。因此在这个时代更有应重新估定生命的价值表，以建立新的人生哲学之必要；否则长久在烦闷苦恼之中，情绪日渐萎缩，意志日渐颓唐，生活自然也日渐低落。茅盾所著三部曲，一曰《动摇》，二曰《追求》，三曰《幻灭》。这三个名词，很足形容这时代青年心理的动向和惨态。现在旧的已经动摇了，大家拼命去追求新的，如果追求不到，其结果必归幻灭。幻灭是何等凄惨的事！有思想责任的人，对于这种为"生民立命"的工作，能够袖手旁观吗？

要建立新的人生哲学，首先要明白他与旧的人生哲学，在态度上至少有三种不同。有了不同的态度，才能对于新的生命价值表加以估定。

首先要认定的是新的人生哲学不是专讲"应该"（Ought），而是要讲"不行"（Cannot）。旧的人生哲学常以为一切道德的标准，都是先天的畴范，人生只应该填塞进去。新的人生哲学则不持先天畴范之说，而只认为这是事实的需要，经验的结晶。应该不应该的问题较空，成不成，要得要不得的问题更切。譬如拿文法的定律来说，本不是先有文法而后有文字，文法只是从文字归纳出来的。文法的定律并不要逼人去遵守他，但是你如果不遵守他，你就不能表白意思，使人了解。你自己用文字来达意表情的目的，竟由你自己打消。所以这是不成的，就是要不得的，也就是所谓"不行"的。

其次新的人生哲学不专恃权威（Authority）或传统（Tradition），乃要以理智来审查现实的要求和生存的条件。权威和传统并不是都要不得，只是不必盲目的全部接受。我们要以理智和经验去审察他，看他合于现代生命的愿望，目的，以及求生的动态与否。这不是抹煞旧的，而是要重新审定旧的，解释旧的。旧的是历史，历史是潜伏在每人的生命细胞之内，不但不能抹煞，而且想丢也是丢不掉的；但是生命之流前进了，每个时间的阶段都有他的特质。镕铸过去，使他成为活动的过去，为新生命中的一部分，才能适合并提高现实生存的要求。

还有一层，新的人生哲学不专讲良心良知，而讲整个人生及其性格风度的养成,并从经历和习惯中树立其理想的生活。他不和旧的一样,专从良心良知中去求判别是非的标准,以"明心见性"去达到佛家所谓"身是菩提树,心如明镜台"的地步。他更不是建筑在个人的幻想,冲动,或欲望上面。他要从民族人类的历史中,寻出人与人的关系,以决定个人所应该养成的性格和风度。他是要从个人高尚生命的实现中,去增进整个的社会生活与人类幸福。觉得如此。方不落空。

新的人生哲学根据这三种的态度以重定生命的价值表,以建立新的人生观。他并不否认旧的一切价值,乃是加以必要的改变而已。他把旧的价值,重新估计以后,成为新的价值标准,以求人生的实现,更丰富和美满的实现。这才是真正"价值的转格"(die Unwertung aller Werte)。

我们不只是要求人生更丰富更美满的实现,我们还要把人生提高。平庸的生活,是不值得活的。我们要运用我们的生力,朝着我们的理想,不但使我们的生命格外的崇高伟大,庄严壮丽,而且要以我们的生命来领导,带起一般的人,使他的生命也格外的崇高伟大,庄严壮丽,所以我们要根据新的人生哲学态度,建立三种新的人生观:

第一是动的人生观　宇宙是动的,是进行不息的;人生是宇宙的一部分,所以也是动的,进行不息的。希腊哲学家海瑞克莱图斯(Heracleitus)说:"你不能两次站在同一个河里。"孔子在川上说:"逝者如斯夫,不舍昼夜。"都是这个道理。何况近代物理学家更告诉我们电子无时无刻不在震荡的道理。人生在宇宙中间,还能够停止,不运用自己的生力去适应宇宙的动吗?不能如此,便是"贼天之性"。何况人群的竞争,异常剧烈,你不动,他人动,你就落伍。落伍是生命的悲剧。中国受宋儒"主静主敬"学说的流毒太深了。这种学说里面,本来含着一部分印度佛教的成分,是与孔墨力行的宗旨违背的。我们要把静的人生观摔得粉碎,重新建立动的人生观来。

第二是创造的人生观　我所谓动,不是盲动,是有目的的动,有意识的动。是前进的动,不是后退的动。这就是我们创造性的发挥。我们不只是凭自力创造,而且要运用自力,以发动和征服自然的能力来创造。譬如宇宙间无穷的电力，我们以智慧来驱使他发光发热，供一切人生的需要，这个就叫创造的智慧。人类之有今日，是历代先哲创造的智慧所积成的。我们不能发挥创造的智慧，不但对不起自己的人生，而且对不起先哲心血积成的遗留。保守成功吗？保守就是消耗、衰落、停滞、腐烂与毁灭。又如前代的美术创造品，是有伟大的，特出的，设如你不把他吸收孕育到自己的创造的智慧里去，再来努力创造，而专门宝藏旧的，那不但旧的不能成为新人生的一部分，（我们至多不过享受而已，）而且新的伟大的美术作品永远不会出来。保守的方法无论如何好，旧的因为时间的剥蚀，总有销毁的一天。纵不销毁，那伟大的创作，终久是前人的创作，前时代的创作，有限的创作，而不是本人的创作，现时代的创作，无限的创作。我们不但要"继往"，更加要"开来"！

第三是大我的人生观　我们不要看得人生太小了，太窄了。太小太窄的人生是发挥不出来的。他一定像没有雨露的花苞，不但开不出来，而且一定萎落，一定僵死。我们所以有现在，是多少人的汗血心血培成的。就物质而言，则我们吃的穿的走的住的，那一件不是农夫工人商人工程师发明家这一般广大的人群所贡献。就精神的粮食而言，那一项伟大崇高的哲学思想，美丽谐和的音乐美术，心动神移的文学作品，透辟忠诚的历史记载，凡是涵煦覆育着我们心灵生活的，不是哲人杰士的遗留。我们负于大社会的债务太多了。只有藉他们方能充实形成小我。反过来也只有极力发挥小我，扩充小我，才能实现大我。为小我而生存，这生存太无光辉，太无兴趣，太无意识。必须小我与大我合而为一，才能领会到生存的意义。必须将小我来提高大我，推进大我，人群才能向上，不然小我也不过是洪流巨浸中的一个小小水泡，还有什么价值？这就是大我人生观的真义。

人生观不是空悬，是要藉生活来实现的。不是身体力行，断不能领会这种人生观的意味，维持他的崇高。所以要实现这三个基本的人生观，必要靠以下三种的生活方式。

第一是力的生活　宇宙没有力如何存在？人生没有力如何生存？萎

靡柔懦是人生的大敌。力是生机的表现，是自强不息的活动，是一种向上的欲望。你愿意人叫你软骨动物吗？做人不但要有物质的力，而且要有精神的力。不但行为要有力，而且思想也要有力。有力方才站得住，行得开。科学的好处就在不但能利用自己的力，而且能利用宇宙的力。我们对宇宙的力要能储蓄待用，对自己的力也要储蓄待用。不要轻易的发泄，还要留作伟大的发挥。我们不要忘了，生命就是不断向上向外向前的努力。

第二是意志的生活　在这种沉迷沦陷于物质生活的人群中，有几人能实行意志的生活，能领会这种生活的乐趣？不说超人，恐怕要等那特立独行的人罢！非是坚苦卓绝的人，怎配过意志的生活？因为这生活不是肉感的，不是享受的，生命的扩大，那能不受障碍，障碍就是意志的试验。意志薄弱的见了困难就逃了，只有意志坚强的人才能运用"力"征服过去。经过痛苦是常事。只有痛苦以后得的甜蜜，才是真有兴趣的甜蜜。但是平庸的人能了解吗？意志坚强的人，绝对不怕毁灭，而且自己能够毁灭，毁灭以后，自己更能有伟大的创造，所以战争是意志的试金石。我常论战争说，开战以前计较的是利害的轻重，开战以后计较的是意志的强弱。这就是胜负的关键！不但是有形的军队战争如此，一切生存的战争，也是如此。平庸的，退却的，失败的锁链，只有坚强的意志才能扭开。

第三是强者的生活　能凭藉意志去运用力量以征服困难的生活。非强者的生活而何？我所谓强，是强而不暴的强。是"天行健君子以自强不息"的强。强的对面是弱。摇尾乞怜，自己认为不行，便是弱者的象征。强者的象征就是能在危险中过生活。他不但不怕危险，而且乐于接受危险。他知道战争是不能躲避的，所以欢乐的高歌而上战场。他的道德信条是强健，勇猛，无畏，正直，威严，心胸广大，精神奋发。他最鄙视的是软弱，柔靡，恐惧，倚赖，狭小，欺骗，无耻。他因为乐于危险的生活，所以他不求安全。古人说"磐石之安"，但是磐石不是有生命的。无生命的生活，过一万年有什么意思？况且求安全是不可能的事。安全由于平衡，生命那有固定的平衡，因为你发展，人家也发展，只有以你自己的发展，来均衡人家的发展,才能得比较的安全。能够如此,才能操之在我。所以他永远是主人,不是奴隶。

我上面说过这三种生活,都是要靠身体力行的。前人说"书生误国总空谈",空谈不但误国,也是误己。坐谈何如起行! 生命是进取的,不是等候的。生命是挟着时间前进的,时间那容等候? 柏格森说得好:"对于一个有意识的生命,生就是变,变就是成熟,成熟就是不断的创造自己。"所以我们要赶着每一个变动,增加自己生存的力量。

要创造一个新的生命,新的秩序,必须要先创造一个新的风气,这就要靠开风气之先和转移一世风气的人。社会的演进,本不是靠多数沉溺于现在的溷潴的人去振拔的,而是靠少数特立独行出类拔萃的人去超度的。后一种的人对于这种遗大投艰的工作,不只是要用思想去领导,而且要以实行的榜样去领导。看遍历史,都是这样,所以孔墨都是力行的先哲。明季的颜习斋李恕谷一般人更主张极端的力行。就拿近代的曾国藩来说,他帮清廷来平太平天国,我们并不赞成;但是当吏偷民惰,政治社会腐败达于极点的时候,能转移一时风气,化乱世而致小康,实在有人所难能的地方。他批评当时的吏治是"大率以畏葸为慎,以委靡为恭。京官之办事通病有二,曰畏缩,曰琐屑;外官之办事通病有二,曰敷衍,曰颟顸"。所以当时到了"外面完全而中已溃烂"的局面。他论当时的军事,引郑公子突的话,说是"胜不相让,败不相救,轻而不整,贪而不亲"。他感慨当时的世道人心是"无兵不足深忧,无饷不足痛哭,唯求一攘利不先,赴义恐后,忠愤耿耿者不可亟得……殊堪浩叹"。他并不如一般人所想象,以为是一个很谨愿的人,反之他是一个很聪明而很有才气的人,不过他硬把他的聪明才气内敛,成为一种坚韧的毅力,而表面看过去像是一个忠厚长者。他凭藉罗泽南在湖南讲学的一个底子,又凭自己躬行实践号召的力量,结合一班湖南的书生,居然能转移风气,克定大难,为满清延长了几十年生命。(他转移军队风气的一个例,很值得注意。他不是说当时军队"败不相救"吗?他以"千里相救"为湘军"家法",所以常常打胜仗。)一个曾国藩在专制政体的旧观念之下,还能以躬行实践,号召一时,何况我们具有新的哲学深信,当着这国家民族生存战争的重大关头?

在这伟大的时代,也是颠播最剧烈的时代,确定新的人生观,实现新的生活方式,是最迫切而重要的事。方东美先生说:"中国先哲遭遇民族的大难,总是要发挥伟大深厚的思想,培养溥博沈雄的情绪,促我们振作精神,努力提高品德,他们抵死推敲生命意义,确定生命价值,使我们脚跟站得住。"当拿破仑战争时代,德国的哲学家菲希特(Fichte)讲学发表《告德意志民族》一书,也是这个意思。现在有如孤舟在大海一样,虽然黑云四布,风浪掀天,船身摇动,船上的人衣服透湿,痛苦不堪,只要我们在舵楼上脚跟站稳,望着前面灯塔的光明,沈着的英勇的鼓着时代的巨轮前进,终能平安的扁舟稳渡。这一点小小的恶作剧,不过是大海航程中应有的风波!

第二讲　道德的勇气

要建立新人生观，第一必须养成道德的勇气（Moral courage）。道德的勇气是和通常所谓勇（Bravery）有区别的。通常所谓勇不免偏重体力的勇，或是血气的勇；而道德的勇气，乃是人生精神最好的表现。"匹夫之勇"与"好勇斗狠"的勇，那能相提并论？

什么是道德的勇气？要知道什么是道德的勇气，就要先知道什么不是道德的勇气。第一，冲动不属于道德的勇气。冲动的行为是感情的，不是理智的；是一时的，不是持久的。他不曾经过周密的考虑，审慎的计划，所以不免"一鼓作气，再而衰，三而竭"。他的表现是暴烈（Violence），暴烈是与坚毅（Tenacity）成反比例的。暴烈愈甚，坚毅愈差。细察社会运动的现象，历历不爽。第二，虚矫也不属于道德的勇气。虚矫的人，决不能成大事。所谓"举趾高，心不固矣"。我们所要的不是这一套，我们所要的是"临事而惧，好谋而成"。对事非经实在考虑以后，决不轻易接受，而一经接受，就要咬紧牙根，以全力干到底。他所有的勇气，都是经内心锻炼过的力量，以有程序的方式表现出来的。举一例来说明罢。我有一次在美国费勒得菲亚（philadelphia）城，看一出英国文学家君格瓦特尔（John Drinkwater）的历史名剧，叫做《林肯》（Abraham Lincoln）。当林肯被共和党推为候选大总统的时候，该党代表团来见他，并且说明因为民主党内部的分裂，共和党的候选人是一定当选的。他听到这个消息，沈默半响，方才答应。等代表团走了以后，他又一声不响的凝视壁上挂的一幅美国地图。看了许久,他严肃地独自跪在地图前面祈祷。我看完以后,非常感动,回到寄住的人家来,半夜不能睡觉。心里想假如一般中国人听到自己能当选为大总统的消息,岂不要眉飞色舞,立刻去请客开跳舞会吗?中国名剧《牡丹亭》中,写一位教书先生陈最良科举中了,口里念到:"先师孔夫子,犹未见周王,老夫陈最良,得见圣天子,岂偶然哉!岂偶然哉!"于是高兴得满地打滚。但是林肯知道这可以当选为大总统的时候,就感觉到国家重大的责任落在他双肩上了,这不是一件容易的事,不是一件可快乐的事。凝视国家的地图,继之以跪下来祈祷。这是何等相反的写照!

道德的勇气是要经过长期锻炼才会养成的。但是要养成道德的勇气,必定要有两个先决条件:第一是天性的敦厚,第二是体魄的雄健。就第一个条件说,一个人有无作为,先要看他的天性是否敦厚。不要说看人能否担当国家大事,就是我们结交朋友,也要先认定他天性是敦厚还是凉薄,才可以判断他能不能共患难。凡对自己的亲属都刻薄寡恩的人,是决不会对于朋友笃厚忠诚的。自然这样的人,也决不会对于国家特别维护,特别爱戴的,所以古来许多大政治家用人的标准,是宁取笨重,而不取小巧。倒是乡间的农夫,看来虽似愚笨,却很淳朴诚恳,到患难的时候讲朋友。只有那戴尖顶小帽,口齿伶俐,举动漂亮的人,虽然一时讨人欢喜,却除了做"小官僚",做"洋行小鬼"而外,别无可靠之处。就第二个条件说,则体力与胆量关系,实在密切极了。二者之间,系数极大。体力好的人不一定胆子大;体力差的人,却常常易于胆子小。一遇危难,仓皇失措,往往是体力虚弱,不能支持的结果。《左传》形容郑国的小驷上阵,是"张脉奋兴,阴血周作,进退不可,周旋不能",所以把战事弄糟了,骑在上面的国王,也就误在这马的身上。马犹如此,人岂不然。我相信胆子是可以练得大的,但是体魄是胆子的基本。担当大事的人可以少得他了吗?

具备这两个先决条件,然后才可以谈到如何修养道德的勇气。修养就是把原来的质素加以有意识的锻炼。孟子所谓"天将降大任于是人也,必先苦其心志,劳其筋骨,饿其体肤,空乏其身,行拂乱其所为,所以动心忍性,增益其所不能",正是对于修养工作最好的说明。从这种修养锻炼之中，才可以养成一种至大至刚的"浩然之气"，一种"泰山崩于前而色不沮，黄河决于侧而神不惊"的从容态度；修养到了这个地步，道德的勇气才可以说是完成。但是有什么具体的办法，来从事于这种修养呢？

（一）知识的陶镕 真正道德的勇气，是从知识里面产生出来的，因为经过知识的磨炼而产生的道德的勇气，才是有意识的，而不是专恃直觉的。固然"是非之心，人皆有之"，但这还是指本性的，直觉的方面而言。在现代人事复杂的社会里，一定要经过知识的陶镕，才能真正辨别是非，才能树立"知识的深信"（Intellectual Conviction）。知识的深信，是一切勇气的来源，唯有经过严格知识的训练的人，才能发为有系统，有计划，有远见的行动。他不是不知道打算盘，只是他把算盘看透了！

（二）生活的素养 仅有知识的陶镕还不够，必须更有生活的素养。西洋哲学家把简单的生活和高超的思想（Simple living and high thinking）联在一起说，实在很有道理。没有简单的生活，高超的思想是不能充分发挥的。社会上有些坏人，并不是他们自己甘心要坏的，乃是他的生活享受的标准，一时降不下来，以致心有所蔽而行有所亏。那占有欲（Possessive instinct）的作祟，更是一个重大原因。明末李自成破北京的时候，有两大臣相约殉国。两个人说好了。一个正要辞别回家，这位主人送客出门，客还没有走，就问自己的用人喂了猪没有。那位客人听了，就长叹一声，断定他这位朋友不会殉国。他的理由是世间岂有猪都舍不得而肯自己殉国之理。后来果然如此。中国还有一个故事，说一个贪官死去，阎王审问他的时候说："你太贪了，来生罚你变狗。"他求阎王道："求阎王罚我变母狗，不要变公狗。"阎王说："你这个人真没有出息，罚你变狗你还要变母狗，这是什么道理？"他说："我是读过《礼记》的，《礼记》上说，临财母狗得，临难母狗免，所以我要变母狗。"原来他把原文的"毋苟"二字读"母狗"，以为既可得财，又可免难。这虽是一个笑话，却是对于"心有所蔽"而不能抑制占有欲者一个最好形容。须知一个人的行动，必须心无所蔽，然后在最后关头，方可发挥他的伟大。这种伟大就是得之于平日生活修养之中的。

（三）意志的锻炼　普通的生活是感觉的生活（Life of senses），是属于声色香味的生活，而不是意志的生活（Life of will）。意志的生活，是另一种境界，只有特立独行的人才能过得了的。他有百折不回的意志，坚韧不拔的操行，所以"举世誉之而不加劝，举世毁之而不加沮"。他有"虽千万人吾往矣"的气概，所以悠悠之口，不足以动摇他的信念。他能以最大的决心，去贯彻他的主张。他是"富贵不能淫，贫贱不能移，威武不能屈"的；他不但"不挟长，不挟贵"，而在这个年头，更能不挟群众，而且也不为群众所挟。他是坚强的，不是脆弱的。所以他的遭境愈困难，而他的精神愈奋发，意志愈坚强，体力愈充盈，生活愈紧张。凡是脆弱的人，最后都是要失败的。辛亥革命的时候，《民立报》的一位编辑徐血儿，以二十岁左右的青年，做了《七血篇》，慷慨激昂，风动一时。等到二次革命失败，他便以为天下事不可为了，终日花天酒地，吐血而死，成为真正的"血儿"。这就是意志薄弱，缺乏修养的结果。至于曾国藩一生却是一个坚强意志的表现。他辛辛苦苦，接连干了十几年。虽然最初因军事败衄要自杀两次，但是他后来知道困难是不可避免的，唯有以坚强的意志去征服困难，才有办法，所以决不灰心，继续干下去。等到他做到了靭的功夫，他才有成就。

（四）临危的训练　一个伟大的领袖和他伟大的人格，只有到临危的时候，才容易表现出来。世界上那一个伟大的人物，不是经过多少的危险困难，不为所屈，而后能够产生的？俗语说："老和尚成佛，要千修百炼。"修炼的时候，是很苦的。时而水火，时而刀兵，时而美女，一件一件的来逼迫他，引诱他。要他不为所屈，不为所动，而后可以成佛。这种传说，很可以形容一个伟大人物的产生。……中国人常说："慷慨成仁易，从容就义难。"张睢阳临刑前说："南八，男儿死耳，不为不义屈。"这种临危的精神，是不因为他死而毁灭的。黄黎洲先生在他的《补历代史表序上》他一段文章说："元之亡也，危素趋报恩寺，将入井中。僧大梓云，'国史非公莫知，公死是死国之史也。'素是以不死。后修元史，不闻素有一词之赞。及明之亡，朝之任史事者众矣，顾独藉一万季野以留之，不亦可慨也夫！"这段沉痛的文字，岂仅指危素而言，也同时是为钱谦益辈而发。要知不能临危不变的人,必定是怯者,是懦夫。只有强者才不怕危险,不但不怕危险,而且爱危险,因为在危险当中,才能完成他人格充分的发挥。

中国历史上,有不少伟大的人物,如文天祥、史可法等,是可以积极表现道德的勇气的。十年以前,我和蒋先生闲谈。我说,我们在开国的时候,何必多提倡亡国成仁的人物,和文天祥史可法诸位呢?蒋先生沉默了一会,他说:"文天祥不可以成败论,其百折不回,从容就义的精神,真是伟大!"我想文天祥的人格,行为,及其留下的教训,现在很有重新认识的必要。他最初不见用于乱世,等到大局不可收拾的时候,才带新兵二万入卫,元朝伯颜丞相兵薄临安,宋朝又逼他做使臣去"讲解"。他以抗争不屈而被拘留。他的随从义士杜浒等设计使他逃出,准备在真州起两淮之兵,又遭心怀疑贰的骄兵悍将所扼,几乎性命不保,逃至扬州,旋逃通州。路遇伏兵,饥饿得不能走了;杜浒等募两个樵夫,把他装在挑土的竹篮中抬出。航海到温州起兵;转到汀州、漳州,经广东梅州而进兵规复江西。汉奸吴浚来说降他,他把吴浚杀了。江西的会昌、雩都、兴国、抚州、吉安,和庐陵的东固镇都有他的战绩。他的声势,一度振于赣北和鄂南。兵败了,妻子都失陷了,他又重新逃回到汀州,再在闽粤之间起兵;又由海丰,南嵿打出来,在五坡岭被执。自杀不死,路过庐陵家乡绝食不死;解到燕京,元人起初待以上宾之礼,说降他,以丞相的地位引诱他,他总是不屈,要求元朝杀他。若是不杀他,他逃出来,还是要起兵的。元朝也为这个理由,把他杀了。他在狱中除作了《正气歌》之外,还集杜诗二百首,这是何等的镇静!何等的从容!他就刑时候的"孔曰成仁,孟曰取义,惟其义尽,所以仁至。读圣贤书,所学何事?而今而后,庶几无愧!"几句话,不独留下千秋万世的光芒,也是他一生修养成功的"道德的勇气"的充分表现。他本来生活是很豪华的,经国难举兵以后,一变其生活的故态。他的行为,有两件特别可注意的事。第一是他常是打败仗而决不灰心。当然他是文人,兵又是乌合之众的义兵,打败仗是意想得到的。但是常打胜仗,间有失败而不灰心还容易;常打败仗而还不灰心,实在更困难。这是"知其不可而为之"的精神。第二是他常逃,他逃了好几次;但是他逃了不是去偷生苟活,他逃了还是去举兵抗战的。这种百折不回的精神,是表现什么一种勇气? 做事只要是对的,成败有什么关系?"若夫成功则天也",也是他最后引以自慰的一句话。文天祥出来太晚了! 文天祥太少了! 若是当时人人都能如此,元朝岂能亡宋? 所以文天祥不但是志士仁人,而且是民族对外抗战的模范人物!

必须有准备殉国成仁的精神,才能做建国开基的事业,进一步说,若是真有准备殉国成仁的精神,一定能完成建国开基的事业!

"时穷节乃见,——垂丹青!"

第三讲 知识的责任

要建立新人生观,除了养成道德的勇气而外,还要能负起知识的责任(Intillectual responsibility)。本来责任是人人都有的,无论是耕田的,做工的,从军的,或者是任政府官吏的,都各有各的责任。为什么我要特别提出"知识的责任"来讲? 知识是人类最高智慧发展的结晶,是人类经验中最可珍贵的宝藏,不是人人都能取得,都能具备的;因此凡有求得知识机会的人,都可说是得天独厚,享受人间特惠的人,所以都应该负一种特殊的责任。而且知识是精神生活的要素,是指挥物质生活的原动力,是我们一切行为的最高标准。倘使有知识的人不能负起他的特殊责任,那他的知识就是无用的,不但无用,并且受了糟蹋。糟蹋知识是人间的罪恶;因为这是指阻碍或停滞人类文化的发达和进步。所以知识的责任问题,值得我们加以严重的注意。我们忝属于所谓知识分子,尤其觉得这是一个切身问题。

所谓知识的责任,包含三层意义:

第一是要有负责的思想 思想不是空想,不是幻想,不是梦想,而是搜集各种事实的根据,加以严格逻辑的审核,而后构成的一种有周密系统的精神结晶。所以一知半解,不足以称为成熟的思想;强不知以为知,更不能称为成熟的思想。思想是不容易成立的;必须要经过逻辑的陶镕,科学的锻炼,凡是思想家,都是不断的劳苦工作者。"焚膏油以继晷,恒兀兀以穷年。"他的求知的活动,是一刻不停的,所以他才能孕育出伟大成熟的思想,以领导一世的思想。思想家都是从艰难困苦中奋斗出来的。他们为求真理而蒙受的牺牲,决不亚于在战场上鏖战的牺牲。拿科学的实验来说,譬如在实验室里试验炸药的人,被炸伤或炸死者,不知多少。又如到荒僻的地方调查地质,生物,人种的人,或遇天灾而死,或染疾而死,或遭盗匪蛮族杀害而死的,也不知多少。他们从这种艰苦危难之中得来的思想,自然更觉得亲切而可以负责。西洋学者发表一篇学术报告或论文,都要自己签字,这正是负责的表现。

其次是除有负责的思想而外,还要能对负责的思想去负责。思想既是不易得到的真理,则一旦得到以后,就应该负一种推进和扩充的责任。真理是不应埋没的,是要发表的。在发表以前,固应首先考虑他是不是真理,可不可以发表;但是既已考虑发表以后,苟无新事实新理论的发现和修正,或是为他人更精辟的学说所折服,那就应当本着大无畏的精神把他更尖锐地推进,更广大地扩充。我们读西洋科学史,都知道科学家为真理的推进和扩充而奋斗牺牲的事迹,真是"史不绝书"。譬如哥白尼(Copernicus)最先发现地动学说,说太阳是不动的,地球及其他行星都在他的周围运行,他就因此受了教会多少的阻碍。后来白兰罗(Bruno)出来,继续研究,承认了这个真理,极力传播,弄到触犯了教会的大怒,不仅是被捕入狱,而且被"点天灯"而死。盖律雷(Galileo)继起,更加以物理学的证明,去阐扬这种学说,到老年还铁锁锒铛,饱受铁窗的风味。他们虽受尽压迫和困辱,但始终都坚持原来的信仰,有"鼎镬如甘饴,求之不可得"的态度。他们虽因此而牺牲,但是科学上的真理,却因为他们的牺牲而确定。像这种对于思想负责的精神,才正是推动人类文化的伟大动力。

再进一层说,知识分子既然得天独厚,受了人间的特惠,就应该对于国家民族社会人群,负起更重大的责任来。世间亦唯有知识分子才有机会去发掘人类文化的宝藏,才有特权去承受过去时代留下最好的精神遗产。知识分子是民族最优秀的份子,同时也是国家最幸运的宠儿。如果不比常人负更重更大的责任,如何对得起自己天然的秉赋? 如何对得起国家民族的赐予? 又如何对得起历代先哲的伟大遗留? 知识分子在中国向称为"士"。曾子说:"士不可以不弘毅,任重而道远。仁以为己任,不亦重乎? 死而后已,不亦远乎?"身为知识分子,就应该抱一种舍我其谁至死无悔的态度,去担当领导群伦继往开来的责任。当民族生死存亡的紧急关头,知识分子的责任尤为重大。范仲淹主张"先天下之忧而忧,后天下之乐而乐"。必须有这种抱负,才配做知识分子。他的"胸中十万甲兵",也是由此而来的。

提起中国的知识分子,我们很觉痛心。中国社会一般的通病,就是不负责任,而以行政的部分为尤甚(这当然是指行政的一部分而言)。从前的公文程式,是不用引号的;办稿的时候,引到来文不必照抄,只是"云云"二字,让书吏照原文补写进去。传说沈葆桢做某省巡抚,发现某县的来文上,书吏照抄云云二字,不曾将原引来文补入,该县各级负责人员,也不曾觉察。于是他很幽默的批道:"吏云云,幕云云,官亦云云,想该县所办之事,不过云云而已。"这是一个笑话,但是很足以形容中国官僚政治的精神。中国老官僚办公事的秘诀,是不负责任,推诿责任。所以上级官厅对下的公事,是把责任推到下面去;下级官厅对上的公事,是把责任推到上面去。责任是一筐皮球,上下交踢。踢来踢去的结果,中国竟和火线中间,有一段"无人之境"(Noman's land)一样。这是行政界的通病,难道知识界就没有互相推诿不负责任的情形吗? 有许多人挺身而出,本着自己的深信,拿出自己的担当来说,这是我研究的真理,这是我服务的责任,我不退缩,我不推诿! 这种不负责任的病根,诊断起来,由于下列各点:

第一是缺少思想的训练 他的思想,不曾经过严格的纪律,因此已有的思想固不能发挥,新鲜的思想也无从产生。外国的思想家常提倡一种严正而有纪律的思想(Rigorous thinking),就是一种用逻辑的烈火来锻炼过的思想。正确的思想是不容易获得的;必得经过长期的痛苦,严格的训练,然后才能为我所有。思想的训练,是教育上的重大问题。历次世界教育会议,对于这个问题,都曾加以讨论。有人主张研究社会科学的人,他得学高深的数学,不是因为他用得着这些数学,乃是因为这种数学是他思想的训练。思想是要有纪律的。思想的纪律,决不是去束缚思想,而是去引申思想，发展思想。中国知识界现在就正缺少这种思想上的锻炼。

第二是容易接受思想　中国人向来很少人坚持他特有的思想，所以最容易接受他人的思想。有人说中国人在思想上最为宽大，最能容忍，这是美德，不是毛病。但是思想这件事，是就是是，非就是非，谈不到什么宽大和容忍。不是东风压倒西风，便是西风压倒东风。哥白尼主张地动说，固然自己深信是对的；就是白兰罗和盖雷律研究这个学说认为他是对的以后，也就坚决地相信他，拥护他，至死终不改变。试看西洋科学与宗教战争史中，为这学说奋斗不懈，牺牲生命的人，曾有多少。这才是对真理应有的态度。中国人向来本相信天圆地方，"气之轻清，上浮者为天，气之重浊，下凝者为地"。但是西洋的地动学说一传到中国，中国人立刻就说地是圆的；马上接受，从未发生过流血的惨剧。又如达尔文的生物进化论，也是经过多少年宗教的反对，从苦斗中才挣扎出来的。直至一九一一年，德国还有一位大学教授，因讲进化论而被辞退；甚至到了一九二一年，美国坦尼西（Tennessee）州，还有一位中学教员因讲进化论而遭诉讼。这虽然可以说是他们守旧势力的顽固，但是也可表现西洋人对于新思想的接受不是轻易的。可是在中国却不然。中国人本来相信盘古用金斧头开天辟地。"自从盘古开天地，三皇五帝定乾坤"，不是多少小说书上都有的吗？但是后来进化论一传进来，也就立刻说起天演，物竞天择，和人类是猴子变的来。（其实人类是猴子的"老表"。）人家是经过生物的实验而后相信的。我们呢？我们只是因为严复译了赫胥黎的《天演论》，文章做得极好，吴挚甫恭维他"骎骎乎周秦诸子矣"一来，于是全国风从了。像这样容易接受思想，只足以表示我们的不认真，不考虑，那里是我们的美德？容易得，也就容易失；容易接受思想，也就容易把他丢掉。这正是中国知识界最显著的病态。现在中国某省愈是中学生愈好谈主义，就是这个道理。

第三是混沌的思想　既没有思想的训练，又容易接受外来的思想，其当然的结果，就是思想的混沌。混沌云者，就是混合不清。况且这种混合是物理上的混合，而不是化学上的化合。上下古今，不分皂白，搅在一起，这就是中国思想混合的方式。我不是深闭固拒,不赞成采取他人好的思想,只是采取他人的思想,必须加以自己的锻炼,才能构成自己思想的系统。这才真是化学的化合呢!西洋人也有主张调和的,但是调和要融合(Harmony)才对,不然只是迁就(Compromise);真理是不能迁就的。我常怪中国的思想中,"杂家"最有势力。如春秋战国时代,百家争鸣,极端力行的墨,虚寂无为的老,都是各树一帜,思想上的分野是很清楚。等到战国收场的时候,却有《吕氏春秋》出现,混合各派,成为一个"杂家"。汉朝斥百家而尊儒孔,实际上却尚黄老,结果淮南子得势,混合儒道,又是一个杂家。这种混杂的情形,直至今日,仍相沿未改。二十年前我造了一个"古今中外派"的名词,就是形容这种思想混杂的人。丈夫信仰基督教,妻子不妨念佛,儿子病了还要请道士"解太岁"。这是何等的容忍!容忍到北平大出丧,一班和尚,一班道士,一班喇嘛,一班军乐队,同时并列。真是蔚为奇观!这真是中国人思想的缩影!

第四是散漫的思想 这种是片断的,琐碎的,无组织的。散漫思想的由来,固且由于思想无严格的训练,但是主要的原因还是懒。他思想的方式是触机,只是他灵机一来之后,就在这机来的一刹那停止,不追求下去了。这如何能发生系统的思想,精密的思想?于是成了"万物皆出于几,万物皆入于几"的现象。他只是让他的思想,像电光火石一样的一阵阵的过去。有时候他的思想未始不聪明,不过他的聪明就止于此。六朝人的隽语,是由此而来的。《世说新语》的代代风行也是为此。中国的善于"玩字",没有其他的理由。因此系统的精密的专门哲学,在中国很难产生。因此中国文学里很少有西洋式如弥尔顿的《天国云亡》,歌德的《浮士德》那般成本的长诗。因此笔记小说为文人学士消闲的无上神品。现在还有人提倡袁中郎,《浮生六记》,和小品文艺,正是这种思想的斜晖落照!不把思想的懒根性去掉,系统的伟大思想是不会产生的。

第五是颓废的思想 颓废的思想是思想界的鸦片烟,是民族的催眠术——并且由催眠术而进为催命符。颓废的思想就是没有气力的思想,没有生力的思想。什么东西经过他思想的沙漏缸一经过,都是懒洋洋的。

颓废的思想所发生的影响，就是颓废的行为。以现在的文艺品来说罢，有许多是供闺秀们消闲的，是供老年人娱晚景的。有钱的人消闲可以，这是一格；但是我们全民族是在没有饭吃的时候，没有生存余地的时候呀！老年人消闲可以，因为他的日子是屈指可算的，但是给青年人读可为害不浅了。而现在喜欢读这些刊物的反而是青年人！文人喜欢诗酒怡情，而以李太白为护符。是的，李太白是喜欢喝酒。"李白斗酒诗百篇。"你酒是喝了，但是像李太白那样的一百篇诗呢？我们学李太白更不要忘记他是"十五学剑术，遍干诸侯，三十成文章，历抵卿相，虽长不满七尺，而心雄万夫"的人呀！你呢？颓废的思想不除，民族的生力不能恢复。

第六不能从力行中体会思想　更以思想证诸力行，中国的文人，中国的"士"，是最长于清谈的，最长于享受的。在魏晋六朝是"清谈"，在以后蜕化而为"清议"。清谈清议是最不负责任的思想的表现。南宋是清议最盛的时代，所以弄到"议未定而金兵已渡河"。明末也是清议最盛的时代，所以弄到忠臣义士，凡事不能作有计画的进行，逼得除了一死以外，无以报国。"清议可畏"，真是可畏极了！横竖自己不干，人家干总是可以说风凉话了。自己叹叹气，享享乐罢。"且以喜乐，且以永日，我躬不阅，遑恤我后。"老实说，现在我们国内的知识分子，也不免宋明的清议风气，只是享乐则换了一套近代化的方式。我九年前到北平去，看见几位知识界的朋友们，自己都有精致的客厅，优美的庭园，莳著名卉异草；认为不足的时候，还可到北海公园去散散步，我当时带笑的说道，现在大家是"花萼夹城通御气"，恐怕不久要"芙蓉小院入边愁"回想起来，字字都是伤心之泪。这不是北平如此，他处又何独不然？我们还知道近年来通都大邑有"沙龙"的风气吗？"我们太太的沙龙"是见诸时人小说的。很好，有空闲的下午，在精致的客厅里，找几位时髦的女士在一道，谈谈文艺，谈谈不负责任的政治。是的，这是法国的风气，巴黎有不少的沙龙，但是法国当年还靠着莱茵河那边绵延几百里的马奇诺防线呀！那知道纸醉金迷的结果，铜墙铁壁的马奇诺竟全不可靠。色当一役，使堂堂不可一世的头等强国，重蹈拿破仑第三时代的覆辙，夷为奴隶牛马，这是历史上何等的悲剧？我不否认享乐是人生应有的一部分，只是要看环境和时代。我们的苦还没有动头呢！我们不愿意苦，敌人也还是要逼得我们苦的。"来日大难"，现在就是，何待来日？我们现在都应忏悔。我们且先从坚苦卓绝的力行里体会我们的思想，同时把我们坚强而有深信的思想，放射到力行里面去。

以上的话，是我们互责的话，也是我们互勉的话。因为如果我脑筋里还有一格兰姆知识的话，我或者也可以忝附于知识分子之列。我所犯的毛病，同样的也太多了，不过我们要改造民族的思想的话，必定先要自己负起知识的责任来，尤其是在现在，知识分子对于青年的暗示太大了。我们对于青年现在最不可使他们失望，使他们丧失民族的自信心。我们稍见挫折，便对青年表示无办法，是最不可以的事。领导青年的知识分子尚且如此，试问青年心理的反应如何？我们要告诉他们世界上没有没有办法的事，民族断无绝路，只要我们自己的脑筋不糊涂！知识是要解决问题的。知识不怕困难。知识就是力量。而且这种力量如此之大，凡是物质的力量透不进去的地方，知识的力量可以先透进去。知识的力量透过去之后，物质的力量就会跟着透过去。全部的人类文化史，可以说明我这句话。我们只要忠诚的负起知识的责任来，什么困难危险都可以征服！

顾亭林说道："天下兴亡，匹夫有责。"何况知识分子？他又说"有亡国者，有亡天下者"，他所谓"亡国"是指朝代的更换，他所谓"亡天下"是指民族的灭亡。现在我们的问题，是要挽回亡天下，亡民族的大劫。在这时候，知识分子如不负起这特别重大的责任来，还有谁负？我觉得我们知识分子今后在学术方面要有创作，有贡献，在事业方面要有改革，有建树。我们不但要研究真理，并且要对真理负责。我们尤其要先努力把国家民族度过这个难关。不然，我们知识分子一定要先受淘汰，连我也要咒诅我们知识分子的灭亡！

第四讲　弱是罪恶，强而不暴是美

近百年来中国成为一个弱国，这是事实，以往还有人把我们自称为
"弱小民族"，我极不赞同，我以为中国"弱"是真的，但不是"弱小"，而是
"弱大"。"大"而"弱"是矛盾的现象，是最大的羞耻，但事实如此，不必讳
言。为什么会弱？为什么会大而弱？弱就根本不应该。我们要把甘心做
弱者的观念改变过来，要真正认识弱是羞耻，是罪恶，只有强而不暴才是
美。让我们来歌颂强和美罢！

怎么叫做强？我所谓强，不是指比武角力，好勇斗狠的是强，乃是指
一个人全部的机能，品性，以及其他一切的天赋，在每一个自然的阶段，都
能尽善尽美的发展，而达到笃实光辉的地步，才算是强。多少哲学家常讲
生命的完美发展与活动（The perfect development and exercise of life）。
生命是要发展的，是要向最善最美的理想发展的；生命是要活动的，是要
不断的活动的。亚理士多德说橡树的种子虽小，可是他一点一点不断的
发展起来，就可成为伟大茏葱的橡树。这才可以说是尽了橡树之性。这
也就是生命的象征。达尔文研究生物，认为最适于生存的生物，乃是健康
充实而一切机能都完备的个体；这种个体，在他生长的某一个阶段，必须
把他所有的天赋，都发展到尽善尽美的地步，生命才能维持。这就是强的
效果。所以强者是一定能生存的，一定能站得住的。

弱就是强的反面。弱是贼天之性，就是不能把固有的天赋充分发展，
反而戕害他，斫伤他，使他萎谢凋零，停滞腐朽。所以弱者的结果一定是

自趋崩溃，自取灭亡。

你看一朵花，是长得充分饱满的美呢？还是萎谢不堪的美呢？孟子说"充实之为美，充实而有光辉之为大"，唯有充实，饱满，雄健，才是美，才是伟大！西洋哲学家如莱伯尼兹（Loibnitz）斯宾诺沙（Spinoza）都曾说过："天赋各部分机能和力量的和谐发展，是人生的定律，也是宇宙的定律。"（the harmonious development of capacities and powers is the law of man as of universe）和谐的发展，都是美的。音乐是和谐的，有最高的音，有最低的音，各有他适当的地位，最好的节奏，所以音乐是美的。强正是和谐的发展，所以强也是美的。

然而强要不暴，强而暴就失去强的意义，就不美了。强是人人欢喜的。假定你是女子，你愿意和生肺痨病到第三期的人一道在街上走呢？还是喜欢和精神饱满雄赳赳的青年一道在街上走呢？英勇豪迈为国家干城的军人，是美的；但如日本军人的奸淫掳掠，无恶不作，那只是兽性的暴露，就谈不上美了。一条酒醉大汉，在街上横冲直撞，逢人便打，算是美吗？曹孟德是杰出的人才，而中国人骂他，正是因为他"欺人孤儿寡妇"。这正是中国优美民族性的表现。我从前在上海读书的时候，在电车上常常让座位给日本女子，有些同学不以我为然，我说我们有本领，可以和她们的男子在战场上比较，又何必欺人家的"孤儿寡妇"，即非孤儿寡妇，也是此时无抵抗的人。

我说强是美，弱是罪恶。或者有人要说我这话是很危险的。如果说弱是罪恶，小孩子是弱者，难道小孩子有罪恶吗？我可以答复他说：小孩子并不是弱者。如果在他小孩子的阶段，能充分发展他的生机，发挥他所有的天赋，他正是最强的强者。当然小孩子生下来，也有残疾不健全的，这多半是先天的罪恶。只是这个罪恶是他的父母负的，不是他自己的责任。

何以弱是罪恶？我以为弱的罪恶有三：第一就是贼天之性，对不起天赋的一切。第二就是连累他人。弱者要人照顾他，当心他，把许多向上有为的强者都拉下来。他不但自己不能创造，而且阻止别人的创造；不但自己不能生产，而且消耗别人的生产。第三就是纵容强者作恶。假使大家都是强者，罪恶就可减少。世界上多少罪恶，都是弱者纵容强者的结果。打了你的左颊，你再敬以右颊，使人家养成骄横作恶的习惯，不是罪恶还是什么？中国自己不争气，不但害了自己，而且害了人家。日本今天如此凶横残暴，毋宁说是我们把他惯出来的。这次中日大战结束以后，我们首先要痛哭自己——哭我们自己不争气，不振作，害死了许多英勇有为的民族壮士，民族精华！其次就要痛哭日本——哭他因为我们的不争气，不振作，而骄纵到走上自取灭亡的道路！

我们现在应该建立一种强者的哲学。但是我的强者的哲学，和尼采所谓"超人哲学"有两点不同：第一尼采的"超人"观念，是主张天地不仁，以万物为刍狗的，所以要自摒于常人之外。我所谓强者的哲学，乃是要覆育人类，提高人类的。第二尼采所谓"超人"，是生物学上所产生的一种人类，而我所谓强者，乃是能够发挥他所有的天赋的人，是人人都有资格做的，不是什么特殊的新人类。

怎样才能称为强者？强者有三个基本的条件：第一要有最野蛮的身体。我们的体力生力，断不可使其退化，而且要充分的发扬。我们现在太享受了，太安逸了，因为劳力减少，抵抗力也薄弱了。想起我们的祖先，在森林原野，高山大谷中生活，披荆斩棘，征服自然，多么值得羡慕，值得崇拜！我们要恢复我们祖先一样最野蛮的身体。我宁愿看见青年男女，不穿衣服，拿着亮晃晃的大刀，在深山里驰骋打猎，而不愿看见他们在纸醉金迷的红绿灯下唱歌跳舞！其次，只有最野蛮的身体还不够，还要有最文明的头脑。身体尽管最野蛮，头脑却要最文明。我们要利用自然，征服自然，就非靠文明的头脑不可。荀子讲"大天而思之，孰与物畜而制之；从天而颂之，孰若制天命而用之"。倍根（Francis Bacon）讲"戡天主义"。试问没有最高的智慧，那里能"制天命"与"戡天"，运用自然的能力，而创造人类的文明？再次，还要有不可征服的精神，强者一定要有坚决的意志，能过意志的生活。他不求享受，不求安逸，但是他的生力却要求解放，要求发表。所以他不顾利害，在生命的发展过程中，不断奋斗，以求得他精神上最大的快乐。他把他整个的生命放在大众里面,来提高大众,而不是压倒大众。他要自己向上,同时也带大家上去,而不把别人拉下来。他以个人的生命,放射于整个的历史里面,使历史更为丰富,更有光辉。

弱者和强者恰恰相反。弱者是衰颓,屈服,自欺,欺人;他不能想,更不能有力的想。所以弱者的哲学是永远的否定(Everlasting No),决不能产生永远的肯定(Everlasting Yes)。他认为人生和宇宙都是否定的,因为他没有勇气去肯定一切。他也许和佛家一样,有"悲天悯人"的胸怀,但他看见恒河的水泛滥起来,溺死了多少人,却不能像荷兰人一样筑堤防堵。他虽然看见毒蛇猛兽啮死了多少人,但也不能像"益烈山泽而焚之",使"禽兽逃匿",人人得有乐土安居。印度人常喜欢表示没有办法,他表示没有办法的时候,就把两手一伸。有一位在印度多年的外国朋友曾对我说:"若是我能做印度狄克推多的话,我首先要把这伸出来表示没办法的手砍下!"这种否定的态度,结果必归于"涅槃",以为自己解脱了就可以解脱一切;这是消极的态度,不是积极的态度。

强者的哲学,第一是接受生命,接受现实。生命是前进的,有生机的。保守无从保守,否定除非自杀——但自杀是最懦弱的行为。强者接受生命,把天赋的生命发展到最完美的地步,无所谓乐观,也无所谓悲观。徒然乐观而不努力,乐观是不可靠的,徒然悲观,除非毁灭生命,否则就想悲观也悲观不了。所以强者对于人生是不断的改进,对于宇宙是不断的创造。现实里面自然有许多困苦艰难的事,但他接受现实,不但接受,而且更能不为现实所限制。他不只看见"现在",而且看见"未来",用英文来说罢,他不只看见 Is,而且更看见 To Be,他要能根据现实的材料,去不断创造将来无限的光荣。

第二是不倚赖。他不但不倚赖人,而且也不倚赖神。他受人爱,但不受人怜。他有特立独行的精神,所谓"饥不食嗟来之食,渴不饮盗泉之水"。他先从自己磨练起,检讨起,奋发起。有了这种精神,他才有资格向上帝祷告——如果他信仰上帝的话。不然上帝要用脚尖把他踢着,微笑的对他说道:"孩子,你还是起来罢,先做个像样的人再说!"

第三是接受痛苦，而且欢乐的接受痛苦。痛苦是生命的一部分。真正的快乐，不是天上掉下来的，而是从挣扎中产生的。在挣扎的过程中，自然有痛苦，却也有快乐，等到成功以后，则甜蜜的回忆，更是最大的快乐。好比爬山，山坡陡险，山路崎岖，喘气流汗，费尽气力，但等爬到山顶，放眼四顾，那时的快乐，决非从飞机上用降落伞下来的人所能领略的。女子生产的时候，是极痛苦的，但是婴儿的生命，母亲的寄托，民族的前途，都是从这痛苦中得来的。强者接受生命，生命自然伴着痛苦，但痛苦乃是快乐的母亲，是黎明以前的黑暗。生命的奇葩，民族的光明，都从这痛苦中产生。所以强者不求现成的享乐，而是承认痛苦，接受痛苦，欢乐的接受痛苦，要从痛苦中寻求快乐，产生快乐。人生固然要快乐，但安稳的快乐，不但没有，而且是不值得享受的。

第四是勇敢的在危险中过生活。在危险中生活，才能得到真正的乐趣。困难的挫折，和危险的震荡，正是磨练伟大人格的最好机会。狮子在非洲撒哈拉大沙漠里，虽然不容易找到水喝，找到东西吃，但这种最困难的境地，却使他能完成狮子的本性。假如把他养在动物园的笼子里，天天给他几磅牛肉，让他舒服的生活着，他安稳的生活是解决了，但是他狮子的本性也就丧失了。我常说要讲彻底的唯物主义，最好是做军阀的姨太太，有洋房可住，汽车可坐，一切摩登的设备，件件都有。但这是人生最高的生活理想吗？如果说是，那我当然无话可说。讲快乐可以量计的英国哲学家穆勒(J. S. Mill)也曾说过："做一个不满足的人，好过做一只满足的猪。"(It is better human being disatisfied than Pig satisfied)世界上没有没有阻力的成功，恐怖的袭击是常有的。唯有强者才不怕恐怖的袭击，能勇敢的在危险中生活，以危险的生活去达到生活的理想。

第五是威严的生，正义的怒。做人要有一种威严；在这种威严的标准之下的事，是不干的。"生人之所欲也，所欲有甚于生者，死人之所恶也，所恶有甚于死者。"只有能威严的生，才能被人看得起。从前英国人往往欺负印度人，现在好多了，至少在英国本部看不出来了。过去英国人上火车没有座位的时候，印度人是要起来让座位的。有个故事，说有次一个英国人上火车,没有座位了,要求一个印度人让座位;这个印度人不但不让,而且上前去打了他一个耳光。但是奇怪的是,这个英国人却不并发怒,且对他说:"你的行为倒像一个人。"(You behave like a man)让他打了算了。可见只有保持这种威严的态度,人家才会尊重。嘻嘻哈哈,鬼混胡调的人,是不值得生存的。强者不但要有威严的生,还要有正义的怒。所谓正义的怒,不是今天骂人,明天打人;这只是匹夫之勇而已。正义的怒,是含蓄在内,要在适当的时机,正义受厄的关头,才作郑重的表现的。所以可以"一怒而安天下"。

第六是殉道的精神。强者能为理想而牺牲,为正义而牺牲,把自己的生命当做历史。只有这样的人愈多,历史才更丰富,更有意义。这种人只知价值(Value),而不知价钱(Price),所以能牺牲自己去超度别人。他不是压迫别人,而是提高别人。像这样的人,才可称为时代的命运之儿。

综合起来说,强者的生活,是完整的生活。不但他自己的生命是丰富的,他还从丰富自己的生命去丰富民族的生命。他是整个民族历史生命的继承者,也是创造者。他能爱,也能被爱;他能令,也能受命;他能胜利,也能失败;他能想,更能有力的想;他能做梦,更能实现他的梦。他不但能创造乐谱,他还能以热烈的感情,奏出他的乐谱。他能顺着自然的程序,充分发展一切自然的赋予,到最善最美的境地。他的发展是整个的,和谐的,也是美的。他能保持这种美的本质,才能以强制暴,而不会有"以暴易暴兮,不知其非兮"的流弊。所以强者乃是完整的人(The strong man is the complete man),强者的哲学也就是美的哲学。

第五讲 恢复唐以前形体美的标准

　　美学是哲学的一部分,美的生活是人类生活的一部分,审美的标准就是人类生活最高尚最优美的一种理想。美学的重要,不但在他把人生的形态和社会的观念哲学化、艺术化、文学化、而尤其在他确立一种生活的理想,使人人于不知不觉中提高生活,一齐朝着这个理想走去。

　　形体美是美学中最普遍的观念,也是最难表现的观念。西洋形体美的表现方法,有雕刻、图画、文学等等。在希腊时代,雕刻已经发达到登峰造极的地位,不但表现希腊民族美的典型,而且至今还令我们赞叹欣赏。中国的雕刻比较的很不发达,如云岗龙门的造像,是不可多得的。至于古画存留的,历经丧乱,也渐减少,最古的画恐怕就要算晋朝顾恺之的了,但是也多凭后人的鉴定。因此我们要说明中国历代形体美的标准,只有注重文学方面,尤其是诗歌方面。况且文学诗歌,实最足以代表某一个时代的心理和风尚。

　　中国民族的体格,本来是雄健优美的,不幸后来渐渐退化,渐渐颓唐。不要说我们的远祖"穴居野处,茹毛饮血",战胜自然的环境,开辟锦绣的河山,都是靠着伟大坚强的体格,就据有史以后的记载而言,汤高九尺,文王十尺,孔子九尺六寸,那个不是堂堂正正魁梧威严的仪表?(就说商周尺 比现在的小,无论怎样折合起来,也一定比今人高多了。)至于说到中国的文学,最早的要算《诗经》。《诗经》里面,形容男女形体美的地方,非常之多。《诗经》里面的标准男子,可以公叔段为代表。他是怎样的美呢?

"硕人俣俣,公庭万舞,有力如虎,执辔如组。""叔于田,乘乘马,执辔如组,两骖如舞;叔在薮,火烈具举,襢裼暴虎,献于公所,将叔无狃,戒其伤女。"这种力大身强,乘马飞舞的男子,是当时公认为最美的典型男子,所以大家对他的赞扬是"叔于田,巷无居人;岂无居人,不如叔也,洵美且仁!"我们要注意这最后一句,是明明的标出美字来的,《诗经》里面的标准女子,可推庄姜。她的美又是怎样呢!"硕人其颀,衣锦褧衣";"硕人敖敖,说于农郊";"华彼秾矣,颜如桃李"。可见她不是娇小玲珑,也不是瘦弱柔靡,而是健伟丰满,端庄流丽的。《诗经》里面的表情诗,描写男女爱情想象中的人物是:"有美一人,硕大且卷,寤寐无为,中心悁悁。""有美一人,硕大且俨,寤寐无为,辗转伏枕。"这种抒情恋爱的诗章所表现的,也莫不是伟大壮丽的姿态。

这种审美的观念,直到汉朝,都是维持着的。汉武帝的李夫人,将要病死的时候,却不要武帝去看他,原因是她不愿武帝看见她的病容。汉之外戚,名将很多,如西汉的卫青、霍去病、李广利等,东汉的窦宪等,都是横征沙漠,威震殊方的勇士,则他们家庭遗传的体魄,可想而见。东汉的审美的标准,并未降低。《陇西行》中形容的女子是:"好妇出门迎,颜色正敷愉。"所谓"敷愉"正是丰润和悦的象征。汉末魏初也是一样。曹子建的《洛神赋》中寄托的美人是"翩若惊鸿,宛若游龙,容曜秋菊,华茂春松"。惊鸿游龙是何等活泼!秋菊春松是何等饱满!晋朝顾恺之《女史箴》等所画的人物,也都充分表现着健康、硕大、庄重,甚至到了东晋南北朝,标准仍还未变。云岗造像,是北魏伟大的遗留,表现当时形体的标准。"羊侃侍儿能走马,李波小妹解弯弓",都是这时代女子的风尚。就是北齐亡国的君主所恋恋的女子,还是"倾城最在着戎衣",而与君王能再射猎一围的女子。

唐朝是中国的鼎盛时代。那英明神武手创天下的唐高祖唐太宗,其体格之雄健,不问可知。唐朝的标准美人,是文学上形容最多的杨太真。白居易描写杨太真的美是"芙蓉如面柳如眉"。"环肥"之美是赞颂她身体丰满的健美。"虢国夫人承主恩,平明骑马入金门",他的姊姊进宫是骑马的,不是坐轿子,坐滑竿儿。不但后妃贵戚如此,宫女也是一样。王建的宫词形容唐朝的宫廷生活最多。他就写道:"射生宫女宿红妆,把得新弓各自张。"这种尚武的精神,已成为一时的风气。一个国家在强盛兴旺的时期,不但武功发达,就是民族的体格,也是沈雄壮健,堂皇高大,不是鬼鬼祟祟的样子。

中国民族的衰落,可以说是从宋朝。尤其是从南宋起,特别看得出来。这在文学的表现中,最为明显。宋初的花蕊夫人说孟蜀的灭亡是"十四万军齐解甲,更无一个是男儿"。为什么大军的战士,都不成其为男儿呢? 南唐二主的词,更充分表现出当时精神的萎靡与颓唐。李后主的名句是:"帘外雨潺潺,春意阑珊,罗衾不耐五更寒。"这种生活情趣,无怪他要"沈腰潘鬓销磨"了。所以他"最是仓皇辞庙日,教坊犹唱别离歌,垂泪对宫娥。"被掳辞庙的日子,不对祖宗牌位痛哭,而反对着宫娥垂泪,不能不佩服他的闲情逸致! 到了北宋,徽、钦二宗,字虽然写得秀丽,画虽然画得出色,但是他们体格不等到五国城的日子,已经是不行了。北宋晚年秦少游"有情芍药含春泪,无力蔷薇卧晓枝"的女儿诗句,很可作为当时文人的写照。北宋如此,南宋尤甚。文学的作品中,充满了颓废的意味。当时诗人里面,最不受时代空气笼罩的,要推陆放翁。他说:"老子犹堪绝大漠,诸君何至泣新亭!"已经不免强作豪语。他是最热烈爱国的人,但是他最后也成为"心如老骥常千里,身似春蚕已再眠";终究是"关河历历功名晚,岁月悠悠老病侵"。至于宋代的女子呢? 中国最大的女词人李清照,对于女子的描写,是"帘卷西风,人比黄花瘦",过那聂胜琼所形容的"枕前泪共阶前雨,隔个窗儿滴到明"的生活。这真是脆弱愁病到不堪设想的地步! 元是外族,本很强悍,但是强悍的是元朝游牧人种,而不是中原人士。降及明朝,更是不成话说。杨升庵夫人形容的女子,是"眼重眉褪,胆颤心惊,粉香处弱态伶仃"的女子。是"柳腰肢刚一把"的女子。是"多病多愁,想思衣带缓"的女子。至于到"倒金瓶凤头,捧琼浆玉瓯,蹙金莲凤头,颤凌波玉钩,整金钗凤头,露春尖玉手"的时候,这简直是把自己雕琢成男子玩弄的工具了! 标准女子是如此,标准的男子呢? 她的形容就是"盈盈太瘦生!"这种颓废萎靡的风尚,传到明末,更是变本加厉。中国著名的诗史作家吴梅村,形容明季的临淮将军刘泽清说:"临淮游侠起山东,帐下银筝小队红,"又说:"纵为房老腰支在,若论军容粉黛工。"这正是所谓"不斗身强斗歌舞"的情形,还打什么仗?"男儿作健酣杯酒,女子无愁发曼声",这样的社会状况,焉得而不亡国?到了清初,更不必说了。《红楼梦》是形容清初鼎盛时代的家庭生活的一部名著,他里面的标准女子,是大家知道的林黛玉。他美到极顶的地方,就是吐绿痰,可怜肺病害到第三期,这美的标准也就完成了!到清末政治当局和文人的身体,正如梁任公所说:"皤皤老成,尸居余气,翩翩少年,弱不禁风。"难道大家能发现还有再好的形容吗?

现在我们一般的体格之坏,真足惊人!举一个特殊的例罢。东四省为什么这样容易失掉?就是因为当时的封疆大员,"不斗身强斗歌舞"。高级将领如此,所以听说下面有一个旅长,每早洗脸,要用八盆脸水,因为不但作种种修饰,还要擦雪花膏。以致师长不敢见旅长,旅长不敢见团长,团长不敢见营长,营长不敢见士兵。"羯竖竟教登玉座,侬家从此阙金瓯"的局面是这样造成的。到九一八事变发生的时候,方面统帅还在北平中和园看梅兰芳的《宇宙锋》,左右不敢通报,看完以后还去跳舞。这些事实是历史家不会忘记,也不该忘记的。清朝人咏吴王台的诗云:"台畔卧薪台上舞,可知同是不眠人。"是的。大家都是不睡觉的人,但人家不睡觉在生聚教训,而我们不睡觉却在跳舞呀!东四省怎得不丢?!国家焉得不受重大的痛苦?!

体格的衰落,自然反映为精神的颓唐。唐朝的文学,气势是多么旺盛!所谓"文起八代之衰",也是有由来的。宋朝就差得远了。当时能独立不拔,不为时代的风气所转移的,恐怕只有首推陆放翁的诗和辛稼轩的词罢。后来中国人体格之所以衰弱,原因自然很多,如几次异族的压迫,和一千多年来八股的戕害,小脚的摧残,都是其中最重大的。近百年还有鸦片烟呵!体格衰弱了,精神就跟着堕落。我们现在要振作精神,就非恢复我们唐以前的体格不可,非恢复我们唐以前形体美的标准不可!

　　一个朝代的盛衰,和当局体格的强弱,很有关系。你如不信,就请你看看当年北平古物陈列所影印的一部《历代帝王画像》。凡是开国的帝王,都是身材雄健,气宇轩昂的;看见一代一代的瘦弱下去,到了小白脸出现,那就是末代子孙了。朝代的灭亡,也就是在这个时候。汉高祖是隆准龙颜,体格之好不必说;武帝的身体,当然不差。到了成帝就服慎恤膏了。哀帝、平帝、才都是羸弱的病鬼。东汉光武和明帝或是百战出身,或是万几不倦。到了冲帝、质帝、桓帝、灵帝、献帝,都和孩提一般,焉得不受宦官的戏弄? 焉得不使曹氏父子有取而代之之心? 唐高祖和太宗的体魄何等雄健,但到了懿帝、怀宗、昭宗,就渐渐退步。南唐二主不必说。宋朝太祖、太宗,都是武功过于文事的,到了哲宗、徽宗、钦宗,就不对了。至于南宋的理宗、度宗、都真是可怜虫! 元太祖、太宗,都是开疆拓土的刚强铁汉,到了泰定帝、文宗、顺帝,也和历朝的帝王一样,清秀柔弱起来,所以一举而被明祖逐诸漠北。明太祖是草莽英雄,成祖是亲提大兵北伐的伟大人物。到了神宗、光宗、熹宗,就堕落下去了。福王唐王值得一说吗? 清本游牧民族,天命天聪不必说,康熙几次亲率大军,北征沙漠,如果身体不好,定难做到。但到同治,光绪,以至现在的亨利溥仪,个个都是萎靡瘦弱的白面书生,清廷那得不亡? 王荆公曾慨叹的咏道:"霸主孤身取二江,子孙多以百城降。"设如他看见这本《历代帝王画像》,就可以在里面得到最好的解答。一朝君主体格的好坏,可以象征一个朝代的隆替。难道整个民族身体的强弱,不可以象征一个民族的盛衰? 我们要恢复我们民族过去的光荣,首先要恢复我们民族在唐以前形体美的标准!

　　人家国力之强,是有来由的。我从前在德国大学的时候,常和德国学生在一道生活。有一次我看见他们在大学的地室里,把啤酒瓶子在桌上一顿,就击剑比武起来。其中一人,猝不及防,把鼻尖削了下来,但他一点不慌,立刻把鼻尖含在口里,去找医生缝起来。第二天他的鼻子把白纱布蒙了,仍然照常到校听课,毫无痛苦的表情。这真是所谓古日耳曼(Ur-Germania)的精神! 是尼不龙根(Nieblungen)古英雄诗中的气概! 所以我常说我情愿看见青年们披着树叶子的衣服,拿着大刀,骑着光马,像我们祖宗一样的在森林原野中驰骋打猎,而不愿看见他们头上滑得倒苍蝇,脚上穿着黑漆皮鞋,再加上一脸的雪花膏,面容惨白的在五光十色的霓虹灯下跳舞鬼混! 早送自己进坟墓,连带的送民族到衰亡!

第六讲　侠出于伟大的同情

　　我所谓侠，乃是"豪侠""任侠"之侠，我所谓"侠气"，就是豪侠任侠之气。中国历史上向来认为侠是一种美德，但同时也有一个错误的观念，以为侠是一般浪人，不务正业，专管闲事，为人家报仇，打抱不平，甚至去作奸犯科。韩非子就曾说过"儒以文乱法，而侠以武犯禁"，认为两者都不对。可是我们要知道，这只是侠的流弊，这在社会没有纲纪，政治不上轨道的时候才会发生的；这种侠只是一种所谓"游侠"，然而侠不必就是"游侠"。何况就在这种"游侠"里面，也未始没有一种天地间的正气存在。所以太史公作《史记》，特撰《游侠列传》一篇，并举出朱家郭解等人，来表扬他们特立独行的地方，不是没有道理的。

　　为什么我提倡尚侠？我们要确立一个观念，建立一个主张，必须先考察我们民族的弱点，社会的病象，然后才能对症下药，发生实效。现在中国的社会已经堕落到一个残酷的社会，一个最缺少侠气的社会。中国人常讲"恻隐之心"，"不忍人之心"，而事实上的表现，却正相反。我们可以从以下几方面来看：

　　第一是同情心的缺乏。中国人论交，有所谓"患难之交"；这是最可宝贵的，就因为讲"患难之交"的人太少了。中国社会有一种最凉薄的现象，就是看见别人在患难之中，不但不表示同情，而反高兴快乐。比方有人在街上跌了一交，假如在英美各国，大家一定要抢着去把他扶起，甚至送他到医院去，如果他跌伤了的话。而在中国，大家看见了，往往还拍掌大笑。

民国二十年我因事到重庆来,因为不认识路,从一个书店乘洋车回旅馆,半路上洋车翻了。奇怪得很,因为重量偶然的平衡,我没有向后翻出去,洋车夫也双脚悬起来,于是人力车成了自动车,向一个很高的坡度开下去,开了二十几丈。当时我看见前面有军用卡车要撞来了,叫路上的人把洋车拉住一把,但是沿路的人只有笑的,没有拉的。我还有一次,在武汉轮渡上,看见一个人掉入水中,船上许多人不但没有一个人去救他,反满不在乎似的以笑谈出之;我当年在欧洲的时候,知道有一次火车出事,开车的人因为酒醉跌出去了,火车自动进行,无法停止,于是有一个大学生在前站的铁桥上,奋不顾身的跳上车头,将车闸住,自己一个手臂撞断了,一车的人却是救住了。这件事各处报纸大载特载,奉这位青年以英雄的徽号,真是他应得的称誉。这较之中国人在急难时看人冷眼的何如? 前一向卫生署一位负责当局告诉我一件事,说他亲眼看见一个人病得快要死了,抬到重庆某个教会医院门口,但是因为找不到保人,付不出一个月的住院金,医院不许他进去,他只有躺在医院外面死去。这种见死不救的现象,在慈善性质的机关门口实现,是何等骇人听闻的事! 我还听说有些当军医的人,往往发财,这是何等的残忍,何等没有心肝! 前些时候,重庆临江门外,一场大火,烧去四千余家,若是在外国,这还得了,恐怕要全市动员来募款救济了,但是此地却也平平淡淡的过去了!

最近潘光旦先生介绍美国明恩溥(Arthur Henderson Smith)所著《中国人的特性》一书,其中有一篇题名是《无同情心的中国人》,我看了非常难过,但他所举的都是事实,我也无法否认。不但明恩溥的观察如此,就是最恭维中国文化的罗素,著书时也提出中国人残忍而缺少同情心这点。譬如死了人是人家一件最不幸的事,但是中国一家死了人,别人对于这件不幸的事是不同情的。我初到法国的时候,在电车里,看见同车的许多人,忽然都脱帽致敬,很以为奇怪;原来是车旁有人家在出殡,这是表示对死者的同情。不要说普通人遇着出殡是如此表示。就是总统出来遇着出殡,也是脱帽的。中国却不然,看见死者亲属的"颜色之戚,哭泣之哀",就是吊者也会大悦起来! 乡村人家甚至还希望别人家有人死,可以去喝

酒吃肉，饱啖一顿；城市里不是万人空巷的去看大出丧吗？明恩溥特别举
出中国人对于残疾的人，没有同情。出过天花的人，到药店去买药，药店
的人常常要问他："麻大哥！你是那一个村子里来的呀！"看见斜眼的人，
便要说"眼睛斜，心地歪"，来取笑他，挖苦他。普通以为残疾的人都是坏
人，譬如"十个麻子九个坏""天怕六丁六甲，人怕斜眼蹩脚"，这类尖刻无
稽的话是很流行的。其实肢体略有损坏的人，那里就是坏人。如果其中
有坏的，也大都是社会逼成的，因为社会对他太歧视了，使他感觉人人都
苛待他，他也自然不得不存心防范，或设法对付人了。再还有对于年幼孤
弱的人，也是同样的不加爱护。童养媳受虐待，是普遍的现象；打丫头，虐
奴婢更不必说了。所以同情心的缺乏，是现在中国社会最显著的一种
病态。

因为同情心的缺乏，于是形成一种普遍的社会心理，以为事不干己，
绝对不管，因而社会上无公是公非可言，也缺少急公好义之人。是非的观
念，不但需要政治去培养，而且需要社会去扶植。有社会的奖励和社会的
制裁，然后才有公是公非产生。例子很多，不胜枚举。社会的进步，不但
要有是非的标准，而且要有人肯自己牺牲，去维持这是非的标准。但中国
传统的哲学，只教人"穷则独善其身，达则兼善天下"。须知达固且要兼善
天下，穷也不应独善其身，至少也要兼善其邻罢。中国人受这样传统哲学
的毒太深了，人人都想独善其身，所以不但同情心不能发达，而且公是公
非也无从树立。

因为同情心的缺乏，所以牺牲精神也就堕落。侠者最好讲"千里赴
义"。设如没有牺牲的精神，如何能去赴义？我们应该"见义勇为"；"见义
不为无勇也。"是的，闲事不管，可以省多少麻烦。但正当的闲事，那能不
管，而且愈能多管愈好。英美法律上规定的陪审制度(Jury system)，不
但鼓励，而且逼迫人家管闲事。不过没有牺牲精神的人，是不配管闲事
的。若是自己不肯牺牲，不要说千里之义不能赴，就是隔壁人家出了事，
也是不配问。上海人家被盗时，决不能喊"捉强盗"，而只能叫"起火"，因
为隔壁人家听到"捉强盗"，必不敢出来，恐怕自己会吃亏，而听到"起火"，

因为怕自己的屋子烧起来，也就不得不出来了。这些冷酷懦怯的事实，正是现在中国社会病象的表现。

这种病象，可说有两个来源：第一是生活。在贫苦的社会里，生存竞争，非常激烈。"要解衣衣人，推食食人"，是不可能的。漂母饭韩信，也要她自己有一饭才行。我们常常看见，有些贫苦的人，为争一两毛钱，而打得头破血流，甚至打出人命事来。轮船将靠岸的时候，那些脚夫不等船靠妥，就抢着向船上乱跳，稍不当心，就扑通下水。他们自己的生活，尚且无法解决，那里谈得上对人的同情？第二是思想。中国多少年来的教训，是"明哲保身"，也就是俗语所谓"各人自扫门前雪，休管他人瓦上霜"。结果就是人人怕管闲事，怕惹祸上身。"路见不平，拔剑相助"的风气，现在已沦落下去了。其实世界上绝对的个人主义，也是行不通的，正如绝对的兼爱主义行不通一样。你看见邻居人家生了瘟疫，你如果袖手旁观，就不免被传染。尤其在现代的大社会里，人与人息息相关，谁能过孤独的生活？"穷则独善其身"，哼！要想独善那里是可能的事？

或者有人以为上述的种种社会病态，说是由于生活的贫困还可以，说是由于思想的影响便不对。但我以为思想的影响，也是极大的。比方上面所举的一个例，药店的人要称出天花的人为"麻大哥"，这难道也是生活使然吗？思想与生活，要同时改进，社会的病态，才能根本消除。

在世衰道微的时代，因为同情心的缺乏，是非观念的不明，赴难精神的低落，才往往使有心人不得已而提倡"任侠"。太史公在《游侠列传》中，曾慨乎言之的说："今游侠其行虽不轨于正义，然其言必信，其行必果，已诺必诚，不爱其躯，赴士之困阨，既已存亡死生矣，而不矜其能，羞伐其德，盖亦有足多者焉。"他又说："缓急人之所时有也，而布衣之徒，设取予然诺，千里诵义，为死不顾世，此亦有所长，非苟而已也。"所以"侠客之义，又曷可少哉！"他提出朱家郭解，说朱家是"专趋人之急，甚己之私"；郭解是"以德报怨，厚施而薄望，既已振人之命，不矜其功"。我上面说过，这种游侠是社会不纲政治黑暗时代的产物，我们不一定要提倡游侠，但这种侠气是应该推广的，并且要藉政治的力量来推广的。不以私人的力量去报仇雪恨，而以政治的力量作大规模的改良策进，才能把同情心推广到"天下有饥者，犹己饥之也，天下有溺者，犹己溺之也"，而使天下之人，都各得其所。

中国历史上第一个大侠者，不是朱家，也不是郭解，而是墨翟。他不主张拿刀去行刺暗杀，去报仇打不平，而是从大规模的政治改革着眼的。他说侠有三个条件：第一是大仁，第二是大义，第三是大勇。怎样才是大仁？他说"仁人之事者：必务求兴天下之利，除天下之大害。然当今之时，天下之害孰为大？曰：大国之攻小国也，大家之乱小家也。强之劫弱，众之暴寡，诈之谋愚，贵之傲贱，此天下之害也。又与人为君者之不惠也，臣者之不忠也，父者之不慈也，子者之不孝也，此又天下之害也。又与今人之贱人，执其兵刃毒药水火以交相亏贼，此又天下之害也。"（墨子如在，必称日本人为贱人了！）他对于政治的主张，以为"民有三患，饥者不得食，寒者不得衣，劳者不得息，三者民之巨患也。""诸加费不加民利者，圣人弗为。"这是充分的同情心的表现。他主张充实内部而不主张侵略人家，增加土地。所以他有"非外取地也"的主张。有人以为墨子既主张兼爱，一定也主张非战；如管子就曾说："兼爱之说胜，则士卒不战。"其实不然，他是反对侵略的战争，并不反对自卫的战争——不但不反对，而且他帮助自卫的战争。楚欲攻宋，公输般为造云梯，墨子听到就往见公输般。他"解带为城，以牒为械"和公输般斗法，公输般九次的攻城计划，都被他破了。楚王要杀他，他说他有三百弟子已经在保卫宋国，杀了他也没有用。楚王没有办法，只好软化下来说："善哉，吾请无攻宋矣！"从这段史实，我们可以看出几点：第一，墨子能赴人国家之难，协助自卫战争；第二，他有技术的能力，以协助他人；第三，墨家是有组织的团体，能作有纪律的行动。这些都是说明大仁的意义。侠与义是相连。墨子虽主兼爱，但非滥爱，而主张以义为衡。"墨者之法，杀人者刑……王虽为之赐而令吏弗诛，腹䵍不可不行墨者之法。"这是《吕氏春秋》记腹䵍之语。腹氏是墨子学派的人，他的儿子杀人，秦王赦之，而腹氏自己主张杀之。可见以墨为法，可无作奸犯科的流弊。这就是大义的表现。不但如此，墨子不但提倡大仁大义，而且能以最大的牺牲精神去求其实现，求其贯彻。"摩顶放踵利天下为之"，这正是充分的牺牲精神，是"大勇"的表现。所以墨子的精神，是并具大仁，大义，大勇的精神，是侠的精神，也就是革命的精神。

中山先生说"革命是打抱不平"。他打抱不平的方法，也和墨子一样，不是为私人报复的，更不是快意恩仇的，是要以大仁大义大勇的精神，去改革政治，解决民生的。没有伟大同情心的人，就是没有革命精神的人。他就不配从事政治，也就不配谈革命！必定大家充分培养推广这种伟大的同情，恢复中国民族固有的侠气，政治才有改革的希望！

再进一步说到国际的形势。像现在国际间强凌弱众暴寡的情形，何曾不是侠气沦丧的结果。阿比西尼亚亡了，那国拔剑相助？捷克分割了，大家还庆幸一时的苟安。中国无辜受侵略了，那国在自己被攻击以前，为正义人道来和我们并肩作战？国际间的紊乱无秩序，都是丧失了侠者的精神之所致。

众人所弃，我必守之。我们不可丧失自信了。我们要抱定侠者的精神，以整饬我们的内部，以扫荡我们的外寇。要是我们成功的话，我们还应当秉着这种精神，以奠定国际的新秩序！

第七讲　荣誉与爱荣誉

　　我所提出的"荣誉"就是指英文的（Honour）或德文的（Ehrlichkeit）。这两个外国字，本都含有人格的意义。在中文方面，很难找到适当的译名，我现在译作"荣誉"。

　　人生的目的不仅是为生活，而且还需要荣誉的生存。荣誉是人格光辉的表现，也是整个人生不可分解的一部分。没有荣誉心的人，就谈不上人格；漆黑黯淡的过一世，这种生存有何意义？

　　西洋人很重视荣誉；他们把荣誉看得比生命还更重要。假如你说某人无荣誉，他一定认为这是对于他最大的侮辱。为了荣誉问题而实行决斗，也是常见的事。这种决斗办法的对不对，是另一问题：但他们对于荣誉的尊重，却不可小看。英国人对于内阁阁员，称作 The right Honourable，不是恭维他是最高贵的，而是恭维他是最荣誉的。美国西点（West Point）陆军军官学校的校训是三个字，就是"国家，责任，荣誉"（Country，Duty，Honour）这是他们在军人精神教育上对于荣誉的重视。欧美许多学校的考试，还有所谓"荣誉制度"（Honour System）；就是教员于出题以后，立刻退出教室，并不监考，他只在黑板上写一个大字，就是（Honour）（荣誉）。于是学生憬然于荣誉的观念，不敢作弊。万一有人作弊，不但学校立刻把他开除，而且这个人从此不齿于同学。

　　荣誉的观念，在中国社会，却太不发达了。为唤起一般人对于荣誉的认识和尊重起见，所以我特别提出这"荣誉与爱荣誉"的问题来讨论。

说到荣誉，往往就要联想到"名誉"。但是荣誉和名誉不同，荣誉不就是名誉。"名誉"在英文里面，是另一个字，即 Reputation。名誉是外加的，而荣誉却是内足的。更明白一点说，名誉只是外界的称许，而荣誉则是内部发出来的光荣——也可说是光辉——与外界所加上的名誉相合而成的。所以荣誉具有内心的价值。较名誉还要可贵。西洋虽有名誉为第二生命的话，但荣誉却简直是第一生命，或是第一生命的一部分。不过，名誉和荣誉也有关联。人是社会的动物，多少都需要外界的刺激，外界的鼓励，外界的承认，才格外能自发的向上，自觉的求进步；所以人大都是要名誉的。"三代以下，惟恐不好名"，好名誉不一定就是坏事。苏联就常常采取以名誉来鼓励人努力工作的方法。所以他选择工作最努力的工人为"工人英雄"；用这工人的名字去名工厂，去名制度。对于到北极探险的人，也常常加以"英雄"的徽号；这都是用名誉来奖励人奋发有为的证据。这并没有害，而且有益。中国的老子曾经问过一句话："名与身孰亲？"我想许多西洋人的回答一定是"名亲"！

荣誉不是名誉，更不是"虚荣"。"虚荣"在英文里面是 Vanity，也可译为浮名。虚荣乃求他人一时之好尚，或是庸俗的称颂，而即沾沾自喜，以为满足的。虚荣的表现，就是好炫耀，好夸大，藉此以博得他人对自己的称赞。譬如女子常欢喜穿华美鲜艳的衣服，以引人的注意；男子则好出风头，往往做了一次什么会的主席，便自以为了不得，自以为是这小世界里的"小英雄"。这都是虚荣在作祟。虚荣是从错觉（Illusion）来的。错觉是虚荣的粮食，虚荣全靠他培养大的。所以错觉一旦幻灭，虚荣也就随之消散。荣誉则不然。他不是求之于外的，而是求之于内的，所以他可以自持，可以永久。西洋人说虚荣是女性的——但他不是优美的女性，是堕落的女性。男子何曾不好虚荣，不过女人较甚一点。普通女子都欢喜别人恭维他，捧他。如果男子要向女子求婚，最好多称赞他几声"安琪儿"或是"天仙化人"，那她便很容易落到情网里去了！这种虚荣，岂能和荣誉相提并论？

荣誉不但和"名誉""虚荣"不同，而且和"野心"不同。"野心"在英文为 Ambition，他可说是一种男性的虚荣。男子大都好求自己政治的名誉，权力，地位，官阶，以作个人自私的满足。这种野心有时也能推动人去做有益的事，但动机仍是自私，所以很容易发生不良的结果。有些人野心一旦发作，便往往不问自己的能力如何，竟为所欲为，以求侥幸的成功。"小人行险以侥幸"，其结果鲜有不将自己的荣誉甚至身体埋葬于野心的灰烬之中。如果说野心是荣誉，那他只是堕落的荣誉。

至于所谓"门第"，"头衔"，"豪富"，那是更说不上荣誉了。这些都可叫做"荣宠"，而决不是"荣誉"。不过也有一种荣宠，是靠自己努力的成绩换来的。不可一概厚非。譬如外国有些科学家，对于科学有重大贡献，政府特赐他一个荣誉的头衔，如德国大学教授得"政府枢密顾问"的头衔一样。这确是一种比较高贵的容宠，虽然不是真正的荣誉。

荣誉既不是名誉，又不是虚荣，更不是野心和荣宠，那么真正的荣誉是什么呢？我以为真正的荣誉，必须具备以下几个条件：

第一必须能维持生命的庄严。"人必自侮而后人侮之"。有荣誉心的人，必定有不可侮的身体，不可侮的精神，不可侮的行为——简单说有不可侮的生命。他的生命是完整的，不容稍有玷污。所谓"白圭之玷，尚可磨也，斯言之玷，不可为也"！他的理想的生命，是崇高，伟大，正直，坚强，所谓"仰之弥高，钻之弥坚"。他的生命是高贵的，庄严的，所谓"赫赫师尹，民具尔瞻"。所以别人尊重他，而不敢轻视他；爱敬他，而不敢亵渎他。

第二必须能有所不为。有所不为，是人生最不容易做到的。"有所不为而后可以有为"，所以有荣誉心的人，对于标准以下的事，是绝对不干的。至于那一切欺骗、狭小、鄙吝、偷惰，和其他种种"挖墙脚"的事，他更是不屑干的。这正是孟子所谓"非礼之礼，非义之义，大人弗为"。大人的对面是小人，是小丈夫，是贱丈夫。有荣誉心的人，是以"大人"自许的。

第三必须是自足的，也是求诸己的。外界的称许，如系实至名归，也所不辞；譬如以科学上重大的贡献而得诺贝尔奖金的人，若是他配得的话，当然可以安心接受，何用推却？但凡事应该求诸自己，尽其在我，不必分心去猎取流俗的恭维。流俗的恭维，不但靠不住，而且在有荣誉心的人看来，反为一种侮辱。名画家的画，并不在乎有多少外行的人赞美，而贵乎能得一个真正内行的人来批评。所谓"千人之诺诺，不如一士之谔谔"就是这个道理。即使内行的人也不称许，自己仍可得到安慰。因为自己的天才得到发挥，在自己的努力中，就有乐趣存在。古今中外，许多大艺术家，都是死后得名的。科学家也是如此。大科学家盖白勒（Kepler）在他的一部名著 *Weltharmonik* 序上说道："你的宽恕我引以自娱，你的忿怒我也忍受；此地我的骰子掷下来，我写成这本书人给读，是同时的人读或后代的人读，我管他干什么？几千年以后有人来读，我也可以等，上帝也等六千年以后才有人来臆度他的工作。"这种特立独行的精神，也可说是一种孤寂的骄傲，但是这决不是骄傲。翻开一部科学史来看，古今多少科学家，在生前享国际大名的，除了牛顿和爱因斯坦以外，还有几人呢？造化弄人，奇怪得很，生前最不求虚名者，往往死后最能得名。如果自己对人类真有贡献，即使名不可得，又有何妨？世间真正的价值，常埋藏在无名者之中。许多汲汲求名的人，实在可以休矣。

第四必须自尊而能尊人。真正有荣誉心的人，不但爱自己的荣誉，而且也爱他人的荣誉。荣誉不是傲慢，乃是自尊而能尊人。"子以国士待我，我亦以国士报之。"其实毁灭了他人的荣誉，自己的荣誉，也就建设不起来。在侏儒国里，就算自己是长子，又有什么意思？要做长子，就要到长子国里去做，不要在侏儒国里做！有荣誉心的人，一定能尊人，能下人。他承认人的能力，赞叹人的特长，尊敬人的善处。能适当的自尊，也能适当的低头。上谄下骄的事，绝不在他的行动意识里面。

总而言之，荣誉就是人格，是人格最光荣的完成！

爱荣誉乃是一种意志的倾向，行为的动态，是要以忠诚纯洁的行为，去得到依于德性合于美感的承认的，德国的哲学家包尔森（Friedrich Paulsen）说："我们不能想象没有强烈的对荣誉之爱，而伟大的事业可以表现。"社会的向上靠此，人类的改善靠此，历史的转变也靠此。

我们今日不但要提倡个人的荣誉心，和对于荣誉的强度的爱。而且要提倡集体的荣誉观念，集体的荣誉观念，就是个人对团体的荣誉之爱。

譬如一个家庭,凡是家庭的各份子,都要努力保持一家的"家风"或"家声",不能做有辱门楣的事。又如一个商店,不肯卖坏东西,诚恐坏了他的牌子,也是出于爱护集体荣誉的观念。再如一个学校,无论是教职员或学生,人人都应该知道学校荣誉的重要,不能随便塌学校的台。实验室里未成熟或不真确的报告,不可轻易发表;因为这对于个人的责任的关系还小,对于整个学校的荣誉却太大了。不独以"长胜军"或"铁军"著称的军队,全部队的长官和士兵,要爱惜他本部队历史之光荣;凡是"国军",谁不应该勇猛奋发,维护国家军队的光荣。扩而大之,一个社会,一个民族,一个国家,要不没落和毁灭,必须再由构成他的分子,共同努力维持和增进他集体的荣誉!

人生是需要有荣誉的。不荣誉的人生,是黑漆漆的,无声无臭的。有荣誉的人生,是高贵向上的;无荣誉的人生,是卑污低下的。禽兽才只要生存,不要荣誉,也无荣誉的观念。人应该是理智感情和品格发展到最高程度的动物;人不只要生存,而且要荣誉。荣誉也可说是人类的专有品。所以英国的诗人拜伦(Lord Byron)有两句诗道:"情愿把光荣加冕在一天,不情愿无声无臭的过一世!"

第八讲　运动家的风度

　　从前文惠君赞美庖丁解牛的技术,庖丁回的话是"臣之所好者,道也,进乎技矣"。这话可以解释近代运动的精神。

　　提倡运动的人,以为运动可以增进个人和民族体力的健康。是的,健康的体力,是一生努力成功的基础;大家体力不发展,民族的生力也就衰落下去。

　　古代希腊人以为"健全的心灵,寓于健全的身体"。这也是深刻的理论,身体不健康,心灵容易生病态。历史上,传记里,和心理学中的例证太多了。

　　近代美国大学里,认为运动在竞赛的时候,可以发展大家对于自己学校的感情和忠心,培养团体内部的共同意识和生活。这理论已经是较狭小而次一等了。有比这更扩大一些的,就是都市与都市间的运动竞赛,国家与国家间的运动竞赛。自从十九世纪末叶以来,西洋复活希腊阿灵辟克运动会的风气,产生了多少国际运动会,也是为此。

　　其实就从无所为的眼光来看,从纯美的观点来看,于美景良辰,化日光天之下,多少健美的男女,表现他们发展得很充实的形体,经过训练的姿势,如龙跃天门,虎卧凤阁似的飞扬炫耀于广大热烈的观众之前,也可以发生一种自然的美感。

　　这些都是对的。但是运动的精义,还不只此。他更有道德的意义,这意义就是在运动场上养成人生的正大态度,政治的光明修养,以陶铸优良的民族性。这就是我所谓"运动家的风度"。

养成运动家风度（Sportsmanship），首先要认识"君子之争"。"君子所争，必也射乎。揖让而升，下而饮，其争也君子。"这是何等的光明，何等的雍容。英文中 Fairplay 这个字，最好恐怕只有译作"君子之争"。他的起源也是出于运动；但其含义则推用到一切立身处世，接物待人的方式。运动是要守着一定的规律，在万目睽睽的监视之下，从公开竞争而求得胜利的；所以一切不光明的态度，暗箭伤人的举动，和背地里占小便宜的心理，都当排斥。犯规的行动，虽然可因此得胜，且未被裁判者所觉察，然而这是有风度的运动家所引为耻辱而不屑采取的。当年我在美国普林斯顿大学研究院读书的时候，看过一次普林斯顿大学与耶鲁大学盛大的足球赛。这是美国东部大学运动界的一件大事。双方都是强劲的队伍，胜败为全美所瞩目。他们在基督教的国家里，于比赛前一晚举行"誓师"大典时有一次祷告。普林斯顿球队的祷告词中有一句话，"我们祈求胜利，但是我们更祈求能够保持清白的动作"。这句话当时我很受感动。

有风度的运动家，要有服输的精神。"君子不怨天，不尤人"，运动家正是这种君子。按照正道做，输了有何怨尤。我输了只怪我自己不行；等我充实改进以后，下次再来过。人家胜了，是他本事好，我只有佩服他；骂他不但是无聊，而且是无耻。欧美先进国家的人民，因为受了运动场上的训练，服输的精神，是很丰富的。这种精神，当从体育的运动场上，带进了了政治的运动场上。譬如这次罗斯福与威尔基的竞选。在竞选的时候，虽然互相批评；但是选举揭晓以后，罗斯福收到第一个贺电，就是威尔基发的。这贺电的大意是：我们的政策，公诸国民之前，现在国民选择你的，我竭诚的贺你成功。（其实每届选举完毕，失败者都是这样做。而胜败之间有无问题，也每以失败方面的贺电为断。）这和网球结局以后，胜利者和失败者隔网握手的精神一样。此次威尔基失败以后，还帮助罗斯福作种种外交活动；一切以国家为前提。这也是值得赞许的。

在中国的政治失败者，则以为"连老子都会失败，大家瞎了眼睛。不请教我。天下事尚可有为？"

有风度的运动家不但有服输的精神,而且更有超越胜败的心胸。来竞争当然要求胜利,来比赛当然想开记录。但是有修养的运动家,必定要达到得失无动于中的境地。"人人赛跑,只有一个第一"这是保罗的话。记录不过用以试验人力可能达到的限度。不说欧文斯(Owens)十秒点三跑一百公尺的记录,和他跳远到八公尺点一三的记录,就是请希腊神话里的英雄亚基里斯(Achilles)出来,他每小时经过的距离,能超过火车,汽车,或现在每小时飞行在四百英里以上的喷火式驱逐机吗? 可见人力是很有限度的,而我们所重,并不在此。运动所重,乃在运动的精神。"胜固欣然,败亦可喜",正是重要的运动精神之一。否则要变"倖倖然"的小人了! 运动家当然明白运动是义务的表演;既知如此,还得拼命去干,也是难能可贵的精神。

有风度的运动家是"言必信,行必果"的人。运动会要举行宣誓,义即在此。临阵脱逃,半途而废,都不是运动家所应有的。"任重而道远"和"贯彻始终"的精神,应由运动家表现。所以赛跑落后,无希望得奖,还要努力跑到的人,乃是有毅力的人。大家鼓励之不暇,决不能有中国运动场上习见的"喝倒彩"。

"橘移淮北化为枳"。许多西洋东西到中国来会变质,运动也不是例外。运动风气在中国开始不过三四十年,较盛不过近十几年,这种风气对于青年的健康与体力,很有帮助,只可惜他还没有超过学校青年的范围。但是运动的精神,在中国不只没有发达,且常不被了解,甚至于被误解。比球的时候,看准对方的健将,设法将其先行踢伤,再图一逞。输了以后不服输,说是评判员不公,乃蜂拥殴打。这种事虽逐渐减少,也时不绝闻,我记得民国初年上海有某某两大学因比球而成了"世仇"。其中有一位校长是讲国学的老先生,修养很好;只当比球的时候,火气特盛,本校球队在他处开始比赛的时候,他就拿一张椅子,坐在电话旁边,(那时候还没有办公桌上的话机);派人在球场附近不断的用电话来报告。电话里说是胜了一球,他独自笑不可抑;说是输了一球,他就痛哭流涕。两校学生都在开赛以前,各自身边藏着"呜呼某校"的小旗;对方一经失败,就把这小旗抽出来狂叫；己方失败，则垂头丧气，仍然暗地里带着这不争气的小旗归来。若是对方来本校比赛失败后，则以爆竹和军乐队讽刺似的送他们出去。若是对方胜了，则送以愤恨嫉妒的嘶声。双方都如此，没有例外。运动演变至此，运动的精神扫地已尽了。

运动职业化的风气，在欧美也有，教育家常加批评，引为深戒。这风气在美国较盛。如棒球专家鲁士（Babe Ruth）竟成为全国一个大人物（big man）。大学里的球教师薪水之大，超过任何教授；这薪水往往是由入场券收入或毕业同学会捐款支付的。这种在西洋正待纠正的现象，却很容易的传染到中国来。以前有过学校长期豢养几个球员。这就是最初的"选手制"。球员在饭厅里有特别的餐桌和饭菜。有一个"运动家"接连留了六年级，也不会照章开除，因为他能"为校争光"！现在这位留级六次的"运动家"，沦落到在上海跑马厅做马师，骑了马供人做香槟赌博。这是必然的结果。这不但丧失了运动的意义，并且丧失了整个的教育意义。这与西班牙斗牛有何分别？

试问这种的风气和训练，带到政治社会里来，是什么影响，我不说中国政治社会里暗中倾轧，愤恨妒嫉的现象，是这萌芽时期的运动所造成的。这是很不公平的话。我们更不可因噎废食。我举出这些不幸的例子，是希望大家一同来纠正错误的观念，积极的从运动场上来培养民族的政治道德！

国难发生以后，有些人或是从"国粹"的观点上，或是从"经济"的观点上，反对近代式的运动，尽力提倡"国术"。现在学校里的运动，太费钱了，太贵族化了。不如打打拳罢。这类的话常常听见，但是我不敢赞同。何则，因为中国的拳术，根本与近代运动的精神相违反，与国家要走上的近代化道路相背驰。我承认中国拳术可以锻炼身体，很有用处。有肺病的人不能作剧烈运动，打一套太极拳，活动活动血脉，总比睡在床上或是枯坐不动好。但是我认为拳术的精神，根本不对。他是缺少群性的，他是个人的运动。至少不过打"对子"，玩"推手"。我幼年看过不少的技击小说，知道许多"江湖大侠"之所以取胜，全在于"暗算"。打擂台的时候，常是乘人不备,一个"飞脚",踢碎了对方的护心镜,又是两脚,结果了对方的性命。外国的拳师打擂台,也是野蛮的举动,我断不赞成。但是人家把对方打倒以后,就应立即停止,让裁判者连数十下,到第十下还爬不起来的时候,就算输了。断无打倒以后,还在小肚子上加踢一脚之理。中国技击小说上,据我所记得的,恐怕只有一个人还有点运动家的风度,这就是《施公案》里的白面猂狼甘亮。甘亮金镖的技术好极了,百发百中,所以他镖上有三个小铃,刻上自己的名字,表示我打你一镖,还让你先知道。做小说的人也很提倡他,说他这光明的态度,使他后来成为地仙。至于所谓"内功"的太极拳呢?他的精神全是阴柔。他给你的基本观念,就是如何趋避,如何取巧,不要你有攻击精神,而教你如何使对方的力量落空。他也有一套神秘的理论,近似黄老哲学。但是请问这种理论,适合于养成刚强进取的群性青年吗?还有一层,中国技击的精神,是与近代建军运动不相合的。近代化的军队,要相信科学武器的能力,要注重各方面配合协调的运动,那有教人独自盘旋作势之理?自从喜峰口黑夜摸营的动作,有些斩获以后,于是许多鼓词式的作家,拼命提倡大刀队,仿佛大刀队可以打飞机,当大炮。流风所及,火车站上也常看见有人拿了大刀在飞舞。这风气带不少的危险性,可使许多人回到"铁布衫""义和拳"的观念上去,四年多对敌抗战的血的教训,我想应当把这种反时代的观念打破了罢!有次我们在重庆商量夏令营课程,陈辞修将军把"国术"一项勾去。当时他说"国家要建军,这个科目的性质是与他不相容的"。我认为这是合于近代精神的话。

我不说西洋各项运动都是好的,都可以采取的。决不是,决不是。如打"洋擂台"的办法,我就认为野蛮。我以为西洋运动在中国最应当提倡的,就是英国式足球,也就是在中国已经流行的足球。他的好处很多,最重要的是他最讲究协调动作而富有群性。每一边十一人,各有岗位,但是动作起来,却成为不可分解的整个。成功是全体的成功,失败是全体的失败。不然,守球门的人真冤极了。攻进敌人球门时是前锋出风头。与他无涉;自己球门被攻进,他却要负责任。世界上那有这冤的事!不知最好的前锋,也不是自己把球盘了不放,一直打进敌人球门的。最好的球员,要善于传递,不惜让人家攻进去。这是"成功不必自我"的精神,这也是最可贵的运动家的风度!

各国政府与教育家努力提倡运动,不是无意义的。他们要在运动场上增强民族体魄,提高国民道德,陶铸健全的民族性。因为运动场是一个自动的教育场所。他能使人于不知不觉之中,把整个的肉体和灵魂贡献出来。接受教育的洗礼。"他不但补充而且扩大近代的教育"。

主张近代运动的理由,除了前面所说到的而外,还有许多。运动可以培养冒险的精神,鼓铸热烈的感情,解放剩余的精力,而同时代替了不良的嗜欲。这也都是对的。但是从人生哲学看来,运动家的风度,才是运动由技而进的道。

运动家的风度表现在人生上,是一个庄严公正,协调进取的人生。有运动家风度的人,宁可有光明的失败,决不要不荣誉的成功。

第九讲　悲观与乐观

我们对于宇宙，对于人生，应都有一整个的认识，根本的态度。这种认识和态度，就是我们一切行为的标准和指南。否则今天一件事可以使你悲伤失望到自杀，明天一件事可以使你快乐得意到发狂，天天生活都在震荡不定之中。何况我们现在正处于一个悲喜交集的时代，如果对于人生无正确的认识，而又不幸带上颜色眼镜，则更易酿成生命的大危机。德国哲学家常在讲宇宙观之后，就接着讲人生观，实在很有道理。

悲观与乐观，都是个人的感觉，是随时可以发生的。尤其一个人在困苦艰难的时候，更容易引起这种疑问：我活在世上，究竟有什么意义？仰望天空，天空是布满了无数的星辰；据天文学家猜测，在某些行星上，也许还有生物存在。这一个小星球中的一种生物的一分子，真是"渺乎小矣"。这生命值得活吗？况且人生一世，不过数十寒暑，生老病死，无非痛苦烦恼。生命太无常了，何必奋斗，自讨苦吃？这种情绪不见得会天天有，但如假定有了，而无法解决这生命之谜，危险也随着发生了。

悲观和乐观，本都是感觉；感觉是主观的；他对于抱这主观的人具有力量，我们不能否认。但如把他演化为一种学理，那就不限于感觉的范围，而成为一个理智上的问题了。我现在就想从理智上来讨论悲观主义和乐观主义两派学说。

在西洋思想史上，悲观主义有三大派别。第一是享乐派。希腊德谟克利图斯（Democritus）倡原子论（Atomism），谓宇宙是由无数的原子组合而成。稍后伊壁鸠鲁(Epicurus)即根据这种原子的唯物论,否认宇宙有所谓目的和道德,认为快乐就是善,痛苦就是恶。人生应该充分享受,充分求乐,不必奋斗,不必劳苦。"且以喜乐,且以永日,我躬不阅,遑恤我后!"这正是为享乐派说法。而中国魏晋六朝的清谈派,对于人生也有同样的态度。这一派理论的错误,在认为苦乐可以比较。要求得苦乐多寡的比较,还须求之于计算;但是苦乐的计算,是不可能的。我们能不能模仿商店,开一个资产负债表,把快乐和痛苦分项记入,作一平衡? 第一个困难是快乐和痛苦,用什么单位来比较? 假如我昨晚睡得好,是快乐,应作几个单位? 假如失眠,便是痛苦,又应作几个单位? 这种单位固不能定,而这种单位计算法更不适于人生。第二个困难,是快乐和痛苦,常系于个人的态度。有人以受恭维为得意,有人则安贫乐道,以不为流俗所称许自豪;寂寞中的骄傲,自有高人领略其滋味。这两种人何从比起? (黄仲则"千家笑语漏迟迟,忧患潜从物外知,悄立市桥人不识,一星如月看多时"一诗,颇足表示寂寞中骄傲的情绪。)还有,这派学说,往往以为快乐是消极的,是负号的,快乐就是"脱离痛苦"(Freedom from pain),那痛苦便是积极的,是正号的。如此则快乐项下,更无账可记了。快乐和痛苦,既然都是感觉,为什么一种是假的,而另一种是真的? 可见这一派理论经不起批评的地方太多了。

第二是意志派。十九世纪的德国哲学家叔本华(Schopenhauer),就是此派的主要人物。叔本华认为宇宙和人生的一切行动,背后都有个意志在支配。他逼迫人无目的地活动,无目的地前进。人不是自己要生活,而是意志逼你不得不生活。但意志无满足之时;纵然满足,也只是一时的,转瞬即归消灭。生命全体是盲目的,空虚的,是为不可挽回的失败而奋斗。所以人生是充满了失望、无聊和苦恼。要解脱人生的苦恼,只有两种方法:一是从艺术中来求消散,来求寄托;一是他认为最根本的方法,就是为逃脱意志的逼迫而入于"涅槃"。这种学说的错误,在以生命为另一目的(意志)的机能,而不知意志乃是生命的机能;他是附丽生命而共存共荣的,不是藏在生命后面来盲目鞭策的。(这是我主张的意志说与叔本华的意志说根本不同之点。)他认为生命是意志的手段,不是目的,殊不知生命本身就是目的。生命看来似永久为一过程,然而他的目的就不断的在这过程中实现。譬如游山,不必说一定到了某个寺庙,某个古迹,才算游山,善于游山的人,走一段,就可欣赏一段的风景。他游山的目的,就在这整个旅程之中。他随时有亲切的乐趣,充分的满足,这些对他何曾不真,又何所用其悲观失望? 叔本华的学说,颇受他自己生活的影响。他一生很不得意,常发牢骚。他认为社会对人的待遇,太不公道。他不结婚,所以老年孤独,无人照顾,以至于恨女人。他只看到人生的一部分,而没有看到人生的全部分。他只看到影子的方面,而没有看到灯光的方面。所以发出那样失望悲观的论调。须知天地间固然有冰雹霜雪,但也有雨露春阳。

第三是历史派。此派以为社会的进化,是善恶并长,而恶过于善。最初犹太人就有这种观念,以为文明愈进步,道德愈沦丧,人类是逐渐堕落的,所以原始的快乐也逐渐丧失。卢骚主张"回到自然"(Return to nature),以为古代才是黄金时代,从古代演化到现代,是从黄金时代堕入黑铁时代。人是从爱登花园里掉下来的,所以日日翘首企足,祷告要求回去。考察这派的悲观思想,由以下四个论点出发。第一,他以为进化愈趋复杂,则人性对于痛苦的感觉愈灵敏。因为欲望愈多,则愁苦也愈多,失望也愈多。所以生命愈发展,痛苦愈增加。但不知生命发展的结果;欲望固愈增,同时满足欲望的方法和能力也愈增,因此快乐也愈增。快乐是随工作及其结果而俱来的。尤其痛苦以后的快乐,更是莫大的快乐。英国诗人德莱敦(Dryden)说:"甜蜜是痛苦以后的快乐。"(Sweet is pleasure after pain.)这句诗很有深长的意味。许多艰苦出身的名人欢喜写自传,有一种心理是因为他们经过奋斗的痛苦,以后痛苦忘了,痛苦后的快乐仍还存在。在生命的历程中,即使不能证明快乐多于痛苦,但谁能证明痛苦多于快乐? 第二,以为智慧愈发展,则对于将来的认识愈透澈。人和一般动物不同,一般动物的痛苦,是一时的,而人的痛苦却是永久的。人是有远见的,一到中年时代,更常常想到生老病死,而对于将来起一种恐惧。

"前不见古人，后不见来者，念天地之悠悠，独怆然而涕下！"这种身世飘零之感，是会不期然而然发生的。不过智慧发展的结果，虽然因想望将来而恐惧愈多，但希望也同时愈增。希望给人以一种预期的快乐。人对于恐惧感觉的灵敏，远不如对于希望感觉的灵敏，所以快乐仍然是有的。况且纵有痛苦，也能以文学艺术种种方式表现出来，因此减去不少。第三，以为人除现实的生命以外，还有理想的生命；除现实生命的痛苦以外，还有理想生命的痛苦。而且追求理想生命的痛苦，尤较现实生命的痛苦为大。理想愈高，挫折愈多。事业的打击，爱情的失望，能不使人痛苦！但不知理想之中，也有很大的乐趣存在。人类最高的发展，那件不是从对于理想的追求而来？只有不随俗浮沉，追求理想实现的人，才能完成伟大的事业，也才能感到别人所感不到的乐趣。理想实现时，倘能得到别人的承认，固可增加自己的快乐，即使别人忽略或竟认为不值一顾，然而我自己的自尊之心，也足以医治自己的痛苦。第四，以为生命愈扩大，则受创痕的机会也愈多。同时因同情心的发展，使别人的痛苦，成为自己的痛苦。因此自己所感受的痛苦也愈增加。但是同情虽能予人以痛苦，却也予人以快乐。自己的痛苦可因别人的分担而减，自己的快乐也可因别人的分担而增。所以德国有句话："分担的痛苦是一半的痛苦，分担的快乐却是双倍的快乐。"（Geteilter Sphmerz ist halber Schmerz; geteilte Freude ist doppelte Freude.）随着社会文明的增进，痛苦虽可以加强，但快乐也可以加强。由此可见以上四个论点，虽似言之成理，但皆见一体而未见全身。

总而言之，社会的文明愈进步，苦乐的强度也愈增加。悲观主义者不能证明痛苦一定多。他至少也曾尝过橄榄的滋味罢！况以常识判断，有许多痛苦，确是文明可以征服的。譬如近代的医药科学及生产技能，都能减少人生的痛苦而增加人生的幸福。文明的痛苦，需要更进步的文明去治疗。而且进一步说，悲观是表现生活的疲乏、松弛和退却；悲观到最高的顶点，就是"涅槃"。但"涅槃"能解脱痛苦么？不能！"涅槃"仍旧是一种死境，他不过是死的别名。再进一步说，我们有现成丰富的自然产物和人力创造，供我们享受；有美丽雄壮的诗歌音乐，供我们娱乐；有伟大生动的雕刻绘画，供我们欣赏；有无数哲人杰士用心血孕育出来的伟大思想，优美的文化，供我们"取之不尽，用之不竭"，我们还有什么可以悲观？我们自己如不努力发展生命，继续创造，配不配谈悲观？

乐观主义和悲观主义不同；他给人以和悦，快乐，向上的情绪，确比悲观主义好得多了。不过乐观主义也须有正确的信念做基础，方才没有流弊。我虽然赞成乐观，但不赞成盲目的乐观。

在西洋思想史上，乐观主义也可以分为三派：第一是宗教的乐观派。西洋宗教是比较抱乐观态度的。其根本观念，是以为宇宙有一个全美全能的主宰。人生下来本有罪恶，但只要赎罪以后，就可达到最完善的境界。"原始罪恶"（Original sin）的观念，本始自希伯来人。赎罪的观念，对于软弱的灵魂，有愧的良心，是一种安慰，一种希望。但把理智来省察，却难自圆其说。假定世界为全善全能的主宰所创造，他既为全善，又何为造恶？既然有恶，则全善之说，何能成立？既为全能，为何不能把恶去掉？如谓恶是安排好了来磨练人的，意在使人去恶为善，但何不痛痛快快将恶去掉，又何必绕一大圈子，来和人开玩笑？至于"原始罪恶"之说，尤使人生一种恐怖和抱怨祖宗的心理。我们很难了解小孩子生下来有什么罪恶？如果说这罪恶是从亚当夏娃偷吃了一个苹果传下来的，那也太残酷了。难道父母是犯人，子子孙孙都是犯人？这真是一种可怕的罪恶遗传论。鼓励有罪的人忏悔，本是一种很好的意思。佛家"放下屠刀，立地成佛"之说，也是鼓励人家改过。但是决不能把宗教的忏悔，看作一步登天的捷径。欧洲中古时代僧侣藉此敛钱的事很多。中国社会里一面念经，一面做恶的事，大家睁开眼睛就看得见。中国不少军阀在位时杀人放火，一下野就长斋礼佛，等到有机会上台还是照旧的杀人放火。这都是仗着宗教的忏悔，为恣意作恶的保证。为求人类沉着的进步，不必有事前的恐怖，也不必存容易的乐观。

第二是理性主义的乐观派。这派以为世界是合理的，甚至于是理性的构成。因为恶是不合理的，所以不承认恶的存在，所以恶是不真的

(Not real)。这种观念,推论下去,真是危险。恶如不真,何必还要和恶奋斗?"无的放矢",岂非多事?把恶看得太轻,便是松懈自己。恶的真与不真,应依客观的情态来决定。自然界中善与恶都是实在有的。风调雨顺,国泰民安,固然是真,但是洪水猛兽,狂风暴雨,又何尝不真?我们不必否认恶的存在,我们应该将恶征服。人的努力,就在于此。恶是完美人生的阻碍,但人类一切的工作,一切的文明,都由于征服这些阻碍。若是田中自有收成,树林自有果实,就用不着农艺园艺的工作;若是气候绝对宜人,风雨毫不为害,就用不着各种起居的设备;若是树上会长衣帽鞋袜用具,就用不着工商业。遍地都是鲜花,满溪流着牛奶,海水变为柠檬露,只不过是带诗意的幻想。因为恶的存在,使我们成就了许多事业。人类不但能将恶征服,而且能转恶为善。水可以泛滥,也可以灌溉,只看转变的力量如何。我们需要阻力,我们接受障碍;没有无阻力的成功;没有无障碍的快乐。我们不敢说整个的世界是理性的构造,我们却可以希望从我们的努力,可以把世界改造得更为接近理性。

第三是生物进化论的乐观派。这派还是代表初期进化论的乐观论调,也可以说是幼稚观念。他以为算起总账来世界总是进化的,于是在逻辑上跳了一大跳,以为算起总账来世界总是进步的。他把进化与进步论两个观念混淆了。进化只是变,变好变坏是不一定的,所以进化决不等于进步。当黄金时代在远古的观念,盛行于西洋的时候,进步的观念自属薄弱。到了十七、十八世纪之间,意大利人魏柯(Vico)以历史哲学证明世界进步;十八世纪初叶法人圣比耶(Abbe de Saint-Pierae)认为进步是真实的;德国哲学家赫尔德(Herder)居然从历史和文学方面,规定了"进步的定律"。但是这些大都还是富于浪漫式热忱的期望。到了达尔文的进化论成立以后,思想界为之震动,于是进化论的范围,扩大到生物科学以外,连天体星辰的进化,也讲起来了。从进化的迹象之中,发现了许多进步的事实;当时的人又震慑于自然科学和工业文明的进步,于是不知不觉之中,常把进化与进步混为一谈,成为维多利亚时代的乐观主义。这种乐观的进步观念,曾经给予近代文明以不少的鼓励;只是把他当作盲目接受的教条,把进步认为必然的现象,那就大大不妥。这不但不能使人奋发,而且可以使人懒惰。须知世界上进步的现象固有,退步的现象也有,生物的种类有发展的,也有消灭的;人类的种族,有继续繁盛的,也有只余遗迹,供他人凭吊的;中道崩殂的文化与文明,不知道有多少。就是现在存在着的人类及其文化与文明,若是不用智慧去指导他的方向,而恣意摧毁,或是停滞不前,也终久免不了被时间卷去的劫运。况且按逻辑的道理来讲,进步是必须先假定一个目标,朝着他前进,那进步这个名词的意义,才能成立。否则譬如循着一个铁环在转圈子,从这方看是进步,从那方看是退步。又譬如养猪。将一个猪种改良,可以把三四百斤一头的猪养到六七百斤;在研究畜牧的人看来,肥猪可以多供给肉量,是进步了;若是猪而有知,能够说话的话,他能同意吗?进步必先有定向(Direction),这是逻辑的先假,这道理十分明显。还有进化论里的"适应"二字,也常被滥用而易起误会。适应不只是被动的,最高生物——人类——的适应,是自动的,是积极的,是带创造性的,"适应"决不是将就。我们接受环境的现实,但是决不陷没在环境里面;最能适应的人是最能改造环境的人。"随遇而安"是缺少创造精神的生活。

　　根据以上对于悲观与乐观两大壁垒的讨论和批评,我们正确的人生态度,可以决定了。我们用不着悲观,因为除了毁灭自己的生命而外,悲观毫无是处。我们要乐观才能提得起我们做人的兴致,但是我们决不能存过分的,盲目的乐观,因为他可以造成人生的倚赖性和惰性。世界上同时有可悲可乐的事实,我们不必否认。我们的悲要当作慈悲的悲。要以"悲天悯人"的情绪,去积极奋斗,拯救人类的痛苦。我们的乐要认为是"乐以忘忧"的乐,从乐里去解除工作的疲乏和苦闷,去求得精神的安慰和振作。"苦中作乐"不是一件坏事。要面带笑容上火线的战士,才能打胜仗。(三十一年一月六日中央社记者长沙来电,谓于长沙最危急之时,记者在街上见守城士卒,当休息的机会,还弄丝竹。他们有这种的精神,所以能奏第三次的湘北大捷。)不但前方应当如此,当长期抗战,生活困难的期间,后方更应当如此。终日愁眉不展,怨天尤人的人,不但不能帮助国家打胜仗,反而颓废精神,沮丧士气。为了不做奴隶而牺牲,就是喝碗稀饭,也应当快快活活的喝下去。

我所主张的是不断的,积极的,原动的改造主义(创译一个英文名词是 Dynasmic Reconstructionism)。我们不能抹煞历史,抹煞环境,这在宇宙的系统里都是真实的。人类生命的系统,在宇宙的系统里也是同样真实的。但是这个生命的系统,与其他宇宙间的系统,有一点不同的地方——这是生命的特性——就是他有智慧去指导他的命运,有意志去贯澈他的主张,有生力去推动他的工作。他和炉火一样,就把他放在壁炉里,他也可以吸收满屋的氧气,以发挥他的火焰,增加他的热度,使四座生温。他可以吸收宇宙的生机,增加自己的生机;吸收宇宙的生命,扩大自己的生命。所以他接受现实而不为现实所囿。他认识理想,但是他知道理想是不断推进的,所以他不断的动,不断的向前。他不失望,他不怨恨。他不但勇敢地接受生命,而且快乐地创造生命。他把古往今来,四方八面的原料,运用他的生力,沉着地来改造这生命更接近于他的理想。

十世纪波斯诗人俄玛开颜(Omar Khayyam)有一节名诗,我冠以"心愿"的题目,翻译在后面:

> "要是我能同你,
>
> 爱呵,秘密的,
>
> 和造化小儿定计;
>
> 抓住这苦恼的宇宙安排,
>
> 一把搦得粉碎!
>
> 可能依咱俩的铺排,
>
> 重造得更称我们的心意!"

第十讲　扭开命定论与机械论的锁链

人生是自由的还是机械的？是自主的还是被动的？这是人生哲学里一个很基本的问题。他和道德的责任问题有密切的关系。

你如果说人生是机械的，是被动的，那么人的责任从何而生？既然人生原不自由，他还应该负什么责任？机械是不自由的，所以机械本身就没有责任。风雨仪能预告阴晴，避免危险，是航行上所不可缺少的机器；但是他一旦坏了，你能责备他，说他不负责任吗！

你如果说人生是自由的，是自主的，那么人生下来，能绝对的自由吗？我们知道任何人一生下来，除受物质环境的限制外，还要受人事关系的种种限制。即如他所在的家庭、学校、社会、国家，都能影响他，支配他，约束他，他那里能有绝对自由？大而言之，宇宙间也没有所谓"无法律的自由"（Lawless freedom）；不然的话，行星都要互撞起来了，还谈什么人生？

说人生无自由，则人生就不应负责；说人生有自由，则绝对的自由又不可得。这究竟是怎么回事？我们能否有合理的解答，来作人生的标准？

从思想史上看，历来就有两种对人生不同的看法。一种是命定论（Determinism），谓宇宙和人生都预先有一定的安排，不是人的意志力量所能支配的。这种情形，无论你怎样形容——你说是"神"也好，说是"自然"也好，就说是"机械的自动"也好——人总是被决定了的。是没有自由意志的。另一种是"自由意志论"（Free will）。如哲学家康德，就承认现象的世界（Phenomenal world）里，没有自由意志，但是他又舍不得他珍重的道德责任，不让他无处安放，于是想出了一个超越自然的世界（Super-natural world），其中安居了绝对的自由意志。在这超越自然的世界里，人的自由意志，与上帝的，合而为一。这就是道德的先天必然性。

普通所谓命定论起源甚早。初民时代就有占星学（Astrology），主张人生是受神的主宰；神有绝对的权力，要人怎样就得怎样。这也可称为"神定论"，或是"运定论"（Fatalism）我们在儿时常听到老年人说，天上的星都是代表人的，每人有一颗星，星暗则人倒霉，星坠则人死。大星落于五丈原头，于是诸葛亮归天了。人像棋子，神就是下棋的人，只能听他摆布。这种观念在中国魏晋六朝时代，颇为盛行。《列子》是表现这时代思想的一部书，其《力命》篇有一段道："可以生而生，天福也。可以死而死，天福也。可以生而不生，天罚也。可以死而不死，天罚也……然则生生死死，非物非我，皆命也。智之无可奈何。"此处所谓天就是神，也就是命。在同一篇里，还有一段很有趣的文章，就是"力"和"命"两位的对话："力谓命曰：'若之功奚若我哉？'命曰：'汝奚功于物而欲比朕？'力曰：'寿夭穷达，贵贱贫富，我力之所能也。'命曰：'彭祖之智不出尧舜之上而寿八百，颜渊之才不出众人之下而寿十八，仲尼之德不出诸侯之下而困于陈蔡，殷纣之行不出三仁之上而居君位，季札无爵于吴，田恒专有齐国，夷齐饿于首阳，季氏富于展禽。若是汝力之所能，奈何寿彼而夭此，穷圣而达逆，贱贤而贵愚，贫善而富恶耶？'力曰：'若如若言，我固无功于物，而物若此耶？此则若之所制耶？'命曰：'既谓之命，奈何有制之者耶？直而推之，曲而任之，自寿自夭，自穷自达，自贵自贱，自富自贫，朕岂能识之哉？朕岂能识之哉？'"这位命陛下的权威真是大极了，力是一点没有用处的。这种观念，支配中国人的思想甚深。其实何只在中国，在希腊神话，印度哲学，以及许多宗教的经典里，那处不能找到？西洋如此，东方至今尤甚。傅勒尔女士（Mary G. B. Fuller）有一篇文章，叙述她在火车上与几位印度农妇谈话的情形。（见一九二五年九月份美国《大西洋月刊》）。当她和她们谈到印度女子和婴孩的死亡情形时，他们有的只叹叹气，有的只点点头，有的就深信不疑的说：这完全是命运注定的。假如孩子是注定该活的，你就把他掷在石头上，他还是能活。假如他注定只该活三个月，那一到他讨完债的时候，你再也留他不住。这和中国所谓"讨债鬼"的观念，完全一样。"阎王注定三更死，谁敢留人到五更！"（不过现在的医生却要打一针强心针试留一下看。）祸福是神注定的，就是儿女的数目，也是神注定的。这种迷信命运的观念，痛心的是在最近的中国，还有死灰复燃的现象。村夫村妇抱着固有的命定论不必说了。抗战前两年在南京的时候，有几位大学教授身穿西装，对一个某老师磕头如捣蒜。某老师传达神的话，教他们避灾，于是有一位中途书也不教，一溜烟跑到昆明。受过近代教育的知识分子还是如此，更有什么话说！

这种粗俗的神定论，太简单了；经不起推敲，也不应当能满足有思想的人的要求。于是在西洋十七世纪自然科学开始发达以后，摇身一变为机械的，或是物质的命定论。这命定之权，从神的手里，移到物的手里。这种思想的转变，是无足为怪的，因为牛顿的力学，莱伯尼兹，笛卡儿的数理，和整套古典派的物理学（Classical physics）的发展，及其应用在机械方面的成功，太震炫一世了。牛顿三进向的（Three dimensional）的宇宙，成了一个机械式的自然程序（Physical process）。因果律支配了一切。像是如来佛的手掌，尽管孙悟空十万八千里一个的筋斗云也翻不出来。于是自由意志的学说，受了一个严重的打击。如哲学家霍布士（Hobbes）就主张我们只有支配行动的意志（The will to act），却没有支配意志的意志，（The will to will）。又如偏向泛神论的哲学家斯宾诺沙（Spinoza）则主张意志不过精神的自动（Spiritual Automotion），也就是顺其自然，不知所以的动作（Spontaneous motion）。这都是离开自由意志的表现。

但是十八世纪末叶和十九世纪初叶有两位思想界的重镇，重新树起自由意志的大纛，为人生道德问题求得适当的解答。一位是康德，一位是叔本华。叔本华以为意志是不受因果律支配的，他是宇宙人生的原动力，他在一切宇宙人生动作之后，推动这一切的动作。他没有原因，他本身就是原因。人的行为完全受制于这不可测度的意志，所以人生是盲目的，也是不能自主的。他要解脱命定论的悲观，但是他自己却踏入另外一条悲观的路上。康德是接受牛顿力学的宇宙观的,然而他只是接受和承认他在现象的世界里的权威(因为当时支配科学的原理,只以牛顿力学为最高;设如康德知道二十世纪的近代物理学,他的学说是一定会有改变的。)他另外想出一个超越自然的世界来,安放道德的畴范,以为人类行为的准则。在这物质科学称雄的世界里,他三部深刻的批评,使人类在无可如何之中,得到一种道德的援助;也使康德成为一百余年来道德哲学的大师。

黑格尔也是一位不愿意受因果律束缚的哲学家。他创导辩证法的逻辑,断定思想是宇宙的本体。思想是以相反相成的程序,自己发展,自己创造,自己完成的。他用以达到唯心论的推理工具,被他的私淑弟子马克思一借用,却到唯物的结论上去了。黑格尔以思想为宇宙的本体,马克思以生产力(Force of production)为人类进化的原则。循着这力量的演进是必然的,人是受他支配的。于是成立了一种新唯物的机械论。……

其实这种十九世纪的唯物机械论,何只马克思一派。在近代机械发达的时候,一般人为之目眩耳聋,五体投地的向机械之神拜倒,甚至于思想界也未能免俗,于是产生了许多维多利亚时代的乐观主义者,要以机械的原理来解释一切。譬如拿人的身体来讲罢。生理学家局部研究他的神经系统、骨干和血管,仿佛当电线、钢筋、引水管似的来解释。化学家看他的化合成分,以原子和有机组合来解释。物理学家分析他原子的构成,以电子和质子(Proton)来解释。心理学家以感觉、情操、反射弧和语言习惯来解释。心理分析家以下意识和立必多(Libido)的活动来解释。生物学家以基因(Gen)和染色素(Chromosme)来解释。经济学家以他当作经济人(Economic man)来解释。统计学家以他求得中数人(Median man)来解释。经过东一分析,西一分析,人的研究是详尽了,但是人却不成其为人了。他们纵然可以把各方面分析的结果综合起来,但是他们不知道整个不是分的总和的道理。整个有整个的特性,生命更有生命的本体。他们对于整个的不断的生命之流,好像能用外科医生动手术的刀剖开和割断似的。他们的热心,简直要把整个的宇宙,塞在实验室的玻璃管子里。他们忘记了他们的态度,只是他们便利自己工作的假定,而不是宇宙和人生的本体。

这种的错误，是古典派的物理学遗留下来的，是在三进向的宇宙里，在因果律束缚的宇宙里的产物。把每部分的事物，不问他内在的时间因素，而在分离的空间里，至多在分离的时间与空间里，各个单独的安置。这种的办法，太简单了。近代大数理科学家也是大哲学家怀悌赫德（A. N. Whitehead）称之为"简单的安置"（Simple location）。由于这种错误，遂陷入于将自然强分为两部分的错误（Bifurcation of Nature）。唯心唯物以及心物二元论的分立门户，也就是由此而来。那知道二十世纪的近代物理学，早已把三进向的宇宙和这宇宙中的因果观念，一律放弃了！宇宙是无数的"事"（Events）构成的。每件事又是空时集体构成的。以前所谓"空间与时间的集体"（A spatial and temporal unity），现在应为"空时的集体"（A spatial-temporal unity，注意此处联续词"与"字删除。）"没有无时间的空间，也没有无空间的时间；同样的也没有无充满质或本体的空时。在每一个自然的实体里，上述的一切，都包括在内；他们不是彼此之间只有外部的关系，而是内心的彼此深入而为一体。"（参看 Rudolf Motz：*A Hundred Years of British Philosophy*，pp601—602，原文为德文，此系 Prof. J. W. Harvey 等三人合译本。）所以宇宙是整个的，是不能割断的。强把他分为孤立无依的个体，以为这是因，那是果，某果由某因而产生，便是因果律重大的错误，是不合于宇宙真象的解释。这种把各部作防疫式隔离的办法，就是怀悌赫德所指出"错置具体性的谬误"（The fallacy of misplaced concreteness）。这种宇宙的概念，无疑的是由于高度的抽象方式相构成；其似是而非的见解之所由生，乃是误把这种的抽象（Abstractions）当作具体的本体（Concrete realities）。他并且认为物质科学所定之能力（Energy）的各种方式，如波长，震动，量子，与原子核等等，只是科学的抽象，正如我们所知道我们本身的情操一般。（参看 A. N. Whitehead：*Process and Reality* 一书，此系近代一部伟大精深的哲学名著。）近代物理的观念，既然根本改变，则附丽于以前古典派物理学的机械观，自然根本动摇。这正所谓"皮之不存，毛将焉傅"。况且近代分析方法，把"心"分析得都成物的方式,(参看 B. Russell：*Analysis of Mind*)。同样的方法,也把物最终分析的波长,震动,与不可见而只可算的量子与原子核,反成为心的感觉与概念,(参看 B. Russell：*Analysis of Matter*)。这真是同极知识探讨之能事。两个极端,居然能达到孔子所谓"我叩其两端而竭焉"的境地。(此处也可以借用 B. Bosanquet：*The Meeting of Extremes in Contemporary Philosophy* 这个名词。)唯心论与唯物论均同病相怜的骑在阑干上,我们又何所爱憎,何所厚薄呢?

……以经济条件为人类生活重要条件之一,是不可否认的。若是以此来解释人类一切活动的现象,那就陷入重大的错误。宇宙的生命不是片面的,人类的生命也不是片面的。人类的动机,复杂极了。没有面包吃的时候,固然要吃面包,有面包吃了,也还要做诗,谈恋爱。换过来说,难道做诗恋爱也仅是为面包吗? 科学的唯物论者,要想以爱人的一笑,作电子的波动来看待,已经煞风景极了。经济的唯物论者要以这一笑当作换面包的代价,岂不更残酷吗? (读者想必有人看过《爱情与面包》这本著作。)以为经济条件的充分满足为人生最高的目的,那以前军阀的姨太太有大洋房住,有汽车坐,有好饭吃,一切的享受,真可谓满足极了。他的生活,岂不是大家追求的理想吗? 不是的! 不是的! 我们对于人生不能只认识价钱(Price)而不认识价值(Value)! 启发马克思的傅叶巴哈(Feuerbach)有一句格言,更说得有趣。他说,"人吃什么,就是什么"(Was mann esst, ist.)。难道人吃猪所吃的东西,就成为猪,或是进一步说,就带猪性吗? ……我有一位朋友,收藏了一堂名人的画册,听说故宫博物院有同样的一堂,于是费了正式的手续,在公开方式之下,拿了去对。果然尺幅,纸张,以及画的内容,都是一样的,只是故宫博物院所藏的真本有精神,而他所藏的无精神,原来这套副本,是当年内廷如意馆的人临的。两个人用同样的纸张,同样的颜料,甚至于颜料的分量都毫厘不差,来画同样的画,但是一个人可以得到"妙手天成"的作品,一个人可以得到"画虎不成反类狗"的成绩。……我举罗素一段征引史实的话来说明罢。"野蛮民族的侵入罗马,并不更产生更进步的经济形态;将慕尔民族(Moors)逐出西班牙,与歼灭亚尔卑坚斯民族(Albigenses)于南法兰西,也不曾产生同样的结果。在荷马以前梅西宁(Mycenaean)文明被摧毁了,但是经过好几世纪才另有高等文明产生于希腊。退步与堕落的例子,在历史上至少和进步与发展的例子一样的多,一样的重要。马克思与恩格尔在他们著作里的理论,是与这些史实相反的,除了他是十九世纪的乐观主义而外,别无他物。"罗素又说,"就算承认各种巨大的力量,发生于经济的原因,这是巨大的力量,也常是要靠很琐碎和很凑巧的事件,才能得到胜利。读托罗斯基的《俄罗斯革命史》,(托氏后来的政治关系,是另一问题,但是他确是唯物史观者,)不能不相信列宁对于这次革命关系之重大;但是当时德国政府是否有让列宁回到俄国去,也是关系重大的一件非同小可的小事。若是当时德国主管这件事的阁员,前夜害了一种不消化的病,次日早晨他要说'可以'的说了'不可以',我不能想象没有列宁,俄国的革命,有他所得到的成就。"(参看 B. Russell:*Freedom and Organization*)。我只要补充一句话,就是列宁是有坚强意志和伟大人格的人,他的生活不是为自己物质享受而生活的。……

就以上所说十九世纪物质科学所产生的粗糙乐观主义,就是天真烂漫(Naive)认为进步为必然的乐观主义而论,其中也充满了悲观的成分。不但许多事物是违反他前定的判断,会使他失望,而且这种机械观终究是要使人感觉到生存是无意义的。纵然一切都会进步,但是这种进步不过是自然的巨轮所逼迫的,而不是自己意志所决定的,自己愿望所支配的。不得不如此的动作,是多么机械而无意义的事。

这种的悲观,都是由于不了解生命原理的缘故。宇宙是整个的,不断的程序,生命不是整个的,不断的程序。宇宙的系统,是有机体的整个(Organic Whole),生命也是有机体的整个中之一个系统。这整个是有生命的,是创造的;生命也是有生力的,是创造的。(参看 D. M. Emmet:*Whitehead's Philosophy of Organism*。)生命是实在的,他含着真实的空时不断的在创造,也就是不断的在实现。我们不要从物的惰性(Inertia of matter)里去看宇宙的秘密,我们要从生命的动态(Movement of life)里去实现宇宙的秘密。

在这个新的生命认识里面,我们不怕没有地方去安置道德的责任问题。我们不必和叔本华一样。把意志放在宇宙事物的后面,盲目的来推动一切动作。我们也不必和康德一样,把意志放在超越自然的宇宙里面,居高临下的来指挥。从新科学理论里我们得到的意志论,是如我下面之所说。

我首先要说的就是生命是创造的活动(Creative activity),而意志就是生命的创造力(Creativity)。没有生命的意志,什么生命都无存在的可言。人生一切本能的活动,都是受这种意志的支配。举粗浅一点的例来讲。一个人自己不要活,医生难道有什么办法。医生还能够告诉你,一个病人自己求生的意志,对他医疗上是怎么一种帮助。真正的精义是整个动的宇宙在求实现,整个动的生命也在求实现。这种求实现的要求,你叫他做柏格森(Bergson)的"生力"(Elan vital)也好,你叫他做怀悌赫德的"具体实现原理"(Principle of Concrescence)也好,在逻辑上推到的结论,是同样的。(柏格森的哲学以近代生物科学为出发点,怀悌赫德的哲学以近代数理科学为出发点,但在两大学派最后的结论,虽仍有一些范围上的不同,却颇现出很接近的地方。)这个我称之为生命的意志。这种不断创造的生命,在他里面每个个体,每个种类,都在求实现的。这就是我所了解的上帝。上帝就是不断创造的生命。上帝与生命是合一的。上帝没有现成做好的东西。他是不停止的生命,活动和自由。像这样所了解的创造,并不是一件神秘;只要我们能有意识的去选择我们的活动,和计划我们的生命的时候,我们自己就能经验,就能参加。我们的奋斗,我们的痛苦,我们的雄心,我们的失望,我们想比现在更好更强的迫切要求,都是我们生命的意志的声浪和伏流,只有这种内发的生命动力,使我们发展,长成,把这动荡不定的星球,变成无止境的创造的舞台。

第二,意志同时也是生命的机能。这层意思,可以补充前面主要的意义。这是说意志是生命本身的一部分;他弥漫在生命里,与生命合而为一,并不是超越生命的。所以这种主张,决不至于蹈唯心论,唯物论,或是心物二元论的覆辙。拿刀来做譬喻。生命是刀,意志便是刀锋。没有刀就没有刀锋,但有刀无锋,这刀也就失了刀性。青钢剑能削铁如泥,正是因为他有犀利的锋,不然他可以为铲为锯,但决不能成为青钢剑。意志和生命的关系,也是如此。没有意志的生命,是钝的,无生力的,也就是暗淡的生命。过这种生命的人,正可称为"行尸走肉"。

第三,意志是选择的主动者。在整个的宇宙系统里,怀悌赫德认为有"选择的程序"(Selective process);经过他,本体在充满了的可能之中,得到寄托,进入到时间的程序里。若是所有的可能都实现了,那就没有有秩序的世界,而为完全的紊乱。(参看 Metz 前书六一九页)。生命是整个宇宙的一部分。生命离不了环境;有种种环境的便利,自然也有种种环境的限制。在整个宇宙系统之中,甲之所以为甲,同时也是由于乙丙丁戊之所以为乙丙丁戊。绝对的自由意志是没有的,但是意志对于选择(Choice)的自由是有的。近代以唯物机械论为背景的科学家,不免太注重环境的影响了。生物学家主张适应,不知适应也有两种。一种是被动的,因为不能变更环境,于是伏屈于环境之下。许多低等生物,因此而使自己的官能,都丧失效用的。一种是积极的适应,就是以自己的能力,去改变环境,而得到能满足的生存。各种生物都是要求生存的。中国小说书里,一位小姐为了爱情要自杀的时候,他的丫头梅香总是婉劝道:"小姐,蝼蚁尚且偷生,小姐千定不要萌短见。"蝼蚁可以偷生,但是人不能偷生,而且更要创造生命,丰富生命,扩大生命呀!(其实蝼蚁自有其斗争精神,不是梅香所想象的只是偷生。)近代的地理命定论者,自柏克尔(Buckle)到沈泊尔(Semple)以为民族的发展,主要的由其所在地的天时地利而决定。在一定的限度以内,这话有相当的理由。但是人的妙处还在他能征服环境,改造环境。对于距离的征服,尤其是近代文明的一个显著贡献。近代的工程,为人类变更了许多自然环境的形态。同在一个物质环境相同的客厅里,文学家的思想可以脱离现实而寄情于风月,天文家的思想可以旅行到星球,数学家的思想可以在许多无穷大的符号里绕弯子。这种人生自己创造出来的知识环境,更非机械的地理命定论所能范围的。地理的环境可以供给我们许多选择的材料，至于选择何种，自然靠我们意志的决定。我们的智慧发展愈高，则脱离本能的支配愈多，而意志活动的范围也愈大。因为我们的意志有选择的自由，所以道德的责任是不能逃避的。举一个譬喻来说罢，设如有一个知道我方军事秘密的人，被敌人捉去了。敌人自然要以酷刑或是处死来逼迫他说出来。他不说出来就不免于死，说出来就成了汉奸。在这死与汉奸的关头，意志坚定的人是情愿死而不肯说出来的。又如伯夷叔齐决定"义不食周粟"，情愿饿死在首阳山上。挨饿的时候，他们何曾不痛苦；但是伯夷叔齐自由的意志，情愿选择饿死的一条路，而不肯中途下山。满清亡后，有一班遗老，以伯夷叔齐自命，但是后来经袁世凯封了些什么卿大夫的头衔，一齐都"出山"了。"西山薇蕨食精光，一阵夷齐下首阳。"后来的夷齐可以一阵一阵的下来，无怪当年夷齐的高风，可以震铄千古！选择的自由，实在是道德的责任之所系。柏格森甚至主张"选择就是创造"（参看 Bergson：*L'Evolution creatrice*）实在不是过分的话。

第四，意志是人格的连续性。拿一个人生理的组织来讲罢，则每天细胞和血轮的新陈代谢，不知道几千万万。就拿记忆力来讲罢，则记忆力至多也不过保存或选择过去经验的印象，而不能保持人格的统一性。若专就所谓物质的因素来讲，则"朝秦暮楚"，"以今日之我与昨之我宣战"，不但是普通的事，而且是正当的事。但是人之所以为人，总不应当是这样，因为人是有人格的，人格是一贯的。尽管身上的细胞和血轮天天有新陈代谢，但是人格不允许"朝秦暮楚"。中国文人最喜欢把自己来比附的一个人就是王粲。一登楼就自拟为"仲宣作赋"，一投靠就自命为"王粲依刘"。其实王粲是一个最无人格，意志最薄弱的无聊文人。他以汉室公卿的世胄，先依刘表，后来劝刘表的儿子降曹；再依曹操，又玩奉觞劝进的那套肉麻把戏。他人格的堕落，或是由于他的体魄太坏，但是最重要的还是由于他意志薄弱。中国文人好以这种人自比，真是文学思想上的一种耻辱，也是人生观上的一种病态。联系人生的各种活动，使其有一贯性，而为其建立一种人格的，惟有意志的力量。怀悌赫德认为人格是一种有统一性的活动（Unifying activity），把一切有关的程序，联成为整个。所以意志是有综合性的（Synthetic）。我们必定要能知道自己所做的是什么，能决定自己要做的是什么，才能有一贯的人生态度。遇着困难和挫折，才能胜过而不为所屈伏。这种坚定的意志，对于要做人的人，都很重要，而对于当局的人，尤为重要。譬如中国这次长期的抗战，因为国家物质的条件太差了，于是多少意志薄弱的人，心理在中途发生动摇；……我以前说过，凡是国际战争，当两国在开战以前，所计较的是利害的轻重；开战以后，所比量的是意志的强弱。……试问专事投机取巧的国家，不问立场，专以势利眼看国际局势；看见那国一时的得意就奉承那国；今天可以侵略，明天可以反侵略，那还成何话说？所以中国这次战争，从后代历史家的眼光来看，至少中华民国的国格是因此确切树立起来了。即此一点，也足为我们的民族自豪！

综合起来，可见我所主张的意志，并不是一个神秘。或者有抱传统观念的科学家要反对，以为学科学的人，用不着这种哲学观念。但是请问追求科学到他最后的含义，能够离得了哲学的解释吗？再退一步说，做实验尚且要有工作的假定，才能得到相当的结果，难道广大的人群，伟大的人生，不要保持一个确定的态度，就让他如无舵之舟，在茫茫的大海里飘荡吗？这太危险了！况且最有趣的是反对意志学说的人，若是当面说他意志薄弱，他又会勃然大怒。

我并不反对抽象和分析，我只是反对以一部分抽象的方式，来当作宇宙和人生的本体，以一部分分析的所得，来当作宇宙和人生的全体。这所谓"以管窥天"，而"曰天小者，非天小也"。为了某种应用的目的，抽出一部分事物来研究，以求精细，是很好的事；但是若是研究的人，忘记了他的范围，用一个相对论的名词罢，忘记了他的"参考系"（Reference frame），而硬要把他的结论去解释一切，那便是重大的错误。况且就是集合了各方面的结果，凑成一个总和，也不能说这总和就是宇宙和生命的本体与全部。因包含真实空时的宇宙和人生，在本体下是有生命的，是不断创造的，也是不可分割的。我前面说过整个不等于分的总和。这道理在数理逻辑里有深辟的解释，我们暂且丢开不讲。我现在只拿乐谱来说明这个道理。譬如音乐里的一大套交响曲（Symphony），是用多少音符（Notes）写成的，现是汇合一样多数量的音符，并不能成为一套贝妥芬（Beethoven）著名的《第九交响曲》。况且《第九交响曲》的感动人的程度如何，不只是音符的配合，还要看指挥和演奏的乐师的技术如何，天才如何。因为这一套复杂的交响曲，是一篇整个的艺术作品。他在美学上的评价，是由他整个的艺术影响而定的。要了解音乐尚且如此，何况要了解比音乐里的交响曲更要复杂，更要丰富，为亿万人，亿万事，心弦交响，艺术演出的人生！

　　人生不是傀儡，没有命运在后面提线，所以我们不向命运之神拜倒。人生不是机器的轮齿，不由分说的随着机器的巨轮旋转，所以我们不向机械之神拜倒。我们在动的，创造的，真实的宇宙里，自有动的，创造的，真实的生命。这生命是不可分割的，也是不停止的。他本身就是创造的活动。他更是有意识的活动。他以智慧来扩大他意志的自由，以意志来镕铸他人格的统一。所以我们的生命是有着落的，我们的道德是有标准的。宇宙和人生都不是一部预先七重封固的天书；乃是要我们一页一页用自己的生命去写成的宝典。最后再用一个譬喻罢。我们做人，不是在预先排定了的一幕戏剧里，去凑一个脚色；我们是要由自己用尽心血，去把自己所演出的部分，在剧本中写出；并由自己费尽气力，把这部分很精采的在宇宙的舞台上演出。

第十一讲 从完成责任到实现权利

权利(Right)与责任(Duty)是政治学里面的基本问题,也是人生哲学里面的重要问题。自从卢梭(J. J. Rousseau)倡《社约论》,和法国大革命发布《人权宣言》(Declaration des droits del homme et du citoyen)以后,于是人权的学说弥漫了欧美。十九世纪的各种基本法律,都受了他重大的影响;一般人的思想,也都受了他深刻的刺激。从十九世纪末叶以来,这种学说,在中国也曾盛行一时。我们记得卢梭曾经说过:凡人生来都有不可分离的天赋权利。然而我们知道,人类的权利,并不是天所赋与,而是人类努力和社会文明的产物,所以这种学说,很受当时和后世许多人的批评与非难。"我的权利,你的责任"(My right and your duty)这句话,更成为举世滔滔的自私者之心理的写照。其实这种原来的思想,并没有否认凡人应有的责任,更没有淹没当时欧美人责任的观念。就在法国大革命的时候,英法在杰佛加(Trafalgar)一战,英国海军把拿破仑的舰队消灭。那胜利的英国主将纳尔逊(Nelson)受伤临死之际,还叮咛英国人道:"英国盼望每个人能尽他的责任!"(England expects every man to do his duty.)这句话竟成为英国民族神圣的格言,影响到十九世纪英国整个国家的发展,使大家一说到权利,便联想到责任。这是一个特著的例。其实何止在英国,在其他国家中责任的观念,又何曾为权利的学说所掩盖呢?

我们如要明了权利和责任的性质,以及权利和责任的关系,必须先了解人生在世,究竟有什么目的? 什么任务? 我常说整个人生的目的,就在求自我的实现(Self-realization)。什么是自我的实现? 自我的实现就是自我的完成(Perfection of the Self),也就是充分的发展自己,充实自己,以求达到尽善尽美笃实光辉的境地。原来人类的天赋,有肢体感官之类。一个人要实现自我,必先充分发展自己的肢体感官,使自己的体魄得到最健全的发育。这就是发展物质的天赋。但是除了物质的天赋之外,人还有情感和情操(Feeling and Emotion)的天赋。人类相互间的情感,也就是根据这种天赋而来的。更进一层的天赋乃是心灵,也就是理性。亚里士多德说过:"人是动物。"(Man is an animal)这句话似乎轻视人类了。但是他接着就说:"但人是有理性的动物。"(but a rational animal)人类因为有天赋的心灵,有理性的活动,所以有各种的思想(Ideas)和理想(Ideals);而且往往为了这些思想和理想的实现,虽牺牲一切,在所不惜。这都是自我实现的不可少的方面。

当然自我的实现,要身体感官的健全发展,要感情情操的充分培养,要心灵理性的高尚活动,但是这一切的一切,都非在大社会中实现不可。所谓大社会就是整个的大我。自我的实现,并不是为了自己,排斥他人,侵犯他人的意思。若是如此,自我也就断难实现。人生在世,依靠大我的帮助太多了。比方在大学的学生,不要以为自己能到大学读书,完全是自己奋斗出来的。你们能够坐在教室里上课听讲,乃是享受了旁人许多工作的结果。不要说你们的书籍纸张等等,都是靠旁人供给的,就单说你们所坐的椅子,也就少不了做椅子的木匠,做斧锯的铁匠,运木头的商人和工人,以及种树木的农夫。必须经过这许多专门职业者的努力,才能造成这些椅子,让你们安坐而听。再比方一件衣服,固须经过裁缝的剪裁和缝纫,才能成功,但是缝衣要布,说到布就不可没有织布的工人;布是纱织成的,说到纱就不可没有纺纱的工人;纱是棉花纺成功的,也就不能没有种棉的耕作者。也须经过许多人的工作,才成功一件衣服。所以离开了大我,要实现自我是不可能。就是鲁滨孙漂流荒岛,也幸而带了猎枪和其他的物品去,否则一无长物,他在荒岛中早就一命呜呼了。所以自我的实现,非恃大我——整个的大我来实现不可。至于自我的发展,能到什么程度,一方面要看大我发展到如何地步,一方面要靠投身在大我里面的自我,能替大我尽如何的力量。大我是无数自我构成的,自我的力量尽得愈多,则大我的实现愈大;大我的实现愈大,自然自我的实现也因之愈大。可见自我千万不可自暴自弃,必须藉大我以发展自己的天赋,而达到尽善尽美的境界。希腊哲学里常用一个字,英文译作,Excellence;据狄铿生(G. Lowes Dickinson)在他所著的《希腊人生观》(*Greek View of Life*)一书里说,这个字的英译,也不足以尽希腊文的原意。在中文里更难得到适当的译名。他的涵义就是人生各部分,无论是体质的,感情的,或是理智的,都能和谐地发展到尽善尽美的境界。自我必须努力达到这种境界,方算是尽了自己的责任。但是这必须投身到大我中间尽力,才能做到。在流行外交文牍中,对于代表一个国家或当一国大权的人,常称 Your Excellency,即由希腊意义而来 。这个客气的称呼,也可以认他含有两种意义:一种是生为国家代表或当国家大权的人,理论上应当是各方面都能发展到尽善尽美的人(虽然事实并不都是如此);一种也可以说是负这种大责,当这种大权的人,更应当能充分把他的自我,发展到尽善尽美的境界。他能不能有这好的造诣,是另一问题;但是人家对他的期望,却是如此。因为他替大家尽力的机会最多,所以他自我实现的机会也最多。若是他有这样的机会而不能实现,那不但对不起职务,而且辜负了自己。一个伟大人物之所以能够成功,正是因为他能抓住为大我服务的机会,而不肯松懈于自我实现的努力,比如法律规定每人每日工作八小时,在一般人看来,超过八小时就不是我所应该做的了。而有贡献有成就的人物,则每天做十小时,十二小时,甚至十六小时工作,也毫不埋怨,前贤"夜以继日,坐以待旦"就是这种例子。人家以为他因责任重大而苦,但是他则因自我实现的机会愈多而乐。服务不只是责任,而且是权利。不只是在政治方面的人才能如此;凡是以对大众谋贡献为自身使命的人,都能如此。

现在先讲权利和责任的初步分别。什么是权利? 权利可以说是一种享受,一种满足(Satisfation)。什么是责任? 责任可以说是对于他人权利的一种承认。用英文来说,便是(Duty is the recognition of that which is due to others.) 但是这两层意思，有加以充分解释的必要。

第一说到权利是自己的满足，或者说是个人生活的满足，这话很容易发生流弊。比如有的人好赌，打牌就满足了；有的人好嫖，以为涉足花丛就满足了；贪者钱多就满足了；夸者自大就满足了。难道人类的生存，就是为这类的满足吗？而且人类的享受，就只是物质欲望的享受吗？于是有倡为快乐数量之说的。但是快乐难道可以不问质量而专谈数量的吗？设如一个国家里大家都赌，难道政府为了满足大家赌的快乐就用法律来保障赌吗？设如一国的人大家好吃鸦片烟，难道政府为了他们的满足，就立法来保障吃烟吗？若是只求数量的满足，且以为多数的满足就算是最正当最大的满足，那我们无话可说。不过人类的满足，不单是数量的，而是有等级的，有质的成分的。固有人情愿大赌一场，弄到脑冲血而死，以为满足，却也有人情愿为理想奋斗而死，不愿苟且偷安而生。所以自我的满足，不是说可以数量来计较的。我们人类之所以异于一般动物，正是因为我们不只是有物质的天赋，还有情感，更有理性。因为有情感，所以我们觉得民胞物与，情愿为同情心所驱使而工作，而身殉。因为有理性，所以我们愿为理性而牺牲，有杀身成仁舍生取义的壮举，使精神长流于天地之间。比如诸葛亮，食少事繁，非不知其生命之不能长久，明知之而仍要六出祁山，鞠躬尽瘁，以尽他认为应尽的责任，正是人类感情与理性发展到最高程度的表现。所以我们可以进一步说：

人类最高的享受和满足，不只是数量的，而且是质量的，不只是物质的，而且是精神的。

第二说到责任就是对于他人权利的承认，那就是说自己的责任是对于旁人的。此知尽忠国家，就是自己对于国家应尽的责任；孝亲，就是自己对于长上应尽的责任；对朋友有义气，就是自己对朋友应尽的责任。一个人对他人要尽许许多多的责任，岂不是把自己当作傻瓜吗？但是责任这东西，并不是如此简单的。若是对人尽了充分的责任，也就是对自己尽了责任。惟有对他人尽责任，自己才能发展到尽善尽美的境地。惟有对他人尽充分的责任，才能得到自己充分的责任，才能在尽责任的过程中，得到最高尚和最大限度的满足。自己多尽一分责任，自我便多一分进展；自己多进一分责任，自我便多一分享受。以前所举伟大人物甘心为人服务而不辞劳怨的例，便是最好的证明。所以我们还可以进一步说：

从最高的道德意识来讲，责任就是权利；只有从尽责任的过程里面，才能得到充分权利的实现。

法律对于权利和责任的规定，大都是消极的，不是积极的，是防止的，不是创造的。因为法律的规定，只是群己权界的规定，使人与人之间，彼此不相侵犯，使大家的权利和责任，不致互相侵越。好比两个碗重叠起来容易相碰，中间预先临一层棉絮，以免碰破。还有一层，法律的规定，常常意在防止当权的人滥用权力，以致侵犯人民的权利。所以法律规定其所赋予于当政的人或公共权力机关的职权，以限制其权力的滥用。因为历史告诉我们，政府或当政的人，往往易于滥用权力致引起人民的反抗，结果同归于尽。这种防止，是很有理由的。不过，规定之间，应当很费斟酌。个人的权利毫无保障，则个人无法发挥能力，以尽责任。同时对于政府权力限制的规定，若是太严密苟细了，那也易使政府变为无能的政府。遇到国家民族发生大变乱或从事对外战争的时候，无能的政府是决不能发挥政治的力量，以应付当前艰危的。结果也是使人民与政府同归于尽，人权也就无所附丽了。总之，法律的规定是必要的，法律是人我之间的一种调节（Adjustment）。但是如果要靠法律来创造权利和开拓权利，那便错了。比方说法律可以规定凡发明播音机的人，予以专利权五年或十年，在这个期间如果有人私自仿造的，便是侵犯了发明者的专利权，应当受法律的制裁。这种规定不过是对于已发明播音机的发明者一种权利的保护，最大的效果，也不过是对于未来发明者的一种鼓励；但是法律的本身决不能发明播音机。任何发明，都是研究的人尽他研究责任的结果。不尽责任，便没有发明；没有发明，发明的专利权便根本不能存在。所以要享权利，只有从尽责任中以创造权利，就是惟有充分发挥自己的各种天赋，以尽自己的责任。这是我们积极的权利观念。还有一点要说明的，从前的法律，都只是注重个人权利的保障，所以很多国家的法律，尽力注重这点，更有很多国家的法律,规定个人的财产权是神圣不可侵犯的。但是个人的权利发达过度的时候,便生出社会上贫富不均杌陧不安的流弊,因此辁近各国的法律对于权利的态度,大有改变,就是不只注重发展个人的权利,而尤其注重整个国家和民族的独立生存。比如近代各国的宪法中,都常有人民应服兵役或工役的规定,总动员的时候,依法可征用一切物资,这都是根据事实的需要而产生的。

再进一步说,就是权利有了,也决不是可以用保守的态度去维持的,而是要不断的创造才能保持永久的。权利固然非创造不能产生,但既已创造之后,也决不是把各种权利开一张表出来,规定在法律上,便可以永久保守。须知愈保守权利,则权利的范围就愈缩小;若是愈能尽责任,则权利的范围就愈扩张。这是千古不变的原则,比方说一个人家的祖宗,遗下一份财产,按照法律的规定,应该归于某人,某人乃将这些财产,分别开一清单,表明白是属于他的,但是老是守着不去经营,你想他能保守得住吗?若是他人把他的财产侵占,固然他可以去打官司;只是打官司是要时间和费用的,于是财产少去一部分了。就算没有人来侵占,他只知道保守着,于是"坐吃山空",和剥芭蕉一样,剥到蕉心,芭蕉也就完了。所以有识之士,要重新估定价值,要不断的创造新价值,这也就是创造新的权利。世上多少英雄豪杰,哲人志士,绞脑汁,捐肢体,都是为创造这些新价值而努力的。因此他们也就享受着顶大的权利,获得一般人所不能得到的满足。所以一个人如果要保障发明播音机的权利,必须先发明播音机,不然的话,保障什么?并且他还要不断的求播音机的改善,不然人家有更新的发明了,他旧式的东西,一定无人过问,就算有法律的保障,又有什么用处?所以只有不断创造新的价值,尽新的责任,才是自我实现唯一的途径,也才是自己权利唯一的保障。若用责任愈尽得多,新价值愈创造得多,则权利的范围也就愈扩大;而别人也一定会承认他的权利甘心让他享受,因为他是配享受的。

由此看来,权利和责任,实在是相对的。不尽责任,便不当享有权利。个人如此,国家亦然。比如第一次世界大战结束的时候,在国际和会席上，也只有在战争期间尽过责任的国家，才有发言权。比利时虽然国土丧失殆尽，但他在战争时期，抵抗过德国军队越过中立地带，使德国军队不得迅速达成进攻协约国的企图，所以一旦战争结束，在巴黎和会上，比利时不但获得和列强分庭抗礼的光荣，并且各大国都很尊重他，赞助他，就是因为他已尽了他国家的责任，所以能得战后应得的权利。……这次世界上反侵略的大纛，是中国首先举起来的。在这点我们不但做了国际间的先觉，而且我们以无限的血肉，为民主国家阻压住了日本无止境的凶焰。我们将来强固的发言地位，是我们以牺牲和痛苦换来的。我们若是更要提高发言的权威，还得要加强艰苦的奋斗。至于从建设的方面讲到一个民族在各民族间的地位，也有同样的道理，在安排一切。一个民族之所以能够生存。并不能靠其他民族帮助的力量，必须自己能够站起来，更须要自己能在世界上对于人类文化和幸福的总量，有相当的贡献，然后才能受其他民族的重视；就是他自己分享其他民族所创造的成果，也才于心无愧。我们过去对于世界文化的贡献，是很光荣的。我们这次抗战，虽然在初期的军事上，不免稍受挫折，但是外国人不但不轻视我们，不敢说我们是劣等民族，而且反格外尊重我们，同情我们。在他们没有认识我们军事力量以前，我们文明力量的感召，是很重大的。蒋百里先生说，前几年我国古物在伦敦展览，曾给予欧洲人士以极深刻的印象，所以他认为这次许多友邦对我们表示的态度，与前年古物的展览也颇有关系，就是这个道理。不过这还是我们的祖宗遗留下来的产业，并不是我们这代文化创造的成绩。当然我们绝对尊敬我们伟大的祖先。但是我们若是有出息的子孙的话，绝不应藉祖宗的历史，来掩饰自己的缺陷——此之谓"吃祖宗饭"。我们要问我们这代怎样？我们的发明在那里？我们的创造在那里？我们的贡献在那里？所以我希望大家不要只是以祖宗的光荣自豪，还要力求自己有伟大的贡献，不但要求一己自我的实现，还要为民族的大我求贡献，以取得其他民族的尊敬，而树立自己整个民族生存的基础。

最后关于责任，我还有两点要提出来说明的：第一点是责任的冲突问题。人在社会上有关的方面太多，所以应负责任的地方也太多，有时责任与责任之间,常常发生冲突。比方一个人结了婚,有了家庭,就有对妻子的责任。这种责任是不可否认的,在平时愈能尽责愈好。但是遇到国家在危难的时候,需要我们执干戈以卫社稷,就不能说因为自己有了抚养妻子的责任,遂留恋畏缩,因循不前。在这种责任相互冲突的时候,只能抛弃较轻的责任,去担负较重的责任。不是如此,大我无从实现,自我也无从发展。所以古人有忠孝不能两全的话。有如岳飞的母亲,未始不想她的儿子在家养生送死,但她以为教她儿子精忠报国,也就是她的责任,所以她情愿儿子为国尽忠而死,不愿为她送死而生。因为她认识了她和她儿子对民族国家存亡的责任,比她儿子对她自己送死的责任为重。设如民族国家不生存,她个人寿终正寝又有什么意思?所以遇到责任相冲突的时候,我们只能判别轻重,选择我们应尽的较大责任。

第二点是个人应该先尽责任,后谈权利。因为我们所享受的权利,乃是他人尽责任的结果;礼尚往来,来而不往,或是薄往而厚来,都是不应该的。我常责备现代的青年,不是对于他们的苛求,乃是因为希望他们的心最切。现在青年常以将来国家主人翁自豪,仿佛以为主人翁是有种种的权利跟着的,自己不一定用功读书,而自己总爱说有读书权,凡是可以要求公家的东西,莫不尽量要求,以为是国家应该给我的权利。其实我们自己仔细想想看,国家究竟该了我们些什么?国家并不是一个债务人,国家乃是个人的集合体;各个人把各个人的责任交给国家,国家才有责任,大家把大家的权利交给国家,国家才有权利。我们无债可以向国家讨索。还要明白,现在国家所能给我们的一点东西,都是大家交纳给国家的,比方国家现在为每个大学生平均负担数千元一年的教育费,乃是一般人民三毛五毛的捐税所凑集起来的。这般尽纳税责任的人,自己固然多半没有享受国家何种教育,就是他们的子女,也未见得都受了国家近代教育的设备。凭良心说,我们怎样忍心来向国家要求这些权利?就是国家把这些权利给我们了,我们也于心何安,何况我们还要浪费,滥用或扩大这些权利呢?说是国家应当教育青年,是不错的。但是这话只有让国家自己来说,而受教育者不便自己来说。于是有人主张以为国家教育了我们,我们将来可以为国家服务。这是投资的观念,这是一本万利的观念。当然我们希望个个青年将来能够学成应世,做出一番大事业来,替国家尽大的责任,只是这种希望能否实现,还要待将来的事实作证明,自己绝对不能引以为要求权利的藉口。我们立身行事,应该为国为人,尽其在我。我们不说人在世上没有权利,但是权利是责任的产物,不是凭自己的欲望去要求的,更不是坐享其成可以得到的。我们现在所享的权利,就是旁人已尽责任的结果;必定我们尽了应尽的责任,才能够安心享受应得的权利,何况许多权利只有在尽责任的过程中才可以得到呢?

总之,一个人能够替大我尽责任,才能够实现自我。能够创造新的价值,才能够享受和扩大新的权利。权利的享受,只是尽责任的结果;若是不负责任,而固守个人权利,则保守愈久,权利的范围愈小。所以我们唯有投身于大我中,尽人生所应尽的责任,充实自我以扩张大我,乃有真正的权利可言。不然的话,只谈人权,不尽己责,国家灭亡,民族灭亡,自己也就灭亡!

第十二讲　目的与手段

　　在现代社会里面,无论是中国或外国,都有一个共同的感觉,就是人与人之间,太缺少真挚的感情,到处都是欺骗诡诈,冷酷无情的现象,简直找不到可以互相信赖的坚实基础。甚至亲属朋友之间,彼此心里各怀鬼胎,不能推诚相见。一切人类社会的契约和道德规范,都只流为纸上空谈,任意的可以被破坏或背叛。国际间签订的条约,尽管签订时认为神圣庄严,签字的金笔被保存起来作永久的纪念,但是签订以后,谁知道在什么时候不被野心国家所撕毁,作为字纸篓里的废纸? 在这种"尔虞我诈",不讲信义的社会里,大家只知互相利用,以人为工具,所以浑厚敦朴之风,早已荡然无存,甚至人人感觉到四周都是敌人,务算小心提防,真如芒刺在背,寝馈难安。这种现象,是何等惨酷,何等可怕!

　　这种惨痛可怕的现象,是如何产生的? 他产生的主要原因是在什么地方呢?

　　原因当然很多。但我以为最主要的却有两个。第一便是工具文明发达的影响。自从工业革命以后,人类的生活,全靠利用机器,以求满足;人们天天所接触的,差不多全是机器,全是可供利用的物。因此这种物的观念,遂不知不觉的浸淫于人类的脑海。物既可以利用,为什么人不可以利用? 于是原来用以对付物的态度和方法,就渐渐拿来对付人,把人也当做工具或手段来利用了。不知机器是无生命的,而人却是有生命的——不但有生命,而且有理智,有感情。老子说:"天地不仁,以万物为刍狗。"现在自命为万物之灵的人，也成为刍狗了。拿人当做物看，本不自今日始。古时野蛮民族，就往往以人做祭神的牺牲品，所谓"衅鼓""衅钟"，都是把人当做牛羊一般看待的事实。到了现在的文明社会，虽不再拿人去祭神，但因受了工具文明发达的影响，更进一步把人当做祭人，祭人的欲望的牺牲品了！

其次便是近代政治斗争中运用策略的结果。政治的目的，本来在求公道。政治的天秤，就是人的平衡。政治是提高人性的，不是摧残人性的，更不是把人性变为兽性的。但是近代的政治，却大都成为钩心斗角，倾轧排挤，不择手段，甚至以人为工具的场合。在政治社会里面，有许多利用人的人，以能利用人为得意。他往往利用别人到某一阶段，等到被利用者在这阶段的功用过去以后，不但把他一脚踢开，弃如敝屣，甚至于还要屠杀净尽，方才快心。"飞鸟尽，良弓藏，狡兔死，走狗烹，敌国破，谋臣亡。"这几句话就是近代政治残酷性的写照。历史上"韩彭菹醢"的故事，到了近代，还要多，还要厉害。我不久以前，看到一份欧洲的报纸，上面画着一幅关于某国政治家的讽刺画，画他手里拿了一个镜子，一面照着自己的容颜，一面叹息到："某月革命的人，现在只剩我一个了！"这是何等悲哀！因此之故，所以在政治上活动的人物，往往只有二等以下的角色，才能勉强自存。无怪十九世纪英国政治思想家穆莱（John Morley）说道："政治场中，次好的每当首选。"更无怪有人说："在政治上，一条直线是两点中最远的距离！"这又是何等深刻的批评！在外国选举的时候，于投票以前，竞选的人为了得票的关系，不惜在穷街陋巷之中，抱着流鼻涕的孩子香香面孔，以求取得他母亲的票。但等当选以后，谁还认识，谁还理会这讨厌的孩子？这种种的表现，都是象征人性的堕落。政治策略！政治策略！你不知道戕害了多少生命！遗误了多少青年！降低了多少人性！

由于这两个重要原因，所以就必然产生了下面几种恶果：

第一是真挚天性的毁灭　真挚的天性，是人生最可宝贵的一件东西。人与人之间，要能以诚相见，以真挚相处，才能彼此信任，相安无事，而达到所谓"忘机"的境界。假如各人存着机心，则"尔虞我诈"，互相猜忌，必致大家互相提防,互相警备;甚至别人眉眼一动,就疑心他有害我的意思。在这种"四面楚歌"的情形之下,人生优美的灵性,便完全丧失,那里还会有什么人生的乐趣!

第二是社会团结的脆弱　社会的团结,应以个人的团结为基础。个人于个人团结不坚,则社会的团结便无从说起。"刑于寡妻,至于兄弟,以御于家邦。"假如在自己的夫妇兄弟之间,尚且不能互相信赖,何况对于大的社会? 残害自己的骨肉,以表现忠实于团体,是绝对不近人情的事,他决不能忠实于他献媚的团体。这与吴起杀妻求将,是同样卑劣的心理。听说八九年前某省的军人请客,客人虽少,但设筵的房间不能不预备一个最大的,因为每个客人的后面,都要站着一排各自带来的盒子炮兵。这真是古代"鸿门宴"的格调! 我想在座的人,纵有八珍在前,难道可以吃得甘味吗? 我们要知道社会的团结,在于互信。假如人人各怀鬼胎,存心计算,那一定会弄到"季孙之忧,不在颛臾,而在萧墙之内"的现象。这种社会一定是不稳固的。假设有几个人聚在一起,便要商量如何对付另外几个人;他们对付另外几个人的手段是有效了,然而又安知施之于他人者不会施之于自己? 恐怕"尤而效之,罪又甚焉"! 既有曹操之篡汉,安得不有司马之篡曹? 司马之篡曹,可说是当然的事。这种风气,实在是长不得的!

第三是发生人格上不可补救的缺陷　人格是整个的,继续的,是不容玷污的。人格一有缺陷,即不易恢复完整,悔也是来不及的。因为许多人的坏行为,往往都是由于坏习惯所养成。习惯的力量大极了。心理学家哲姆士论习惯,引一个老虎进笼的故事为证。一个马戏班子的老虎不幸出笼了,大家都起恐慌,无法降服,后来班主心生一计,把笼子抬在老虎面前,那老虎就俯首帖耳地走进去了。这就是所谓习惯成自然。大凡人类的行为,只要多做几次,也会像水一样,形成一种惯流之道(Channel),以后就会不知不觉的照着做去的。说谎的人,一次说谎,二次随之,以后脱口而出的无一非谎。等到说谎话成为习惯,即使明知说谎是坏事,也不容易改正。习于任何诈欺虚伪的人,莫不如此。这种在人格上的损失,是不可估计的。

第四是人生乐趣的减少以至于消灭　人生的目的，不只在求物质的享受，而且在求精神的安慰。假如四周都是敌人，处处都是荆棘，时时要小心提防，那就痛苦不堪了。还有什么人生乐趣可言？而且自己要做坏事的人，因为自己要用许多心计，痛苦也随之增加。譬如说谎的人，必须要想出一大套，以自圆其谎，这已经够苦了：一旦被人拆穿，便觉得从此不能做人，或被人看不起，其痛苦更甚。西洋人有句俗语说："诚实是最好的政策。"（Honesty is the best policy.）其实诚实并不是"政策"；如果说他是政策，或是最好的政策，那倒不如说他是最简单的政策（Honesty is the slimplest policy.）。他虽然是简单，他却是最能颠扑不破。他不但比任何巧妙的谎还要圆满，他更能使奉行他的人心安梦宁。他是天下之至拙，也是天下之至巧！

以上所说的这些错误和痛苦，有没有方法可以挽回呢？我以为还是有的，但是要从根本上对人生的意义和宇宙进化的原则，有一番新的认识和审定。

首先我们应了解人不是机械。机械是无理智，无情感的，而人却不然——不但有理智，而且有情感。这种情感弥漫充塞于整个的宇宙，人生须靠他才能调整，才能谐和。我们知道在化学方面，有所谓"爱力"（Affnity），在物理学方面，也有所谓"引力"（Gravitation），而在人类方面，和这些相当的，便是感情。男女之间要讲恋爱，乃是这种感情自然流露的一端。其实何只男女，无论任何人，相处谁不需要感情？在现代往往有一女子爱上一男子，并不是为了爱情，而是为了多得一笔财产或遗产的事实。在国际上，还有刺探他国政治军事秘密的男女间谍，不惜牺牲个人的色相或身体，以求情报的取得，等到取得以后，不但把对方抛弃，甚至加以杀害。这是近来不为稀有的现象。可见感情中如果带有手段，则衽席之间就是干矛。不过，这些特殊的事实，终当看作例外。这是人性的堕落和变态，而不是人性的本质和正常。我相信人类终究是富有感情的。唯其富有感情，所以人才不是机械，不能当作工具利用；也唯其富有感情，所以人生才能发展,调整,谐和,以达于美满的理想境地。

其次,我们还应明瞭宇宙进化的真义。宇宙是不断进化的。但这种进化,有没有最后的止境呢?我说是没有的。这不是我说的话,是近代科学说的话。若是有止境,才有最后的目的,才有一劳永逸的境界,才可以说到"为目的不择手段"(End justifies means)这句话。但是这是错误的,这是不合宇宙进化真义的。进化是无穷尽,无止境的;若是能达到最后的目的,宇宙人生的进化就停止了。停止的状态,无论假想到如何完善,却是如何的沉闷,如何的刻板,如何的无意义!我们应该知道目的只是我们自己创造的理想。无论世界上那位伟大的哲学家,能画得出,写得尽一个最后理想的境界来吗?理想不过是在某一阶段中自己悬着的一个目标,好像是夜间长路上的灯笼,自己点的;前进一段,更照见一段的前程。更好像探照灯一样,射穿一道云层,还有一道云层,云层之上,还有太空。时间的书中,页子是翻不完的。经过一个阶段,又有新的理想产生。人生作不断理想的追求,才有兴会,才有乐趣。这不是徒劳无功,这是人生在宇宙进化程序中的适应,也是他实现自我价值以求满足与进步的惟一方式。宇宙无终了,人生无终了,历史也无终了。每个阶段都是真实的,所以每个阶段都不容忽视,不能看作无关轻重,无本身价值的手段。进化也不是无中生有的,不是能抹杀一切的。进化就是变,不断的变,所谓革命不过是进化途中的一个大踏步——有意识的大踏步,而并非最后的阶段。一切革命的年代,如所谓一七八九年的法国革命,一八四八年的欧洲革命,一九一七年的俄国革命等等,也不过是历史学家为研究便利起见,用来表示这大踏步的符号。并不是说这个年代一过,什么都改变了。具体一点来说,难道巴斯梯监狱一陷落,法兰西人民全都变过了吗?不!不!历史告诉我们许多事实不是这样的。既然不是这样的,则为革命可以不择手段的话,自然不攻自破了!

从整个进化的系统来看,目的与手段是不可分的。因为在每个阶段,每个人,每件事,都有他本身的价值。从进步的眼光来看——进步是依着人类所悬的理想而前进之谓——则每个人同时是目的也是手段。因此我们人生有两种价值：一种是工具的价值（Instrumental value），一种是本身的价值（Intrinsic value）。工具的价值是我们对他人对后来说的。我们的生命，我们的事业，必须好好的过去，好好的成就，以为来日人家继续踏步前进，发扬光大的基础。假使我们倒在半路死了，我们的白骨，也为后来者在前进的路上，当一块踏脚的石板。本身的价值是我们对自己的认定。就是我们把自己当作前进途中的一块石板，这块石板也要完整，坚实，美丽，完成他石板的本性。假如我们是演戏，那我们演的便是义务戏，不问卖的票多少，自己有无收入，我们总得卖尽力气去演。惟有在这演戏的艺术里，我们可以表现自己的天才，寻着自己的乐趣。工具的价值是我们对于人类贡献时的服务态度，本身的价值是自己的自尊和对于他人的尊重。两种价值的估计，缺一不可。自己把自己当作单纯的工具，未免把自己的人生看的太轻了。自己把人家看作工具，那好像《三国演义》上酒醉后的典韦，一手抓一个小兵，飞舞似的来当武器，岂不是太残酷了吗？

所以我们最不能，也不应，把人当工具，当手段。不把人当工具，所以才有教育，才有教育的可能。不然，拿人当机械——机械是最完整的工具——看待，世界上那有教机器的教育？教育要注重引导被教育者自己去发挥本身的优点。此正所谓"万物皆备于我矣，反身而诚"的意思。在德文里面，教育称为 Erzierhung 也带着"引出"或"抗出"的意义。这便是承认被教的人是有本身的价值的；否则教育就不会有意义，有效果。教育的对象就是生命，教育的目的，就在发展人类的生力，智慧与人格，以引发他生命内潜的价值，使其同时在整个宇宙之中，与他部分相和谐，谋共进。所以教育不是准备生命的，教育本身也就是生命。康德说，"我们要以人为目的，不以为手段。"这固且是教育里颠扑不破的格言，同时也是现在机诈残酷的政治社会中所一刻不能忘记的真理。

第十三讲　创造与占有

没有创造的精神，人类与一般的生物何异？没有创造的能力与成就，人类那有光荣的生存？

没有创造，何从去占有？他人去创造而自己去占有，就是偷盗的行为。不创造而占有的生活，是寄生虫的生活；他不但消耗他人创造的结果，而且蠹蚀整个社会创造的力量。

创造欲（Creative impulse）与占有欲（Possessive impulse）本来是并存在人性中的两种力量。前者发展则社会前进，后者发展则社会衰落。这是历史的公例。前者的发展，不少灿烂光辉的事实；不然人类何以有今天？但是后者的发展，比前者却更容易；世界上有比"不劳而获"更能引诱人的事吗？况且力量的动向，常是朝着抵抗最少的方面去，这是科学家能证明给我们看的话。

创造靠天才，要靠流汗。大发明家爱迪生（Thomas Alva Edison）说："天才的成就，百分之一靠兴到神来（Inspirations），百分之九十九靠汗流浃背（Perspiration）。"这是经验之谈。流汗不过是形容劳苦的一个名词，其实何只流汗，还要绞脑汁，呕心血。

在古代奴隶制度之下，一个人占有成队的"人形的财产"，为其工作，这是何等可骄傲的事。在封建社会里，多少的农奴，多少的佃户，来完粮纳税，供私人的享受；诸侯地主居住在宫殿似的堡垒或是大厦之中，间或出来打围射猎，以资消遣，也是十分的舒适。自从工业革命以后，西洋的资本,比较集中都市,于是渐渐演化到金融资本主义的社会。金钱本来是交易的媒介,也是运用作建设事业的工具,至此乃变为取得大量享受,满足占有欲望的惟一争夺品。交易市场的股票流通,造成了许多"不见面的东家"(Absentee ownership)。在纽约的人可以操纵伦敦的市场,在伦敦的人可以买完印度的棉花。一个电话可以买进一个工厂的所有权,而不需自己管理。远处千万劳工的血汗,他可以在海边避暑的别墅里享受。于是聚积财富(Accumulation of wealth)成为一种赌博,一种打围,一种达到豪华的捷径。他可以不顾人类的幸福,不顾国家社会的需要,而以纯粹个人谋利为目的。这种制度的流弊,一可以大量浪费人力的资源;二可以普遍的使可能创造的人,道德趋于堕落;三可使青年的想象弄得俗不可耐(Vulgarization of youthful imaginations)。尤其是第二第三两种流弊,从人生哲学的观点上来看是最可痛心的事。

这种制度可以称为"谋利动机的制度"(Profit motive system)。大家注意的就是所谓"成功"(Success),而成功的意义就是得到(Success is to get)。

得到一点是一点。得到愈多社会愈看得起你。在西洋还是从私人的企业里去"得到";在私人企业不发达的中国,于是争向公家的财产里求"得到"。一朝权在手,便把公家的金钱器物来挥霍,来侵占;其慷慨豪华的程度,远过于使用个人财产的百倍千倍。就是在抗战时期,尽管前线流血,而后方仍发现不少这种情形。经手公家的钱不捞摸几个,仿佛是傻子,是对于自己的不道德! 这是何等可以痛心! 为公家购置而得回扣的事,不断的有。像是旅馆的茶房一样,一定是要小账的。这种人,这种现象,德文称之为 Trinkgelder,英文称之为 Tipping system,中文正可称为"小账制度"! 以高视阔步,白昼骄人的公务员,其品格降至通常的茶房,甚至茶房之不若,(因为茶房之中,品格还有比他们高的人,)这又是何等的可耻!

世界上有专占有而不创造的人。我现在举一个极端而有趣的例,就是格林夫人(Mrs. Hetty Green,1825—1906)。她于八十一岁在纽约死的时候,确定的遗产,在一千三百万磅英金以上,据说还另有半数不曾知道。她是爱钱的祖母,也是弄钱的天才。她是英国人,年轻时一游纽约,就从事购买股票。她一个人提了一个破旧的皮袋进交易市场,可以使世界金融中心里的人变色。她有"亿则屡中"的本领。她如果打倒和她竞争的对手方,她一定可以打倒。她和感情很好的丈夫离异,因为她虽很爱她的丈夫,她尤爱钱。她良心疼她的儿子,只是因为医生索价较高的缘故,她情愿儿子陷于残废,而耽误了医治的时间。冬天里,她因为节省,不买内衣而穿报纸。她住很坏的房子而且常搬,因为要逃避租税。像这样的情形,她自然不会投任何资本在建设事业方面,连慈善事业上也一毛不拔。这真是一个奇怪的动物! 她不足为奇,所奇怪的是怎样会有这种社会制度,能允许这多财富,在这样一个人手里。

但是世上也有同时创造,同时占有的人。占有或者是创造的副产,因为福特(Henry Ford)的动机,主要的决不是为钱,他是富于创造性的。他创造动机而外所余的,与其说是占有欲,还不如说是支配欲。他以贫苦起家;他有他的人生观;他有极少的几个意见,而以全力去实行。他主张经济时间,经济人力,经济物力。凡是可以达到这目的的,他不惜工本,不惜精力去做。他最初要为农人发明机械的耕具,继续就要为农人,甚至于一般人,解决运输的困难;总之,他要为他们节省劳力,把最流汗的工作给机器去做。他不但要发明,而且要大众有力量能享受他的发明。他致力于能利用公路的运输机器,遂于一八九三年造成了第一辆汽车,零件是废铁做的,轮子是脚踏车的轮子改造的,并且毫无散热的装备,但是他驾着走了一千英里以后,还卖了二百元美金。有了这个成绩以后,他不断的改进,不只要他的汽车造得好,还要卖得便宜。他的目的要每一个美国人能有一部汽车,(现在已经平均三个人有一辆)。为了要卖得便宜,于是他和以营利为目的而眼光浅短的股东意见不合,他脱离了他创设的第缺哀汽车公司(Detroit Automobile Company)而建立了福特汽车公司(Ford Motor Company)。虽然当初资本不够,他却可以为所欲为,实行他的主张。他因为要经济人力,使人尽其才,于是他改进了许多机器,让瞎的,聋的,手足有残废的人可以一样的工作。他们不但因此有职业,而且他觉得他们的工作,由于专心的缘故,特别使人满意。他应付世界经济的不景气,不是减工资而是加工资,从增加工人的购买力上谋繁荣的恢复。纵然只有他一家大胆这样干,他也愿意做榜样。在上次大战时候,他大规模的加造 Model T. 机器耕犁,到一九三一年已经销了一千五百万架。他对罗斯福的新政不同意,乃是因为他有特殊的设置,与其他工厂不同;而罗斯福则系统筹全局。无论你赞成福特也好,反对他也好,说他是资本家也好,但是他帮助美国完成了运输革命,帮助英美和他国的农人减少了痛苦,实行了农业的机械化。他有他独出心裁的一套,确是与普通资本主义下的工业爵主(Industrial barons)不同。做《世界史纲》的韦尔斯是倾向社会主义而决不会为资本家捧场的人。他论福特的时候说:"他的心灵是为建设的动机所主宰,为发明的欲望所统治;他心里所要的发明是要减少人类劳力的发明。"他又说,"不差的,反对金钱动机的价值,他是一个最显著的证人。"(见 H. G. Wells:*The Work*, *Wealth and Happiness of Mankind*.)至于他认为做人要把握少数意见而以全力赴之的主张,我觉得很有人生哲学的意义。意大利哲学家克罗且(Croce)批评现代的青年,说他们有许多的观念而没有一个观念。是的,有许多的观念,天天三心二意,没有一个中心观念以作主宰,是会弄到一事无成的。

若是福特这个例尚有争论余地的话,(因为他反对罗斯福新政以来,在美国已有争论)有一个人他创造的动机是不会有人怀疑的;他也占有,但是他绝对是为创造而占有。这个人就是人类都受他福利的爱迪生(1847—1931)。他是一个实际的天才(Practical genius)。他的发明专利权有一千五百种。其中有许多是在他成功以后,由他指导监督,经他的实验室里的研究助手帮同发明的;但是主要的,对于人类最有贡献的发明,无疑义的是他天才的创造。有人说他无所依附的发明,只是留声机,其余同时都多少有点简单的刍形,由他改造;然而文化的社会学家可以告诉我们,就是许多纯粹理论的发明,同时也有相似的创作。这何足为病?他把许多纯粹的理论应用到实际问题上去,把许多可能发达的观念和事物,来重行实验和另图改进。他应用的天才,改造的本领,实为人类所少有。近代的电灯,电影,播音机,电车,蓄电池等等,不是由他创始,就是由他完成。电话之有今天,其中不少是他的贡献。水泥由他而成为建筑上应用的材料。西文的打字机,由他改进而能合于实用。复印机由他创制。他对于新式发电机,变压机的改进与完成,在工业上有绝大的效用。上次大战的时候,他对于美国海军部贡献了三十九种发明,但是他埋怨海军部还不曾充分注重到他的发明。最有趣的是他最初取得专利权的一件发明,一个自动的会场投票数票机。这个很适用的装置,竟被国会拒绝采用,因为数得太准确了! 他的特性是能把最精彩的实验工作,变成工业上和商业上最大的成功。他同时是组织的天才。他的事业经营,有很科学的组织,散布各处。他的发明不只使他的实验室,工厂里多少万人有工作,而且为世界上千百万人创造职业;至于蒙其发明利益的群众之广大——如因电灯而保全目力的人,即其一端——更不消说了。

但是他这种为发明而奋斗的经过,是一部可泣可歌的传记。他是贫苦出身,仅受过三个月的学校教育;他做过火车上送报的孩子,开过蔬菜小店,当过电报公司的发电生。他每做一件事,都留一点创造的迹象。他于潦倒的时候,就发明了一种一根线上双方传报的方法,为太平洋电报公司所采用,赚了许多钱,但对于发明者却毫无报酬。这种的事,他生平遇着不只一次。后来他在纽约黄金报告公司得了一个电报技术员的职位,才开始得到较丰的薪水,储作开办泊普·爱迪生·集股公司(PoPe, Edison & Co.)之资本。四年之内盈余五十万元美金。他方才有力量正式建造他的实验室,实验工厂和图书室。他不断的发明,于是成为有源之水,涓涓的流出。他的发明,后来都是由自己的工厂制造;因为在现在谋利动机支配的制度之下,许多公司买下发明家专利权来,置之高阁,因为怕别家买去,夺他们的财源。他们自己为成本关系,却又因循不改。这种阻塞人类进步的现象,习见不鲜。(见 J. D. Bernal: *The Social Function of Science*. 1939。)所以爱迪生有可以自己制造的能力,也是促成进步的因素。韦尔斯说他:"这个人做他的工作,如为任何动机,但是决非为金钱的动机;不只如此,他的工作并为专门弄钱的人所阻碍。"他若是弄钱去工作,只因为"他是被逼了去弄钱的创造者"。他创造的精力是无限的,是不疲倦的。创造欲和自动电流一样,在内心不断的推动他。他发明的机器转动的时间很准确,但是时间在他做实验的时候,却毫无意义,因为他实验室的挂钟是只有钟面而无长短针的。跟他做工作的人,或是受他感动,或是对他有英雄崇拜的心理,或是对工作发生不可停止的兴趣,也是和他一般的英勇。这是很可使人,尤其是青年,兴奋的一个榜样。

我们不要只看见女子之中,出了一个古怪的格林夫人。女子之中有一个是专为创造而毫无占有的大科学家——居利夫人(Madame Marie Sklodowska Curie, 1867—1935),镭的同发现家,镭性放射科学的建立者。她的丈夫彼耶居利(Pierre Curie, 1859—1906)是巴黎工业专科大学的教授。他们的生活都是很清苦的。他们在清苦的生活状况之下,简单不很完备的实验室里,共同发现了化学的新原素"镭"(Radinm)。这不是一件普通的发现;他不只影响化学,而且影响物理学。根据克鲁克斯(Crookes),伦第根(Rontgen)与伯克瑞(Becquerel)的学理与发现,他们建设了镭性发射原理(Principle of radio-activity),为近代物理学的一个重要部分。这部分对于原子构造学说的贡献,可以改变人类的宇宙观,改变传统的唯心唯物的哲学理论,虽然现在的人还不十分觉得。他对于实际应用上的价值,现在也还没有尽量发现。即就生理化学和医学治疗上来讲,他不知给世界患疾病痛苦的人以多少福利。居利夫人于丈夫死后还辛苦研究了将三十年。但是这样一位发现镭的大科学家,自己没有一点镭。大战以后,她去美国一次;当时美国的妇女,为了尊崇她,同情她,捐了一笔巨款(大约一百万美金),买了一个格兰姆的镭,赠献给她。她们附着这件名贵礼物的赠献书上,写明是送她个人的。她以为不对,要他们改为送给镭性研究所,将来为法国学术的公产,当时我正在美国,看了这件事非常感动。居利夫人死了,她是清高的,清苦的结束了她有大功于人类的生命!

我举以上几个显著的例,虽然叙述不免较长,但是可以使大家对于创造和占有两方面的典型人物之中，有所选择。就人生哲学方面来讲，我们要如何发展人类的创造欲而减少占有欲。就制度方面来讲，国家要如何调整乃至改造社会制度，尤其是经济制度，使有创造能力的人能够充分创造，合作创造；使有占有欲的人把占有欲转移方向，得着代替，不能而且不必从事于私人的占有。让大家"人自为战"的去干，不但是不对的，而且埋没许多天才，阻碍社会进步。

一个人要有不愁穿吃的相当资财（Moderate meant of living），才能安心创造，或是进一步能有独立的思想，就是柏拉图在《共和国》里，也是如此主张。"箪食瓢饮"，"曲肱而枕之"的生活，只能希望于颜回，然而历史上有几个颜回！况且如爱迪生的创造工作，在颜回的生活方式之下是不行的。我们否认物质是人生唯一的条件，但是我们承认物质是人生的重要条件之一。从个人道德上说，我们希望个人有颜回安贫乐道的高风，从政治立场上说，断不能希望人人做颜回。所以如何重行安排社会经济的秩序，使人人各尽其才，各得安生之道，是近代政治上一个最困难而最基本的问题。就是福特增加工资，救济残废的工作，也断不能靠一个特殊的个人去做，而要政府能通盘筹算，整个的担负起来。

因为现在资本主义的社会里，"有"（Have's）与"没有"（Have-not's）的阶级分别，太刺眼了。"有钱的阶级"，就是"有闲的阶级"。（就是韦勃伦（Veblen）所说的 Leisure class。）并且他利用他有闲去作恶，去做坏事。利益是他们享的，租税的责任却是很妙巧的转移到大众身上去。尤其一般"新富"（Nouveau riche）鄙俗的豪华，可与"新贵"媲美。许多有理想的青年，看见他们的榜样，理想也就随着沉沦。他们不劳而获的懒惰生活，毁了他们的创造欲。他们的把持，有时简直阻碍创造的发展。

为了解决和调整贫富问题，经济学政治学里不知道产生了多少派的学说。就是所谓社会主义里也不知道有多少派别。他们各有特殊的注重之点，但是他们常有一种共同的忽视之点，就是他们太注重经济学上的解决方式，而忽视了社会学上的因素，如生物的遗传，习惯的改变，教育的功能等等，都不曾在他们考虑时得到相当的位置。这问题太复杂，把他当纯经济的来看,未免过于简单。譬如萧伯纳先生(George Bernard Shaw)认为苟能将各人的收入一律平均,工作时间也一律减少,大家有闲工夫听了燕语莺啼,创造的工作就会出来。这是很美丽的想象。不说别的,他至少忘记了生物学上遗传的作用,能使人有智愚贤不肖的分别。如苏联的史达林主义,是大规模的强迫工作制度。国家是唯一的雇主,而且是有武力强迫人工作的雇主。照共产主义最高的原则,应该是"各尽所能,各取所需",但是苏联实行的还是"各尽所能,各取所值"。不特史达林先生关于几次五年计划的演说可以证明,而且现在苏联普通工人与技术工人工资的差别,可以到几十倍,若与被捧的文学家艺术家的收入相比,甚至差到几百倍,也就是事实的证明。各个人所达到的享受阶段,自然都有不同。苏联自一九四〇年四月一日、六日、十一日、十六日和十月二十七日几次颁布关于限制农工的重要法令开始实行,改变了史达林宪法以后,工人绝对不能自由选择工厂与工作,农人不能自由选择和离开农场。当政的人公开的说要做到士之子恒为士,农之子恒为农的地步。他们曾引以自豪的自由免费教育,也于一九四〇年十月三日命令废止,于是每月收入二百卢布的工人,更无力为一个子女,缴纳一年一百五十至二百卢布的小学学费,三百至五百卢布的中学和大学学费。于是农之子要不为农亦不可得。苏联又常采取名誉奖励制,定某某为某界"英雄",这是当政者看清楚人性的弱点,不是为利,就是为名。唯物史观的利不足以维系,于是用名来维系。"三代以下惟恐不好名",现代操纵群众的人,想是来深深玩味过这句话罢!又如另一派盛行的主张,是以兴办大规模的公共建设事业,来解决失业问题,也就是以变相的方式,征取有钱人的财富,来调剂无收入的穷人。执行的程度如何不可知,罗斯福却是要执行这种主张的一个人。当然有人批评这并不是澈底的办法,但是在骨子里这是表现一种社会集体购买制度(Community buying)的新趋势。因为近代的经济制度太注重"大量生产"(Mass production),而不很注重"大量消费"(Mass consumption),所以经济恐慌,常是不免。"若是说没有富了就没有贫,这理论是不健全的。""相信贫者之所以贫,乃由于富者将其所有夺去了,这种结论未免过于偬促。""贫者也不是代表一个阶级,贫者除购买力不足一点为其所共同而外,其余相同之点很少,与其说是阶级,无宁说是杂凑。"韦尔斯这几句话,是值得细心研究的。所以要解决这问题,应当把人口问题,优生问题,原料问题,产量问题,运输问题,风俗习惯问题,教育问题,以及国际组织等问题,一齐考量进去。将来我们不但要有计划经济,而且要有计划社会。

关于上述的制度问题,要国家整个的去解决,不属于人生哲学范围以内。若是讨论起来,应该另写专书。现在我们所注意的,乃是我们对于创造和占有这两种现象的道德判断,也就是我们的人生态度。

这判断是清楚的,这态度是正确的,就是:

(一) 创造是人类天才最高的发挥;

(二) 我们要有而不占,我们的有是为创造而有;

(三) 我们的有只能以适合于简单高尚的生活为限,断不能建筑自己的快乐在人家的痛苦上。

摩西十诫的第八诫说"你不能偷盗"。但是这是负号的话,不偷盗的不见得就是有益社会的人。我们应当正号的说"我们要流汗,我们才能吃!"至于不劳而获,就是偷盗。

"及其老也,血气既衰,戒之在得。"这是孔子的遗教。其实戒之在得的,岂只是血气既衰的老人;在现在戒之在得的,应当是春秋鼎盛的青年和中年。

哲学家罗素对于中国人的同情,不消说了。他论中国人性格的时候(见 *The Problem of China*),提出我们民族三个缺点,就是一贪,二怯,三残忍。贪是我们看见普遍的现象。我们以前对外国人说话客气的时候,自称我国为"敝国",其实这"敝"字应当改为"弊"字。但是作弊是因为爱钱来的。"钱可通神",我们中国人真知道钱的妙用,所以死后还要子孙烧纸钱,烧金银锭以贿赂鬼门关的守卒!这不是一件小事,这是代表一种社会心理。罗素那本书写在军阀混战的时期,所以他很幽默的赞扬当时的军人,说他们的美德是爱钱过于爱权,因此中国的内战打不久。到了主帅要动老本的时候,他的部下也被对方买过去了。于是当时有人说岳武穆"文官不爱钱,武官不怕死,则天下太平"这句名言,应当改动一下,改作"武官不爱钱,文官不怕死,则天下太平"。这话很幽默,也很深刻。但文官不怕死就够了吗?中国不有"要钱不要命"这句成语吗?我不是来和大家引讽刺话,我郑重的引《左传》里几句名贵的教训道:"国家之败,由官邪也;官之失德,宠赂章也。"

将来中国一定走到重要的经济事业由国家经营的这条路上去。但是国营事业前途最大的困难,就是经营的人的操守问题,也就是人格问题。以前招商局的腐败情形,实在把国民在心理上弄得害怕了。我们希望这覆辙是不会再蹈的。此中固有监督制度等问题,但是这种人生态度问题,也得同时转变过来。蔡孑民先生说:"必须一介不取,一介不予的人,方可以谈共产。"我们可以因袭蔡先生的话说:"必须一介不取,一介不予的人,方可以办国营事业。"

老派经济学为私有财产辩护的话甚多,其中有一个理由,在事实上很难得驳倒的,就是私人经营的事业之中,最富于创造进取的动机(Incentive),因为这财产是他自己的,所以他总是想种种方法,以谋改进。"视公如私"的人,不幸实在太少。但是自私就是社会进步的惟一的动力吗?我不敢相信。我认为这里面有很大的人生问题,也就是教育问题,不仅有关学校教育,而且更有关社会教育。因为社会的风气,就是一种很有力量的教育。

我是不赞成黄老哲学的人,我却极佩服老子"生而不有,为而不恃,长而不宰"的主张。(罗素所用译文为 Production without possession, action without self-assertion, development without domination 尤为清晰动人。)此中有极精深的道理。

我更不能忘记《礼运·大同》篇表现最高的社会理想,也是最理想的社会的两句话:

"货,恶其弃于地也,不必藏诸己;力,恶其不出于身也,不必为己。"

第十四讲　学问与智慧

学问(Learning)与智慧(Wisdom)，有显然的区别。学问是知识的聚集(Accumulation of knowledge)，是一种滋养人生的原料，而智慧却是陶冶这原料的镕炉。学问好比是铁，而智慧是炼钢的电火。学问是寸积铢累而来的，常是各有疆域独自为政的。他可吸收人生的兴趣，但是他本身却是人生的工具。智慧是一种透视，一种反想，一种远瞻；他是人生含蕴的一种放射性，他是从人生深处发出来的，同时他可以烛照人生的前途。

有人以为学问就是智慧，其实有学问的人，何曾都有智慧？世界上有不少学问渊博的人，而食古不化，食今亦不化，不过融会贯通，举一不能反三，终身都跳不出书本的圈子，实在说不上智慧二字。这种人西洋便叫做"有学问的笨伯"(A learned fool)，在中国便可称为"两脚书橱"或"冬烘先生"。反过来说，有智慧的人也不见得都有很好的学问。有一种人，读书虽然不多，但他对于人情事理，都很发达，凭藉经验，运用心得，"官知止而神欲行，依乎天理，批大郤，导大窾"。这种人，你能说他没有智慧吗？

学问是不能离开智慧的；没有智慧的学问，便是死的学问。有许多人从事研究工作，搜集了很多材料，但往往矻矻穷年，找不到问题的中心，得不到任何的结果。纵有结果，也是无关宏旨——这便是由于没有智慧。而有智慧的人则不然，他纵然研究一个极小的问题，但却能探骊得珠，找到核心所在；其问题虽小，而其映射的范围，却往往甚大。譬如孟德尔(Mendel)研究豆子的交配，居然悟出遗传的定律，奠下了遗传学和优生学的基础,就是一个例子。再说进化论的创立者达尔文。在达尔文以前,何曾没有富于学问的生物学家,看见过海边的蚌壳,山中的化石,类人的猩猿,初民的种族?何以不能发明物竞天择,最适者存的天演公例?等达尔文发明以后,于是赫胥黎慨然叹曰:"这个道理,傻子都应该知道,为什么我以前不知道?"于是他奋身而为达尔文的"牛头狗"(Bulldog),为他张目。当代的物理学家,爱因斯坦有人称他为牛顿后第一人。他的相对论是科学里一个稀有的创获。但是他自己却对人说:"我的发明其实很简单,只是你们不看见罢了!"他能看见别人所看不见的,便是他的智慧过人之处。

世间不但有缺乏智慧的人,而且也有缺少智慧的书。我们可以把书分为两大类:一类是有智慧的,一类是无智慧的。有智慧的书,是每字每句,都和珠玉似的晶莹,斧凿般的深刻,可以启发人的心灵,开辟人的思想,有时可以引伸成一篇论文,或成一本专书。这就是英文中所谓"灿烂的书"(Brilliant book)。无智慧的书,往往材料堆积得和蚁邱一样,议论虽多,见解毫无。纵然可以从他得消息,却不可以从他得启示,在著者是"博而寡约",在读者是"劳而无功"。这就是英文中所谓"晦塞的书"(Dull book)。然而这类的书多极了,读者要不浪费时间,就不能不精为选择。须知著书固要智慧,读书也要智慧。"读书得间",就是智慧的表现。"鞭辟入里","豁然贯通",都不是容易的事。若是像讽诵高头讲章的读法,则虽"读破五车",有何用处?

学问固然不能离开智慧,同时智慧也不能离开学问。有学问的人,虽然不一定就有智慧,正和有智慧的人不一定有很深的学问一样,但是智慧却必须以学问做基础,才靠得住。戴东原说:"且一以自然为宗而废学问,其心之知觉有止,不复日益,差谬之多,不求不思,终其身而自尊大,是以圣贤恶其害道也",正是这个道理。无学问的智慧,只是浮光掠影,瞬起瞬灭的。他好像肥皂泡一样,尽管可以五光十色,但是一触即破。唯有从学问中产生出来的智慧,才不是浮光,而是探照灯,可以透过云层,照射到青空的境地。唯有从学问中锻炼出来的智慧,才不是幻灭的肥皂泡;他永远像珍珠泉的泉水一般，一串串不断的从水底上涌。也唯有这种有根底的智慧，才最靠得住，最为精澈，最可宝贵。

若把学问譬作建筑材料，那智慧便是建筑师的匠心。有木，有石，甚至有水泥钢骨。决不能成为房子；就是懂得材料力学，结构原理，也只可以造成普通应用的房子，而决不能造成庄严壮丽的罗马圣彼得（St. Peter's）或巴黎圣母（Notre Dame）教堂。这种绝代的美术作品，是要靠艺术家的匠心的。但是材料愈能应手，匠心愈能发挥；构造的原理愈进步，艺术家愈能推陈出新。材料与技术对于作风的影响，整个的美术史，尤其是建筑史，都可以证明。所以学问与智慧是相辅为用，缺一不可的。我们不但需要学问，而且更需要智慧——需要以智慧去笼罩学问，透视学问，运用学问。

学问应如何去寻求？智慧又如何去潜瀹？更应如何以智慧去笼罩，透视，并运用学问？这是思想方法的问题。思想不是空想，不是幻想，而是有严格纪律的一种意识的训练。思想当然不是别人所教得来的；没有思想的人，别人不能强他有思想，正如西洋古语所说："你能引马就水，但不能教马喝水。"（You can lead a horse to water, but you cannot make him drink.）然而思想是可以启发的。教育的最大功用，就是启发人的思想。所谓"不愤不起，不悱不发"，就是承认思想有启发的可能。思想应如何去启发呢？当然非有训练思想的方法不可。我现在先提出中西两大哲人关于训练思想的指示来。

中国的孔子讲学时，曾提"毋意，毋必，毋固，毋我"四个戒条。无论经学家如何诠释，我们拿近代思想方法的眼光来看，可以得到一种新的领悟。毋意可以释作不可凡事以意为之。没有根据先有论断是要不得的。这就是成见（Prejudice），成见与科学探讨的精神不相容。毋必是不可武断（Dogmatic）。武断是虚心的反面，往往以不完备的知识，不合的见解，据为定论。毋固是不可固执（Obstinate），拘泥胶着，拒绝新的事物，新的假定。堕入樊笼而不自解，钻入牛角心里而不自拔。毋我是不可以自己为中心，以自我为出发点（Ego-centric predlcament）。妄自尊大，正是所谓我执。这种胸有所蔽的看法,在逻辑上不能允许,在认识论上也不能容。必须破除以上各蔽,乃能清明在躬,洞烛万象。必须如此,才能潆瀹智慧。必须如此,才能役万物而不为万物所役。为学求知应当如此,就是人生修养,也应当如此。

近代西洋的大思想家培根(Francis Bacon),在他所著的《学问的进展》(*The Advancement of Learning*)一书中,讨论思想错误的原因,可说精辟极了。康第拉(Condillac)曾说:"世人了解思想错误的原因者,莫过于培根。"培根以为人类思想的错误,乃是由于有四种偶像(Idols)。这种偶像,佛家称为"执",我们称为"蔽"。第一是"部落的偶像"(Idols of the tribe),可称"观感之蔽"。就是说对于一个问题,先按照自己的意见决定好了,然后才去寻找经验,再把经验团捏揉搓得和自己的意思相合。这无异手提着一个蜡人再向他问路。这是一般人最易犯的错误。现在有些大学生做论文,往往先有了结论,然后去找材料,好像药店里打好了装药的抽屉,安放的整整齐齐,再待把药材分别填塞进去,就算完事。他不是从材料里去逐步寻求真理,乃是把他的所谓真理去配合材料。这种工作,是白费的。第二是"山洞的偶像"(Idols of the cave),可称"自我之蔽"。这与个人性格有关系。每个人因为他性之所近,常常在意识里形成他的一个所谓"洞"或"窠"。这种"洞"或"窠",常把自然的光线屈折或遮蔽了,于是一个人就像带上颜色眼镜:带了蓝色眼镜,便说一切是蓝;带了黑色眼镜,便说一切是黑。结果是是非不明,黑白不分。这种"洞",人的思想一跌进去,便是不容易爬出来的。第三是"市场的偶像"(Idols of the market),可称"语言之蔽"。这是从人与人的接触之中而生的。人与人相接触时,不得不用语言来交换思想,但语言所用的字句,常以群众所了解者为准,所以字意常不确定,或不完备,而真理遂被湮没。人类思想的错误,很多是由此而来。逻辑最重要的目的,就是确定每个字的意义,而使其有一定的内容,以免"失之毫厘,谬以千里"。政治煽动家说的话,大都是极漂亮而动听的,但是仔细分析起来,有几句是确定可靠的? 庄子说"言隐于荣华",其实这种语言是和无花果树一样,以他的叶子隐盖着他无花的羞辱。第四是"戏院的偶像"（Idols of the theatre），可称"学统之蔽"。人类有些思想上错误，是由于传统的信条或对事实错误的证明而来。古今来各种派别的哲学系统，往往不啻是戏台上一幕一幕的戏剧，各人凭其主观的想象而编成的。如果有人堕入彀中，深信不疑，便很容易固执偏见，抹杀其他。中国过去的学派之争，如所谓朱陆异同的聚讼，都于不知不觉中犯了这个毛病。

我们根据这两位哲人的指示，就可知道要训练思想，必须注意以下几点：

第一是去蔽。去蔽是训练思想的第一先决条件。必须能够去蔽，然后才能透视一切，大澈大悟，达到智慧最高的境界。必须去掉孔子的所谓"意""必""固""我"，必须去掉培根的所谓四种偶像，然后才可有虚明豁达的心胸，接受一切的真理。否则阴翳在心，障碍在目，欲求真理，真理愈远。荀子有《解蔽》篇，说得很痛快。他说，"墨子蔽于用而不知文，宋子蔽于欲而不知得，慎子蔽于法而不知贤，申子蔽于执而不知知，惠子蔽于辞而不知实，庄子蔽于天而不知人。此数具者，皆道之一隅也。夫道者体常而尽变，一隅不足以举之。然则虚也者谓毋若数子之蔽于所已臧之一隅，而害所将受之道也。"我们要知道智慧所烛的，决不仅是道之一隅！

第二是分析。分析可分两部分讲：一是事物的分析。宇宙的万象，交互错综，复杂极了，要全部加以研究，自为事实所不许可。所以生物学家只抽出一部分有生命的现象来研究，地质学家只抽出一部分无生命的现象来研究。这便是以类别来分析的办法。二是观念的分析，譬如语言文字所包含的意义，若要论事穷理，便非先弄清楚不可。不然，就生许多误解，许多枝节，许多争论。哲学争论之中，尤多文字涵义之争。从前黄远生先生有一篇文章，叫《笼统为国民之公敌》。这"笼统"二字，是中国人思想上最大的病根，不知误了我们多少事。我们要国民有清晰的思想，非把许多语言文字里所包含的观念，先行"刮垢磨光"一番不可。

第三是综合。综合就是将分析所得的结果，组织成一个完整的系统。综合的最大目的，就是在求思想的经济（Economy of thought）。科学的公式,必须能以简驭繁,就是要把最简单的公式,解释和驾驭许多繁复的现象。无综合头脑的人,常觉得宇宙间的万事万物,不是各不相关,就是紊丝一团;而在有综合头脑的人看来,则觉得处处关连,头头是道,可以从中找出一个整齐的头绪,美丽的系统。

第四是远瞻。讲艺术要注意远景,讲科学何独不然?从事科学工作的人,因为研究专门的东西,最容易囿于一个狭小的范围,而把大者远者反遗忘了。专家的定义是"一个人在最小的范围以内,知道最多的东西"。所以专靠专家来谋国,是可以误大事的。蒋百里先生,在他的《日本人》中,形容日本见树木而不见森林的情形,有一段话最足发人深省。他说:"日本人很能研究外国情形,有许多秘密的知识,比外国人自己还要丰富。但正因为过于细密之故,倒把大的,普通的忘记了。譬如日本人研究印度,比任何国人都详细,他很羡慕英国的获得印度,但是他忘记了英国人对印度的统治,是在大家没有注意时代用三百年的工夫才能完成。而日本人却想在列强之下三十年内要成功。日本人又研究中国个人人物。他们的传记与行动,他很有兴会的记得,但他忘记了中国地理的统一性,与文字的普遍性,而想用武力来改变五千年历史的力量,将中国分裂。他又羡慕新兴的意大利与德国,开口统制,闭口法西斯,但他忘记了他无从产生一个首领。"这一段话,我不厌求详的写下来是因为他不但是给日本人一顿严厉的教训,也有可供我们深思之处。我们所理想的科学家与思想家,不应钻在牛角心里,而应站在瞭望台上。

以上四点,都是值得每个研究社会或自然科学的人加以深切注意的。黄黎洲说,"无速见之慧",智慧是要努力才能潴瀹的。我们要努力求学问,我们更要努力求智慧!唐人高骈有一首诗道:"炼汞烧铅四十年,至今犹在药炉前;不知子晋缘何事,只学吹箫便得仙!"这是一首很有哲学意味的诗。

哲学最早的定义,就是"爱智",也就是对于智慧的追求(Pursuit of wisdom)。他对于宇宙和人生是要看整个的,不是看局部的;对于历史是要看全体的,不是看片段的。一时的便宜,可以酿成终久的吃亏。穷兵黩武的野心家可以造成无数战场的胜利,而最后得到的是整个战局的失败。这是缺少智慧的结果。现在的世界,学问是进步了,专门的知识是丰富了,但是还有这种悲痛,残酷,黑暗。毁灭的伟大的悲剧,表演出来,这正是因为人类智慧贫乏的缘故!想挽回人类于空前浩劫的人,在这阴翳重重的世界里面,只有运用慧剑,才能斩除卑狭私伪,骄妄怨毒,塞心蔽性的孽障,才能得到长久的和平。希伯来古话说得好,"快乐的是能寻着智慧的人,是能得着了解的人。"(Happy is the man that findeth wisdom, and the man that getteth understanding-Proverbs.)

第十五讲　文化的修养

在现代机械文明工业社会里面,谁都容易感觉到生活的紧张,干枯和单调。因此而更感觉到厌倦,烦闷和不安。有的是情感的刺激,无的是情感的安慰。刺激多了,不是神经麻木,就是情感的横溃,甚至于由厌倦而悲观。在平时如此,在战时为尤甚。

知识的训练要紧,生产的方式要紧,工作的效率要紧,但是情感的调剂至少也同样的要紧。一张一弛的道理,不只是适用于调弓,而且适用于人生。人生的弛是必需的,但是这"弛"不是等于放纵,不是等于懒惰。要求"道德的假期"是无补而且有害于人类心灵的。让我们把眼光转移到文化的修养上去罢!

麻木,横溃和悲观固然要不得,但是做人到粗俗,犷悍,鄙吝,僿野的境地,也是十分的可厌。若是只讲物质文明的享受而无精神文化的修养,结果一定到粗俗,犷悍,鄙吝,僿野的境地。

有几位西洋的文化哲学家,常是给文化(Culture)与文明(Civilization)两个名词,以不同的涵义,至少他们把这两个名词的着重点看得不同。德国人所谓文化(Kultur)的涵义,固带日耳曼文化特殊的彩色,但是他们看得"文化"与"文明"的分际,似乎格外明显。他们用这两个名词的时候,于不言而喻之中,总觉得文明是偏重物质的,外界的,而文化是精神的,内心的。一个民族尽管没有许多物质文明的发明和享用,但是他却有优美文化的表现和享受。人们能在不知不觉里,流露他持身处世的德性,超凡越俗的领会,美丽和谐的心灵,这一切都是民族文化和个人浸淫在自己民族文化里的结果。纵然他没有飞机旅行,没有电梯代步,没有抽水马桶使用,但是我们能不尊重他吗?能说他没有文化吗?

更具体一点说罢。找一个非洲的卜絮曼(Bushman)族的人来,把他放上飞机他一样能旅行,拖上电梯他一样有代步。拉到新式的厕所里他一样能使用抽水马桶,若是教会他如何揿那简单机钮的话。但是把他请到欧洲的大美术馆里看拉飞耳(Raphael)的名画,他就要觉得反不如他们山洞里画的马面牛头;到著名的音乐院里听贝妥芬(Beethoven)的音乐,他就要觉得反不如他们赛神跳舞时的木铤战鼓;到图书馆看莎士比亚的名著,他更要觉得不如他们祭司的神符鬼箓。可见文明的结果容易享受的,而文化的结晶的难于领略的。

若是"文化"这个名词是译西文 Culture 这个字的话,我认为不但非常满意,而且格外优越。中国先哲对于人生的教育和社会的文化,是认为要文质并重的。"质胜文则野"是孔子的名言。必须要"文质彬彬",然后能成为"君子"。这个"文"字有很博大的意义,包括丰富的生活方式在内,决不是"文绉绉"的"文章之士"所可窃为己有的。"化"字的意义尤妙。圣哲固须达到"大而化之"的境界,就是普通的人也可以受到"潜移默化"的影响。可见文化是弥漫浸淫在整个民族之内,更非一个特殊阶级的人所可假借。文化是民族心灵的结晶,文化也是民族精神方面的慈母。要提高民族道德,非提高民族文化不可。道德虽然可以说是文化的一部分,但是他却是硬性的,直径的部分,文化的全部是含煦覆育,如春阳一般,温暖到每个人内心的。

我们要每个人都能注重到文化的修养,从而扩大到整个民族文化的修养。这是没有问题的。现在的问题是如何能进行个人文化的修养?

当然学问是修养的要素。中国古话说"学问深时意气平",正是学问能影响修养的一种表白。当然经验是修养必经的过程,不经过种种的磨炼和波折,那能陶镕出人生真正的修养?然而我现在着重的不是这显然的真理,只是大家常是忽略的部分——情感,也可以说是由情感影响到心灵的部分。

要陶冶情感,莫善于美的教育,所以我从这方面提出三件特别有关美育的文化来讲。

且让我先谈文学的修养。文学不仅是说理的,而且是抒情的;不仅是知识的凝合,而且是愿望的表现;不仅是个性的暴露,而且是悲欢的同感;不仅是通情达意的语言,而且是珠圆玉润的美术。文学不仅可作发扬情绪的烈焰,而且可作洗涤心灵的净水。"诗可以兴,可以观,可以群,可以怨",只不过是昔圣对于一部分文学的赞美。文学是要提高人生"兴趣"(Taste)的;真有修养的文学家,有些事决不肯干;他却不是持道学家的态度而不去干,乃是因其属于低等兴趣而不屑干。所以真正的文学修养可以提高行为标准。最好的文学家是他人想说而说不出的话,他能说得恰到好处;他人表现不出的情绪,他能表现得尽情惬意,使人家难得到其他的方式表现。没有经过退守南京,展转入川的人,不能体会到杜少陵"夔府孤城落日斜,每依南(北)斗望京华"两句诗的妙处。许多受难同胞有过家破人亡痛苦的,读到白香山"田园寥落干戈后,骨肉流离道路中"的句子,也一定感觉到这种痛苦的经验,不只是我们现代的人才有的。战争时代的烦闷,若是得到古人与我们心心相印,俱有同感,也就因此舒畅多了。只是创造文学困难,欣赏文学也不容易。遇到好的文学作品,必须口诵心维,到口中念念有词的境界,才能心领神会。孔子说"依于仁,游于艺",这游字最妙。所以对于优美的文艺作品,应当把自己的心灵深入进去,和鱼在水里一样,悠哉游哉,才能真有领悟。现在的青年日日处于甚嚣尘上,苟能得到一点文学的修养,一定可以消除烦闷的。学社会科学的人应当以文学培养心灵,学自然和应用科学的人尤其应当如此。天天弄计算,弄构造,而无优美文学作精神上调剂,必致情感干枯,脑筋迟钝,性情暴躁而不自觉。文学的甘泉,是能为你的心灵,培养新的萌芽的。

进而讲到音乐的修养。音乐不仅是娱耳的。音乐是心里发出来的一种特殊语言,有节奏有旋律的语言,和谐而美丽的语言。是他联贯许多感觉,概念,意境,而以有波动音节发出来的。雍门琴引说,"须坐听吾琴之所言"，正是这个微妙的道理。中国从前礼乐并称，因为礼与乐是联起来的。后来礼乐分家，所以礼沦为干燥的仪式。本来是活泼泼有节奏的动作规律，后来变为死板无生命的赞礼单子。原来文学与音乐也是合在一起的，所以上古的人可以抚琴而歌。到宋朝饮井水处都可以歌柳屯田词；豪放的名士可以用铜琶铁板唱大江东去。姜白石的"自作新词韵最娇，小红低唱我吹箫"是更柔性的了。乃自南宋以后，诗词与音乐又分了家，这实在是文学上一大损失，也是民族的文化修养上一大损失。文学的流行不普遍，正在于此。譬如歌德在德国文学上和一般国民文化的影响大极了；但是请问现在的德国人之中，有几个读过歌德全集或是他重要的作品？然而歌德的诗，山边海曲，田舍渔庄里都有人唱，这正是因为他谱成了音乐的缘故。中国音乐只有旋律（Melody）而无和声（Harmony），因此感觉单调。所以只有川戏中满台打锣鼓的人来"帮腔"，而不能有男女高低音配合得很和谐的"四部合奏"。前二十年西洋音乐，是经过日本转手——不高明的手——递过中国来的，所谱的大都是简单的靡靡之音。抗战以来，国人的音乐兴趣转浓，从事音乐的人也转多，是一件可欣慰的现象。但是一般还是粗糙简单，不免截头去尾的模仿。有意的高亢，时或闻之；而浑成曲折的乐章，很少听见。其中还有以"小放牛"一类的小调之音，谱为抗战歌曲，听了令人神经麻痹。现在中国的音乐教育，正可因为大家音乐兴趣转浓而提高，而普及，而改变作风，但是这不是短期内勉强可以做到的事。我们只是存这种希望，要向这条路上走。我希望将来从音乐的节奏与和谐，达到民族精神和行动上的节奏与和谐。

再进而讨论绘事艺术的修养。雕塑和音乐一样，在中国并不发达，但是画却达到了非常之高的成就。这正是因为中国画与中国文学不曾分家。画家的修养与文学家的修养大致相同。中国的画家也大都是文学家。中国向不重视匠画。这分别苏东坡论吴道子王维画诗，说得最清楚："吴生虽绝妙，犹以画工论；摩诘得之于象外，有如仙翮谢樊笼。吾观二子俱神俊，又于维也敛衽无间言。"摩诘固然是诗中有画，画中有诗的作家，吴道子也是一位画中杰出的天才，东坡犹于其间有所轩轾，这种好尚的风气,也就可想而见了。画不只是表现自然,而且表现心灵;不仅是表现现实,而且表现意境。若是画只是自然和现实的复写,那有照相就够了,何必要画。但是名画可以百看不厌,而照相则一望就了,正是因为画上的自然和现实是透过心灵而从意境里流露出来的。东坡谓"论画以形似,见与儿童邻",正是此意。"此谓形之不足,而务肖其神明也。"所以这两句诗断不是现在犷悍的时髦画家,那些画美人说不像于是改成钟馗,钟馗也不像又可改成怪石的画家,所能假借的。画家不但要有精妙的技巧,而且要有高尚的修养。姜白石说,"人品不高,落墨无法"。同时读书的人,也要有这种修养,才真能心领神会,与画家的心灵融成一片。所以欧阳子说:"萧条淡泊之难画之意,画者得之,览者未必识也。故飞走迟速意浅之物易见,而闲和严静之趣,简远之心难形。"中国名画之难于为一般人所了解,亦由于此。苟能深入,则在尘嚣溷热之中,未始不是一服清凉散。恽南田论山水画说:"出入风雨,舒卷苍翠,模崖范壑,曲折中机。惟有成风之技,乃致冥通之奇。可以悦怪神风,陶铸性器。"真是很精辟独到的话。

当然文化的修养,不只这三方面,凡是可以使人"动心急性,增益其所不能"的,都有关修养。如祭遵雅歌投壶,谢安石在临阵时还下围棋,都是他们增进修养的方式。只是这三方面的修养,最容易陶冶性灵,调剂情感。

中国文化是最注重修养的。读书的人固要有"书卷气";就是将官也以"儒将"最能使人敬服,否则只是勇将,战将,不过偏裨之才。在这扰攘偏狭,倾轧排挤的人群中,能有大雅君子,抱着恢扩的襟怀,"汪汪若千顷之波,澄之不清,挠之不浊",岂不可以赞佩? 在这争名夺利,庸俗鄙俚的场合里,能有人如仲长子昌所说,"清如水碧,洁如霜雪,轻世贱俗,独立高步"之人,岂不可廉顽立懦?

现在中国文化方面,有一个绝大的危机,就是高尚的中国文化,渐渐的少人了解。而优美的西洋文化同时又不能吸收。纵然学会了西洋一点应用的技术,或是享用物质文明的习惯,但是对于西洋文化在人性上表现的精微美丽之处,丝毫没有得到。中国文学的修养尚且没有,何况西洋文学的修养。向他奏舒伯尔特（Schubert）叔班（Chopin）或华格纳（Wagner）的乐谱，自然无动于中，若一闻黑人的"爵士"音乐（Jazz music），便两脚发痒。到外国美术馆去，古画中恐怕只有鲁奔斯（Rubens）所画的肥胖裸体女人或者能邀赏鉴，至于邓纳尔（Turner）的落照，戈罗（Corot）的深林，便觉无味了；何况倪云林的枯木竹石，沈石田的漠漠云山呢？纵然也有一部分在都市里的大腹贾和留学生冒充风雅，家里挂一两张吴昌硕，或王一亭的画，以为是必要的陈设，以夸耀于同类的外国人，殊不知外国人之中，也有懂得比他更多的。于是趋时图利的画家，竟以犷悍为有力，以乱抹为传神，于是已达高峰的中国绘画美术，也就有江河日下之势了。这实在是很伤心的事！

我们不能不接受机械文明，我们更不能抹煞工业社会，只是我们的灵魂也要文化的慈母去抚摸他，安慰他。我们可以使物质供我们享用，我们的性灵却不可以像机械一般的轮转。至于粗俗，犷悍，鄙吝，僿野的恶影响，我们更应当涤荡无遗。

我们要倡导强者哲学和主人道德的话，更应当辅之以文化的修养。我们不要忘记，在夹谷会场里剑佩锵锵的圣人，同时也是"温良恭俭让"的君子！

第十六讲　信仰，理想，热忱

我们生在怎样一个奇怪的世界！一面有伟大的进步，一面是无情的摧毁；一面是精微的知识，一面作残暴的行动；一面听道德的名词，一面看欺诈的事实；一面是光明的大道，一面是黑暗的深渊。宗教的势力衰落，道德的藩篱颓毁，权威的影响降低。旧的信仰也已经式微，新的信仰尚未树立。在这青黄不接的时代，自有光怪陆离的现象。于是一般人趋于徬徨，由徬徨而怀疑，由怀疑而否定，由否定而充分感觉到生命的空虚。

这个人生的严重问题，不但中国有，而且西洋也有。一位现代西班牙的思想家阿特嘉(Ortega 见其所著 *The Revolt of Masses* 一书)以为这种隄防溃决之后，西洋人也处于一种道德的假期。他说：

"但是这种假期是不能长久的。没有信条范围我们在某种形态之下生活，我们的生存(Existence)像是"失业似的"。这可怕的精神境地，世界上最优秀的青年也处在里面。由于感觉自由，脱离拘束，生命反觉得本身的空虚。一种"失业似的"生存，对于生命的否定，比死亡还要不好。因为要生就是要有一件事做——要有一个使命去完成(A mission to fulfill)。要避免将生命安置在这事业里面，就是把生命弄得空无所有。"

我引阿特嘉这段话，因为他是带自由主义的思想家，并不拥护权威，也不袒护宗教，所以是比较客观的意思。这种的惶惑状态，在这第二次世界大战以前已有，恐怕在战后的西方还要厉害。人生丧失了信心，是最痛苦而最危险的事。

宗教本来就是要为人生解决安身立命的问题，要为人生求得归宿，宗教起于恐惧与希望（Fear and hope）。恐惧是怕受末日的裁判，希望是欲求愿望的满足。宗教，"广义来说，是人对于超现实世界的信仰"。"一个民族的宗教，在超现实的世界里反映这民族本身的意志，在这超现实的世界里，实现他内心最深处的愿望"。这是德国哲学家包尔森（Friedrich Paulsen）的名言。

"宗教与道德有同一的起源——就是同出于意志对于尽善尽美（Perfection）的渴望。但是在道德里是要求，在宗教里就变为实体。"这也是同一哲学家的论断。

但是他还有一段论信仰最精辟的话："有信仰和行动的人总是相信将来是在他这边的。""没有信仰，这世界里就没有一件真正伟大的事业完成。一切的宗教都是以信仰为基础。从信仰里，这些宗教的祖师和门徒克服了世界。因为信仰主张，所以殉道者为这主张而生活，而奋斗，而受苦受难。他们死是因为他们相信最高的善能有最后的胜利，所以肯为他牺牲。若是不相信他的主张能有最后和永久的成功的话，谁肯为这主张而死？若是把这些事实去掉的话，世界的历史还剩些什么？"

这话深刻极了！这不但是为宗教的成就说法；推而广之，是为世界一切伟大的成就说法。

是的，一切的宗教都是以信仰为基础，但是一切人类的伟迹，政治的，社会的，文化的，何曾不是以信仰为基础？若是一个人自己对于自己所学的所做的都没有信心，那还说什么？对于自己所从事的还不相信，那不但这事业不会有成就，而且自己的生命也就没有意义。

就是读书的疑古，也不过是教你多设几个假定，多开几条思路而已，不是教你怀疑这工作的本身。"我思故我在"这是笛卡儿对于做过种种怀疑工作后的结论。若是持绝对的怀疑论，那必至否定一切，毁灭一切而后已。

宗教不过是信仰的一种表现，虽然他常是强烈的表现。但是普通所谓宗教，乃是指有教条，有仪式，有组织的形式宗教（Formal religion）而言。相信这种宗教的人，自有他的精神上的安慰；他人不可反对他，他也不能强人尽同。至于信仰(Faith)是人人内心都有的，也可以说是一种宗教心，却不一定表现在宗教，而能寄托在任何事业方面。

信宗教的人固有以身殉道者，但是不信宗教的人也不少成仁取义者。如苏格拉底的临死不阿，是他信仰哲学的主张；文天祥的从容就义，是他信仰孔孟的伦理。这可见信仰力量的弥漫，决不限于宗教。

最纯洁的信仰是对于高尚理想的信仰；他是超越个人祸福观念的。生前的利害不足萦其心，生后的赏罚也不在其念。至于藉忏悔以图开脱，凭奉献以图酬报的低等意识，更不在他话下了！

最纯洁的信仰，是经知识锻炼过的，是经智慧的净水洗清过的，从哲学方面来讲，他是对于最高尚的理想之忠(Loyalty to the Idoal)。人类进步了，若是他对他的理想，没有知识的深信(Intellectual conviction)，他决不能拼命的效忠。近代哲学家罗哀斯(J. Royce)说：你最效忠"你就得决定那一个值得你效忠的主张去效忠"(见其所著的 *The Philosophy of Loyalty*)。这里知识的判断就来了。若是你所相信的东西里面，知识的发现告诉你是有不可靠，不可信的成分在里面，那你的信仰就摇动了。若是知识的判断对你所相信的更加一种肯定(Reaffirmation)，那你的信仰更能加强。所以知识是不会摧毁信仰，而且可以加强信仰的。比如"原始罪恶"，"末日裁判"和一切"灵迹"涤除以后，不但可以使基督教徒解除许多恐惧，使他不存不可能的希望，而且可以使他的哲学，格外深刻化，笼罩住一部分西洋的哲学家和科学家的信心。这就是一个例子。知识能为信仰涤瑕荡垢。那信仰便更能皎洁光莹。

人固渴望尽善尽美的境界；然而渴望的人对于这境界的认识，有多少阶段，若干浓度的不同。希腊人思想中以为阿灵辟亚山上的神的境界是尽善尽美的；希伯来人思想中以为天堂是尽善尽美的。最早的观念最幼稚，最模糊；知识愈进步，则这种认识愈高妙，愈深湛。所以我说理想是人生路程上的明灯，愈进一步，愈能把前途的一段照得明亮。世界上只有进展的理想，没有停滞的理想，惟有这种进展的理想；最能引起我们向上的兴趣。

信仰是要求力量来表现的,理想不是供人清玩和赏鉴的。要实现信仰,达到理想,不能不靠热忱(Zeal)。热忱是人生有定向而专一(Devotion)的内燃力。要他有效,就应当使他根据确切的认识而发,使他不是盲目的,若是没有智慧去引导他,调节他,他也容易横溃,容易过度。如所谓宗教的疯狂者(Religious fanatic),正是过度热忱到了横溃的表现。这是热忱的病态,不是热忱的正常。

对于一件事,一个使命,他有这种知识的深信,认为值得干的,就专心致志,拼命的去干,危难不变其节,死生不易其操,必须干好而后已,这才是表现我所谓真正的热忱。

热忱常为宗教所启发,这固然是因为热忱与信仰有关,也因为宗教里面,本来带有情感的成分。情感是热忱的源泉;情感淡薄的人决不会有热忱。但是情感易于泛滥,易于四面散失。必须锻炼过,使其专一而有定向,方能化为热忱。

我常觉得我们中国人热忱太少。现在许多事弄不好,正是因为许多做事的人,对于他所做的事的热忱太缺乏。他只觉得他所做的事只是一种应付,而不是一件使命。这是什么缘故呢? 有人说是因为我们宗教心太缺乏。是的。我们宗教心——信仰——很缺乏。集体的宗教生活不够。我们对于宗教信仰的容忍态度,虽然说是我们的美德,但是也正是因为我们缺乏宗教热忱的缘故。有人说是我们情感的生活不丰富。也是的。我不能说我们中国人的情感淡薄,但是我们向不注重情感的陶镕和给予情感以正常的激刺——如西洋宗教的音乐之类——并且专门想要压迫情感,摧残情感。宋儒明天理人欲之辨,似乎认为情感是人欲方面的,要不得的。于是倡为"惩忿窒欲"之论,弄得人毫无生气。王船山在《周易外传》论"损"的一段里反对这种意见最为透辟,他说,"性主阳以用壮,大勇浩然,亢王侯而非忿。情宾阴而善感,好乐无荒,思辗转而非欲。而尽用其惩,益摧其壮。竟加以窒,终绝其感。一自以为马,一自以为牛,废才而处于惇。一以为寒严,一以为枯木,灭情而息其生。彼佛老者皆托损以鸣修,而岂知所谓损者"。王船山所谓"大勇浩然,亢王侯而非忿",正是正义感的发泄。他所谓"好乐无荒,思辗转而非欲",正是优美情绪的流露。而他所谓"佛老",乃是指参杂佛老思想的宋儒。弄到大家都成为寒严枯木,还有什么情感可言。况且情感不善培养与引导,终至于横溃。中国人遇着小事,容易"起哄"(Excitement),就是感情没有正当发泄的结果。很爱中国的哲学家罗素,为我们说了许多好话;但是论中国人性格的时候,他说我们是一个容易起哄的(Excitable)民族,并且说这是一件危险的现象,容易闯大乱子。这是值得我们反省的诤言。中国人热忱不发达的原因,还有一个,就是普通所谓"看得太透了"。讽刺的说,也可以说是"太聪明了"。把什么事都看得太透了,还有什么意思? 就是做人也可以说是没有什么意思,那还有什么勇气去做事? 这是享乐派的态度(Hedonistic attitude);这实在是很有害处而须纠正的。

罗克斯说:"任何一个忠的人,无论他为的是什么主张,总是专一的,积极动作的,放弃私人的意志,约束自己,爱他的主张,信他的主张。"我们国家民族正需要这样忠的人!

在这紊乱的世界,我们不能老是徬徨,长此犹豫,总持着怀疑的心理,享乐的态度;这必定会使生命空虚。由否定生命而至于毁灭生命。我们虽然遇着过人之中有坏的,但是不能对于人类无信心;虽然目击强暴,不能对于公理无信心;虽然知道有恶,不能对于善无信心;虽然看见有丑,不能对于美无信心;虽然认识有假,不能对于真无信心。我们要相信人类是要向上的,是可以进步的,我们的理想是可以达到的,我们的努力是不会白费的,因为宇宙的,人生的本体,是真实的。纯洁的信仰,高尚的理想,充分的热忱,是我们改造世界,建设笃实光辉的生命的无穷力量!

罗家伦先生学术年表要录

1918 年

青年学生/《新青年》第四卷第一号(1 月)

娜拉(译著)/《新青年》第四卷第第六号(6 月)

美日在华之商业(译著)/《东方杂志》第一五卷第八号(8 月)

解除武装之新均势(译著)/《东方杂志》第一五卷第一二号(12 月)

1919 年

"新潮"评坛/《新潮》第一卷第一号(1 月)

什么是文学——文学界说/《新潮》第一卷第二号(2 月)

是爱情还是痛苦/《新潮》第一卷第三号(3 月)

出世/《新潮》第一卷第四号(4 月)

驳胡先骕君的中国文学改良论/《新潮》第一卷第五号(5 月)

五四运动宣言(5 月 4 日)/收入《罗家伦先生文存》"政法与党务"第
一册第 1 页

"五四运动"的精神/《每周评论》第二三期(5 月)

古今中外派的学说/《新潮》第二卷第一号(10 月)

妇女解放/《新潮》第二卷第一号(10 月)

学术的骗局/《新潮》第二卷第二号(12 月)

解放与改造/《新潮》第二卷第二号(12 月)

1920 年

舆论的建设 /《新潮》第二卷第三号（4 月）

批评的研究 /《新潮》第二卷第三号（4 月）

1921 年

华盛顿会议与中国之命运 /《东方杂志》第一八卷第一五号（8 月）

精神破产之民族——我反对直接交涉的根本观念 /《东方杂志》第一九卷第一号（1 月）

我对于中国参加华盛顿会议之观察 /《东方杂志》第一九卷第二号（1 月 12 日）

1922 年

平民政治的基本原理（译著）/ 商务印书馆 1 月初版，1925 年 6 月三版

1923 年

北京大学精神万岁民众革命精神万岁 / 美国芝加哥《工商日报》第二卷第七十九号（3 月）

1924 年

国际知识合作委员会之新气象 /《东方杂志》第二一卷第一八号（9 月 25 日）

科学与玄学 / 台北进学书局 1971 年 4 月出版

1925 年

对英国独立劳工党抗议"五卅惨案"大会演说（6 月 10 日）/ 收入《罗家伦先生文存》"演讲"第五册第 1 页

对于关税会议建设之意见 / 收入《罗家伦先生文存》"政法与党务"第

一册第 42 页

关税会议应坚持关税自由之意见(一)(二)(三)/ 收入《罗家伦先生文存》"政法与党务"第一册第 42 页

1927 年

转变青年的思想/《中央半月刊》第四期(8 月)

思想自由史(译著)/ 上海商务印书馆 6 月初版,台湾商务印书馆 1972 年 5 月二版

1928 年

学术独立与新清华(9 月 18 日)/ 收入《罗家伦先生文存》"演讲"第五册第 18 页

军事训练的意义和使命(11 月 2 日)/ 收入《罗家伦先生文存》"演讲"第五册第 27 页

1929 年

对于中国近代史应有的认识/《新晨报:学汇》(1 月 18 日)

总理孙中山先生的大无畏精神/《国立清华大学校刊》(3 月 20 日)

1930 年

扩大知识灵泉的蓄水库(3 月)/ 收入《罗家伦先生文存》"演讲"第五册第 64 页

中山先生伦敦被难史料考订(专著)/ 上海商务印书馆 10 月出版

西方文化精义的形成(12 月 21 日)/ 收入《罗家伦先生文存》"评论"第十一册第 118 页

哲学简史(12 月 21 日)/ 收入《罗家伦先生文存》"评论"第十一册第 120 页

历史哲学的派别和我的意见/ 收入《罗家伦先生文存》"演讲"第五册

第 81 页

1931 年

现代主要之政治学说 /《中央政治学校校刊》第四一期（3 月）

研究中国近代史的意义和方法 / 武汉大学《社会科学季刊》第二卷第一号（3 月）

新文化运动的时代和影响（5 月 4 日）/ 收入《罗家伦先生文存》"演讲"第五册第 180 页

近代英文独幕名剧选（译著）（上海商务印书馆 10 月初版，1933 年 9 月国难后一版）

国难期间知识分子的责任 / 南京《中央日报》第一版（12 月 16 日）

知难行易学说的科学基础 / 收入《罗家伦先生文存》"演讲"第五册第 206 页

1932 年

读标准的书籍写负责的文字（7 月 19 日）/《图书评论》创刊号

提高学术创立有机体的民族文化 / 收入《罗家伦先生文存》"演讲"第五册第 231 页

中国若要有科学科学应当说中国话（10 月 4 日）/ 收入《罗家伦先生文存》"教育与文化"第一册第 500 页

1933 年

民族的国家 /《中央政治学校校刊》第五一期（1 月）

太平洋大战与中国前途（1 月 9 日）/ 收入《罗家伦先生文存》"演讲"第五册第 256 页

历史哲学之鸟瞰 /《中央日报》第三版（2 月 21 日）

中华民族生存之路 /《中央周报》第二四九期（3 月）

学问经验人格 /《中央政治学校校刊》第五六期（4 月）

亡国的教育现状／收入《罗家伦先生文存》"演讲"第五册第 299 页

1934 年

中国大学教育之危机／南京《中央日报》第一版（1 月 16 日）

中国近代化问题／《中央政治学校校刊》第七三期（3 月）

1935 年

中国与近代化／南京《中央日报》第四版（4 月 23 日）

政治与经济学说几种关系／收入《罗家伦先生文存》"评论"第十一册第 123 页

华特·李普曼著《自由的方法》／国立武汉大学《社会科学季刊》第六卷第一期（1 月）

1936 年

近代文化概论（9 月 21 日至 11 月 2 日）／收入《罗家伦先生文存》"演讲"第五册第 468 页

1937 年

五四运动的经过和感想及青年对于国家民族的责任／收入《罗家伦先生文存》"演讲"第五册第 562 页

抗战之回顾与前瞻／收入《罗家伦先生文存》"演讲"第五册第 591 页

1938 年

建立新人生观／《新民族》创刊号（1 月 23 日）

民族与民族性／／《新民族》第一卷第二期（3 月）

艾登辞职与英国外交动向／《新民族》第一卷第二期（3 月）

道德的勇气／《新民族》第一卷第五期（3 月）

抗战的国力与文化的整个性／《新民族》第一卷第七、九———一期

民族与地理环境 /《新民族》第一卷第一五期（6 月）

弱是罪恶强而不暴是美 /《新民族》第一卷第一七期（6 月）

知识的责任 /《新民族》第一卷第一八期（6 月）

恢复唐以前形体美的标准 /《新民族》第一卷第一九期（7 月）

民族与人口 /《新民族》第二卷第一、二期（7 月）

民族与种族 /《新民族》第二卷第六—八期（8 月、9 月）

侠出于伟大的同情 /《新民族》第三卷第二期（12 月）

1939 年

目的与手段 /《新民族》第三卷第一一期（2 月）

荣誉与爱荣誉 /《新民族》第三卷第一三期（2 月）

《疾风》自序 / 重庆商务印书馆印行 1943 年 9 月初版

外交与国际政治（专著）/ 重庆中国文化服务社 11 月出版

1940 年

最近欧局的分析与我国抗战 / 收入《罗家伦先生文存》“演讲”第六册第 35 页

史观 / 收入《罗家伦先生文存》“演讲”第六册第 24 页

郭廷以著《太平天国史事日志》序 / 收入《罗家伦先生文存》“序跋”第十册第 126 页

中国的出路——现代化 / 收入《罗家伦先生文存》“演讲”第六册第 66 页

1941 年

中国教育中之特殊精神 / 收入《罗家伦先生文存》“演讲”第六册第 80 页

信仰理想热忱 /《三民主义周刊》第三卷第一〇期（12 月）

运动家的风度 /《军事与政治月刊》第二卷第二期（12 月）

1942 年

人生哲学要旨 / 收入《罗家伦先生文存》"演讲"第六册第 153 页

《文化教育与青年》自序（12 月 11 日）/ 收入《罗家伦先生文存》"序跋"第十册第 231 页

新人生观（专著）/ 重庆商务印书馆 1 月初版

1943 年

《黑云暴雨到明霞》（专著）/ 重庆商务印书馆 7 月出版

戏剧的艺术（2 月 28 日）/ 收入《罗家伦先生文存》"艺文"第八册第 477 页

祭元太祖成吉思汗文（7 月 16 日）/ / 收入《罗家伦先生文存》"杂著"第十二册第 63 页

第二次世界大战史论 / 收入《罗家伦先生文存》"演讲"第六册第 1133 页

文化教育与青年（专著）/ 重庆商务印书馆 3 月初版

1944 年

《西北行吟》自序 / 商务印书馆 1946 年 1 月初版

1945 年

关于中苏新约中之新蒙边界问题（8 月）/ 收入《罗家伦先生文存》"边政与外交"第二册第 714 页

民族与经济（9 月）/ 收入《罗家伦先生文存》"史学与哲学"第二册第 316 页

1946 年

田中奏折问题 / 南京《中央日报》第三版（6 月 30 日）

中日战争（9 月 14 日）/ 收入《罗家伦先生文存》"史学与哲学"第二册

第 363 页

新民族观(专著)(上册)(重庆商务印书馆 2 月初版；台湾商务印书馆1973 年 6 月版)

1949 年

民族与宗教／收入《罗家伦先生文存》"史学与哲学"第二册第 381 页

1950 年

五四的真精神／台北《中央日报》第二版(5 月 4 日)

主编总理全书(十二册)／中国国民党改造委员会 10 月至 1952 年3 月

1951 年

中印间关于西藏问题的幕内证件／《自由中国半月刊》第四卷第二期(1 月)

1952 年

从历史的认识中得到启示——纪念国父逝世二十七周年／台北《中央日报》第二版(3 月 13 日)

黄花冈光芒中的新启示／台北《新生报》第 3 版(3 月 29 日)

谈杜威思想／台北《中央日报》第 1 版(6 月 3 日)

壮烈的开国序幕灿烂的碧血黄花——《黄花冈革命烈士画史》／中央党史会编印，10 月 10 日出版

中国文献中的印度史料／《学术季刊》第一卷第二期(12 月 25 日)

1953 年

五五的新认识／《三民主义半月刊》创刊号(5 月)

与蔡智堪先生谈关于谋取天中奏折经过／收入《罗家伦先生文存》

"史学与哲学"第二册第 461 页

北京大学的精神/《中华民国大学志》(9 月 1 日)

主编革命文献/中国国民党中央党史史料编纂委员会 5 月 1 日始

1954 年

简体字之提倡甚为必要/台北《中央日报》第 4 版(3 月 18 日)

文字必须大众化//收入《罗家伦先生文存》"教育与文化"第一册第 665 页

光荣纪念日永照历史上——兴中会成立日期之史的考订/台北《中央日报》第 6 版(11 月 24 日)

国父画传(中文本)(专著)/中国国民党中央党史史料编纂委员会 5 月 20 日初版,11 月 12 日再版

六十年来中国国民党与中国(专著)/中国国民党中央党史史料编纂委员会 11 月

1955 年

成吉思汗遗像考证/台北/《中央日报》第 2 版(4 月 12 日)

国父为张静江先生书联之跋语及考订/台北《中央日报》第 3 版(11 月 16 日)

国父画传(英文本)(专著)/中国国民党中央党史史料编纂委员会 11 月

1956 年

从兴中会说起/收入《罗家伦先生文存》"史学与哲学"第二册第 477 页

《心影游踪集》自序/收入《罗家伦先生文存》"序跋"第十册第 328 页

1957 年

国民革命画史（专著）/ 中国国民党中央党史史料编纂委员会 10 月初版，1958 年 5 月再版

1960 年

一个几乎被失落的历史证件——关于袁世凯《戊戌日记》考订 /《中国现代史丛刊》第二册（6 月）

研究孔孟学说的意义 / 台北《中央日报》第 3 版（9 月 28 日）

1961 年

蔡元培先生的风格和远见 /《新时代》第一卷第八期（8 月）

从蔡孑民先生致吴稚晖先生函看辛亥武昌起义时留欧革命党人动态 /《新时代》第一卷第一 0 期（10 月）

主编中日外交史料丛编（九册）/ "中华民国开国五十年文献编纂委员会" 10 月始

1962 年

签注张默君提请挽救历史与文化危机案意见（11 月 4 日）/ 收入《罗家伦先生文存》"史学与哲学"第二册第 503 页

1964 年

七十年来中国国民党与中国（专著）/ 中国国民党中央党史史料编纂委员会 11 月出版

1967 年

逝者如斯集（专著）/ 台北传记文学出版社 9 月出版

1968 年

中华民国史料丛编（第一——三集）（主编）/ 中国国民党中央党史史料编纂委员会 9 月始

1969 年

人类良心备忘录（专著）/ 台湾进学书局 12 月出版

1971 年

交响乐的震荡（专著）/ 台湾云天图书有限公司 1 月出版

图书在版编目（CIP）数据

罗家伦史学与教育论著选 / 罗家伦著；韩文宁，张爱
妹编. —南京：南京大学出版社，2010.9
（南雍学术经典）

ISBN 978 - 7 - 305 - 06679 - 5

Ⅰ. 罗… Ⅱ. ①罗… ②韩… ③张… Ⅲ. ①史学—
文集 ②教育学—文集 Ⅳ. ①K0 - 53 ②G40 - 53

中国版本图书馆 CIP 数据核字（2010）第 013438 号

出版发行　南京大学出版社
社　　　址　南京市汉口路 22 号　　　　　邮　编　210093
网　　　址　http://www.NjupCo.com
出版人　左　健

丛 书 名　南雍学术经典
书　　名　罗家伦史学与教育论著选
著　者　罗家伦
编　者　韩文宁　张爱妹
责任编辑　顾　涛　金鑫荣　　　　　　编辑热线　025 - 83593947
照　　排　南京玄武湖印刷照排中心
印　　刷　丹阳教育印刷厂
开　　本　787×960　1/16　印张 18.25　字数 253 千
版　　次　2010 年 9 月第 1 版　　2010 年 9 月第 1 次印刷
ISBN　978 - 7 - 305 - 06679 - 5
定　价　36.00 元

发行热线　025 - 83594756
电子邮箱　Press@NjupCo.com
　　　　　　Sales@NjupCo.com（市场部）